甘肃省高水平专业群（智慧财经专业群）建设计划项目系列教材
校企合作新形态教材
21世纪经济管理新形态教材·金融学系列

证券投资实务

主　编◎ 张雅泉

副主编◎ 胡建军

参　编◎ 李生宁　赵　薇

清华大学出版社
北京

内 容 简 介

  本书旨在为读者构建一座从理论到实践的桥梁,通过深入浅出的方式,在系统阐述证券投资基础知识和基本原理的基础上,对股票、债券和投资基金三类证券投资产品从基本面、技术面、投资策略、风险管理等方面进行投资分析,力求让读者在掌握理论知识的同时,能够灵活应用于实际操作中,实现知识与实践的深度融合。在编写中,本书对传统教材的理论知识和技能要求进行分解和重构,使得知识目标、能力目标和思政目标更加明晰和易于实现,且教法和学法更加符合职业院校学生的学情特点;以项目为导向、任务为驱动,通过知识储备和技能训练,将理论知识融入实践运用中;同时设置了"知识拓展""即测即练"等数字资源,方便学生课后练习和巩固提升,可谓一本图文并茂、形式新颖的新形态教材。

  本书既适合教师授课使用,又能满足自学者学习证券投资实务的需要,在一定程度上还可作为证券从业人员职业资格考试的参考用书。

图书在版编目(CIP)数据

  证券投资实务 / 张雅泉主编. -- 北京:清华大学出版社,2025.4.
(21世纪经济管理新形态教材). -- ISBN 978-7-302-68728-3

  Ⅰ.F830.91

  中国国家版本馆 CIP 数据核字第 2025U57G70 号

责任编辑:徐永杰
封面设计:汉风唐韵
责任校对:王荣静
责任印制:杨　艳

出版发行:清华大学出版社
  网　　　址:https://www.tup.com.cn,https://www.wqxuetang.com
  地　　　址:北京清华大学学研大厦 A 座　　邮　编:100084
  社　总　机:010-83470000　　　　　　　　邮　购:010-62786544
  投稿与读者服务:010-62776969,c-service@tup.tsinghua.edu.cn
  质量反馈:010-62772015,zhiliang@tup.tsinghua.edu.cn
印　装　者:三河市君旺印务有限公司
经　　　销:全国新华书店
开　　　本:185mm×260mm　　　印　张:17.5　　　字　数:310 千字
版　　　次:2025 年 4 月第 1 版　　印　次:2025 年 4 月第 1 次印刷
定　　　价:56.00 元

产品编号:102124-01

前言

　　本书是依据《国家中长期教育改革和发展规划纲要（2010—2020 年）》基本指导思想，以及教育部全国职业教育与成人教育工作会议精神，本着"将教材内容与职业相衔接，注重工学结合"的原则，针对高职高专人才培养需要，结合高等职业院校学生层次进行体例和内容设计的。本书在编写中充分考虑到高等职业教育金融专业教学改革的需要，在体例和内容上进行了反复斟酌和调整，并多次征求编写团队人员、授课教师及相关企业人员的意见和建议，突出体现如下特点。

　　（1）遵循高等职业教育理念，以"理实一体、工学结合"为原则对本书内容进行编写，保证证券投资实务知识体系的完整性，以适应高等职业教育层次需要。编者从对本课程多年的教学实践出发设计教材内容，遵循教学计划安排，尽量调整知识难易程度，同时保证知识体系的合理性，确保教材的内容精练紧凑。

　　（2）落实立德树人，融入课程思政。本书以习近平新时代中国特色社会主义思想为引领，落实立德树人，推进党的二十大精神进教材、进课堂。通过思政课堂案例，将课程思政融入专业教学，德技双修。

　　（3）围绕"提质培优、课堂革命"要求，本书具有教材和教法的双重功能，在理论学习的同时通过设计课堂练习和技能实训等任务，理论和实践相结合，督促学生手脑并用、学以致用，体现"学中做、做中学"，实现以学生为中心、培养学生的职业能力的课改目标。

　　（4）本书遵循"项目细分、任务驱动"的原则编写，基于工作过程系统化课程开发等理念，采用项目化设计，以任务为驱动，将相关理论知识点分解到工作任务中，通过实训任务融入理论知识，增强了本书的实用性和可操作性。通过"项目导学"和"情境导入"，使学习目标更加明晰；力求实现情境化教学，激发学生的学习兴趣,实现必要知识的积累、动手实践能力和分析问题能力的提高。

(5)运用现代信息技术,凸显"互联网＋教材"的优势。本书配套了大量数字资源,学生通过扫描教材中的二维码,便可轻松进行自主学习;习题采用即测即练的形式,学生答题后即可得出答案,并通过学习答案解析,发现学习中的不足,巩固本项目所学内容。新形态教材便于学生即时学习和个性化学习,极大地促进了教师课堂教法和学法的改革创新。

本书分五个项目,分别是:认知证券投资(项目1)、掌握股票投资(项目2)、掌握债券投资(项目3)、掌握基金投资(项目4)和管理证券投资组合(项目5)。

本书由张雅泉老师担任主编,胡建军老师担任副主编,李生宁、赵薇老师参与编写,各项目具体编写分工为:张雅泉老师负责编写项目1和项目2,胡建军老师负责编写项目3和项目4,李生宁老师、胡建军老师和赵薇老师共同负责编写项目5,最后,由张雅泉老师统稿。

本书在编写过程中,得到了甘肃财贸职业学院的各位领导和相关专业教师的大力支持,在此一并表示感谢。同时,编者还参考了证券投资理论和实务类相关的教材,其中主要参考资料已经在参考文献中列出,在此向提供参考资料的各位作者表示诚挚的谢意。

最后,竭诚希望广大读者对本书提出宝贵意见,以促使我们不断改进。由于时间和编者水平有限,书中的疏漏和不足之处在所难免,敬请广大读者批评指正,我们将不胜感激。

编者

2024 年 12 月

目 录

项目1　认知证券投资

导语

　　证券投资作为一种重要的资产配置方式，正逐渐受到个人、企业和投资者的广泛关注。它不仅仅关乎个人财富的增值，更是企业资金筹集的重要手段。

　　证券投资是指投资者通过买卖股票、债券、基金等有价证券及其衍生品来赚取买卖差价、利息以及资本利得的投资过程和投资行为。认知证券投资，对于每一位希望在经济社会中寻求财富增值的投资者来说，都是必不可少的一课。希望通过本项目系统的教学和实践，帮助投资者更好地理解和应用这些工具，实现投资目标。

项目提要

　　本项目将分两个任务进行介绍，分别是认知证券与证券市场和认知证券投资工具，具体包括介绍证券及证券市场、证券市场的组织结构和功能、证券投资工具三个方面，主要解决三个关键问题：证券投资投什么？去哪里投资？市场都有谁参与投资？

项目思维导图

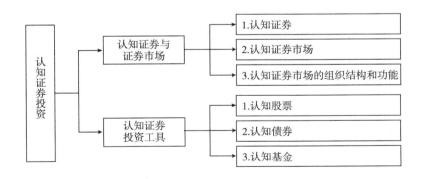

建议学时

　　10学时。

任务 1-1 认知证券与证券市场

情境导入

学习证券投资实务这门课程之前，同学们肯定已听说过股票、炒股等各种说法，股票是否就是证券？炒股是否就是证券投资呢？全国那么多的投资者通过什么方式参与到市场中来的呢？让我们来看看股票及股市的来源。

早在 1602 年，荷兰就成立了东印度公司，它是世界上最早的股份公司。当时的荷兰，海上贸易比较发达，被称为"海上马车夫"，但当时海上贸易风险较大，经常会因为海上风浪和海盗袭击而发生亏损，一些商人为了转移风险，发起众筹，根据出资比例，给一个出资凭证，赚了按这比例分享收益，亏了也按这个比例承担风险，这就是股票的雏形。

有一些商人等不及钱到手，想把股票转让给他人，就产生了最早的股票交易。当时的股票交易很混乱，在咖啡馆、集市、河边就能完成一次交易。随着交易活动的增加，需要一个集中的市场，1611 年出现了历史上第一个证券交易所——阿姆斯特丹证券交易所。荷兰东印度公司的成功吸引了大量投资者。投资者购买股票后，可以通过在股票交易所交易获得资本利得，或者通过分红获得收益。这一模式逐渐成为现代证券市场的雏形。

知识目标

1. 认识证券、证券市场的概念。
2. 了解我国证券市场的组织结构和功能。
3. 了解我国的证券交易品种。

能力目标

1. 能具备一定的沟通能力和语言表达能力。
2. 能够熟练运用各种网络软件收集并整理资料。
3. 能熟练操作证券交易软件。

思政目标

1. 培养学生诚实守信、德法兼修、守法合规的金融职业道德。

2. 帮助学生树立中国资本市场制度自信和培养爱国主义情怀。

3. 养成保守商业秘密与保护客户隐私的工作习惯。

建议学时

4 学时。

知识储备

一、证券

（一）证券的概念与分类

1. 证券的概念

证券是指用以证明或设定权利所做成的书面凭证，它表明证券持有人或第三者有权取得该证券拥有的特定权益，或证明其曾经发生过的行为，如股票、债券、证券投资基金及存款单等都是证券。

2. 证券的分类

按性质不同，证券可分为无价证券和有价证券。

（1）无价证券。无价证券又称凭证证券，是指具有证券的某一特定功能，但不能作为财产使用的书面凭证，如身份证、学生证等。由于这类证券不能流通，因此不存在流通价值和价格。按功能不同，无价证券又可分为证据证券和资格证券。证据证券是指单纯证明某一特定事实的书面凭证，如借据、收据等；资格证券是表明证券持有人具有行使一定权利资格的书面凭证，如机票、车船票、电影票等。

（2）有价证券。有价证券是指标有票面金额，证明持有人或该证券指定的特定主体对特定财产拥有所有权或债权，并可自由转让和买卖的凭证。这类证券本身没有价值，但本质上反映了一系列的经济关系，可以取得一定收入，是虚拟资本的一种形式。虚拟资本是指独立于实际资本，以有价证券形式存在，能够给持有者带来一定收益的资本。通常，虚拟资本的价格总额与实际资本额之间有一定的数量关系，但不一定相等，其变化并不反映实际资本额的变化。

（二）有价证券的分类

1. 按所体现的内容不同分类

按所体现的内容不同，有价证券可分为货币证券、商品证券和资本证券。

（1）货币证券。货币证券是指持有人或第三者拥有货币索取权，可以用来代替货币使用的有价证券,主要包括两类:一类是商业证券,主要有商业汇票和本票;另一类是银行证券,主要有银行汇票、银行本票和支票。判断一种证券是否属于货币证券,主要就是看其是否能在某种程度上发挥货币的流通性和支付性功能。

(2)商品证券。商品证券是指用以证明持有人拥有某种特定商品的所有权或其他请求权的凭证。它的特征在于总是与特定的实际财物相关联,即以实际财物为权益标的,如提货单、运货单、仓库栈单等,都属于商品证券的范畴。

(3)资本证券。资本证券是指能够在某种程度上发挥资本增值作用,持有人有一定的收入请求权的证券,或者说是人们将资本投入或借贷给融资者所获得的权益证书。它是有价证券的主要形式,也被称为狭义的有价证券。本书主要研究的有价证券即指资本证券。

2. 按发行主体的不同分类

按发行主体的不同,有价证券可分为政府证券、金融证券和公司证券。

(1)政府证券。政府证券通常是指中央政府或地方政府为筹措财政资金或建设资金,凭借其信用,按照一定程序发行的一种债权债务凭证。

(2)金融证券。金融证券是指由商业银行及非银行金融机构为筹措信贷资金而向投资者发行的承诺支付一定利息并到期偿还本金的有价证券。金融证券主要包括金融债券、大额可转让存单等,其中以金融债券为主。

(3)公司证券。公司证券是指公司为筹措资金而发行的证券。公司证券包括的范围比较广泛,主要有股票、债券等。

3. 按是否在交易所挂牌交易分类

按是否在交易所挂牌交易,有价证券可分为上市证券和非上市证券。

(1)上市证券。上市证券又称挂牌证券,是指经证券主管机构核准,并经证券交易所同意,允许在证券交易所内公开买卖的证券。对于公司而言,证券上市有利于提升公司的经济实力、提高公司的知名度、扩大其社会影响力;对于投资者而言,上市证券有更好的流动性,投资更加便利。

(2)非上市证券。非上市证券又称非挂牌证券或场外证券,是指未申请上市或不符合证券交易所挂牌交易条件的,由公司自行发行或推销的证券。非上市证券不允许在交易所交易,但可以在交易所以外的场外交易市场进行交易。非上市证券由公司自行推销,其筹资成本往往高于上市证券,同时也难以扩大公司的社会声誉和影响。

4. 按募集方式的不同分类

按募集方式的不同,有价证券可分为公募证券和私募证券。

（1）公募证券。公募证券是指发行人通过中介机构向不特定的社会公众投资者发行的证券。其审核较严格，并采取公示制度。对发行人而言，公募证券发行成本较高；对投资者而言，公募证券透明度较高，更有利于投资者作出正确的投资决策。

（2）私募证券。私募证券是指向少数特定的投资者发行的证券，其审查相对宽松，投资者较少，不采取公示制度。私募证券的投资参与者仅限于少数资金雄厚的人，因此其社会影响力较弱，能募集到的资金相对于公募证券也较少。

（三）有价证券的特征

1. 收益性

证券的收益性是指证券持有者可以获得一定数额的收益，这是投资者转让资本所有权或使用权的回报。获取收益是投资者进行证券买卖的最基本动机。证券收益主要表现为利息、股息、红利及资本利得等。

2. 流动性

证券的流动性也称变现性，是指资产在不受损失的情况下转变为现金的能力。证券的流动性好坏主要取决于证券的期限长短、信用等级高低和证券市场的发达程度等。

3. 风险性

证券的风险性是指投资者所面临的预期投资收益不能实现，甚至本金遭受损失的可能性。通常情况下，风险和收益成正比关系，即风险越大的证券，投资者要求的预期收益越高；反之亦然。

4. 期限性

证券的期限性是指发行人向投资者还本付息的时间长度。债券一般有明确的期限。股票则没有期限，被视为无期证券。

5. 价格波动性

证券的价格波动性是指证券的市场价格并不一定与其固定的面值相等，而经常会受到发行者经营状况、经济、政治、市场供求关系、投资者心理等因素的影响，产生一定的波动。

二、证券市场

（一）证券市场的概念

证券市场是对有价证券发行与流通以及与此相适应的组织与管理方式的总称。

在市场经济中，证券市场作为资本市场的基础和主体，是完整市场体系的重要组成部分，它不仅反映和调节货币资金的运动，而且对整个经济的运行具有重要影响。

（二）证券市场的分类

1. 按市场职能不同分类

按市场职能不同，证券市场可分为发行市场和流通市场。

（1）发行市场。发行市场也称一级市场或初级市场，是资本需求者将证券首次出售给公众时形成的市场。它是新证券和票据等金融工具的买卖市场。该市场的主要经营者是投资银行、经纪人和证券自营商（这三种业务在我国统一由证券公司负责）。它们承担政府、公司新发行的证券以及承购或分销股票。证券发行市场通常无固定场所，是一个无形的市场。

（2）流通市场。流通市场又称交易市场或者二级市场，是指已发行的有价证券买卖流通的场所，是有价证券所有权转让的市场。它为证券持有者提供变现能力，在其需要现金时能够卖出证券得以兑现。证券交易市场有证券交易所的场内交易和场外交易两种。

2. 按证券性质不同分类

按证券性质不同，证券市场可分为股票市场、债券市场、基金市场等。

（1）股票市场。股票市场是股票发行和交易的场所。股份公司通过面向社会发行股票，迅速集中大量资金，实现生产的规模经营；而社会上分散的资金盈余者投资股份公司，谋求财富的增值。

（2）债券市场。债券市场是债券发行和买卖债券的场所。一个统一、成熟的债券市场可以为全社会的投资者和筹资者提供低风险的投融资工具。

（3）基金市场。基金市场是基金发行和流通的市场，是证券市场的一部分。它之所以能够成为金融市场中不可缺少的组成部分，一方面是由于基金作为一种投资工具所固有的特点和独特优势，另一方面也是各国加强对基金市场监管的结果。

（三）我国多层次的资本市场体系

2003 年，国务院提出建立多层次资本市场体系，满足不同企业融资需求，从战略角度确立了多层次资本市场方向。从 20 世纪 90 年代开始，经过 30 多年的发展，我国逐步建立起包括上海证券交易所（以下简称"上交所"）和深圳证券交易所（以下简称"深交所"）的主板市场、创业板市场、科创板市场、北京证券交易所（以下简称"北交所"）、全国中小企业股份转让系统、区域性股权交易市场、券商柜台市场、机构间私募产品报价与服务系统、私募基金市场等内容的资本市场体系。

多层次资本市场体系如图1-1所示。其中，主板市场、创业板市场、科创板市场、北交所、全国中小企业股份转让系统属于场内市场，区域性股权交易市场、券商柜台市场、机构间私募产品报价与服务系统和私募基金市场属于场外市场。本书重点介绍场内市场。

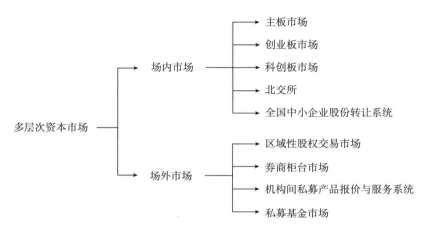

图1-1 多层次资本市场体系

1. 沪深主板

推出之初，该主板主要是为成熟的国有大型企业提供上市服务。当时我国资本市场尚不完善，随着产业转型升级，中小企业出现了融资难的问题。为了解决该问题，帮助中小企业在资本市场实现跨越式发展，2004年推出了中小板。经过多年发展，中小板由于定位和主板差异越来越小，界限模糊，已于2021年与主板合并。如今主板定位于"支持相对成熟的企业融资发展、做优做强"。

2004年5月，经国务院批准，同意深交所在主板市场内设立中小企业板块。设立中小企业板块的宗旨是为主业突出、具有成长性和科技含量的中小企业提供直接融资平台，是我国多层次资本市场体系建设的一项重要内容。

2021年2月5日，经中国证券监督管理委员会（以下简称"中国证监会"）批准，深交所正式启动两板合并工作，于同年4月6日正式实施两板合并。至此，深交所形成了以主板和创业板为主体的各有侧重、相互补充的新发展格局，我国多层次资本市场体系进一步优化。

2. 创业板

21世纪初期，高新技术产业带动经济突破性增长，然而当时我国高新技术产业遇到资金不足、融资渠道不畅、融资方式单一等问题。2009年推出的创业板则有效地解决了这一系列的问题。创业板也成为中小型高成长性企业在资本市场融资的重要渠道。创业板也就是所谓的二板市场，地位仅次于主板，更强调创业属性，推动传统产业的创新升级。重点支持自主创新企业，支持市场前景好、带动能力强、就业机会多的成长型创业企业，支持传统产业与新技术、新产业、新业态、新模式深度融合。特别支持新能源、新材料、电子信息、生物医药、节能环保、现代服务等新兴产业的发展。

3. 全国中小企业股份转让系统

全国中小企业股份转让系统又称为"新三板"，是经国务院批准设立，继上交所、深交所之后的第三个全国性证券交易场所，也是我国第一个公司制运营的证券交易场所，成立于 2012 年 9 月 20 日，主要为创新型、创业型、成长型中小微企业发展服务。

4. 科创板

科创板于 2019 年正式开板，是上交所新设板块，独立于现有主板市场，是我国首个实行注册制的场内市场。科创板独立于主板，定位于服务具有全球竞争力的企业，主要服务于符合国家战略、突破关键核心技术、市场认可度高的科技创新企业，重点支持新一代信息技术、高端装备、新材料、新能源、节能环保以及生物医药等高新技术产业和战略性新兴产业，推动互联网、大数据、云计算、人工智能和制造业深度融合，引领中高端消费，推动质量变革、效率变革、动力变革。科创板的设立，成为我国资本市场服务大中型新兴企业的主要板块，也算填补了此前资本市场的结构空白。

5. 北交所

在多层次体系中，科创板服务具有全球竞争力的企业，而新三板作为资本市场的底层补充，服务具有区域（省级）竞争力的企业。但从结构上来看，仍缺少重要一环，导致一部分创新型企业的发展仍然比较受限。为填补这个空当，北交所于 2021 年 9 月 3 日注册成立，是经国务院批准设立的我国第一家公司制证券交易所。北交所于 2021 年 11 月 15 日正式开市，首批共 81 家公司上市。相较于创业板和科创板，北交所的服务对象将会"更早、更小、更新"，即聚集于专精特新中小企业，并通过发挥转板上市功能与上交所和深交所、区域性股权交易市场互联互通，畅通其在多层次资本市场的纽带作用，形成相互促进、相互补充的中小企业直接融资成长路径，对更好地发挥资本市场功能、促进科技与资本融合、支持中小企业创新发展有着重要意义。

思政课堂 1-1

改革激荡三十年，A股整装再出发

1984年，飞乐音响成为中国真正意义上的第一只股票，随着该股票的成功发行，作为资金筹集的一种新方式，股份制的需求逐步扩大。1986年9月，中国工商银行上海市信托投资公司静安证券业务部开设了股票交易柜台，标志着股票二级市场雏形的出现。

1990年11月，上交所设立，这是新中国成立以来第一家证券交易所。1990年12月，深交所设立。两家证券交易所的成立，标志着新中国正式开启资本市场之门。随后，中国股市逐渐暴露出一系列缺乏统一管理体制的弊端，催生了证券监管机构。1992年10月，国务院宣布正式成立国务院证券委员会和中国证监会，标志着中国资本市场开始逐步纳入中央政府的统一监管体制，全国性资本市场由此形成并初步发展。1998年，国务院证券委员会和中国证监会合并为一个机构，即国务院直属机构的中国证监会，对中国证券市场进行统一的监督与管理，随后出台了一系列规范资本市场的法律法规。

1998年底，《中华人民共和国证券法》（以下简称《证券法》）正式推出，《证券法》的实施以法律形式确认了资本市场的地位，标志着证券市场法治建设进入新阶段，资本市场进入改革与创新的新阶段。2004年5月，深交所推出了中小企业板，专为收入增长快、盈利能力强的中小企业上市创造条件。此后又迎来了股票市场的股权分置改革，解决了资本市场发展的历史遗留问题。到2006年底，股权分置改革任务基本完成，国内资本市场进入一个新阶段。

2009年10月，创业板正式开板，主要为从事新技术产业、成立时间短、规模较小，但成长性好的企业提供较为宽松的上市融资环境。继创业板推出之后，国家构建多层次资本市场体系的政策措施持续不断。2012年，国内资本市场迎来了全国中小企业股权转让系统，进一步充实了我国多层次资本市场体系，为创新型企业的发展提供了新活力。国家一直以来重视"多层次资本市场"的建立，并连续多年在政府工作报告中提及，譬如，从2013年的"加快发展多层次资本市场"到2018年的"深化多层次资本市场改革"。

我国不仅重视多层次资本市场的建立，还重视资本市场的互联互通，不断创新股票交易制度，深化资本市场的对外开放。2014年11月，上海与香港股票交易市场互联互通机制"沪港通"正式启动，促进两地资金的双向流动。2016年12月，深港通正式启动。我国在进行资本市场改革创新的同时，还不断创新丰富金融产品种类，为资本市场发展提供持续的动力。2010年3月，融资融券试点正式启动，这是推进资本市场基础建设的又一重要举措；2010年4月，沪深300股指期货上市交易，标志着市场进入产品创新的新时期，创新金融产品不断推出，为资本市场的可持续发展提供了源源不断的动力。同时中国A股市场迎来了双边交易时代，改变了过去只能做多的局面，为资本市场与国际接轨创造了有利条件。

随着企业的成长和资本市场的发展，不同层次证券市场功能的重叠在一定程度上加剧了各类企业在金融需求和供应方面的不平衡。为适应企业发展，国家对资本市场的改革不断深化与创新，2018年11月，在首届"中国国际进口博览会"开幕式上，国家主席习近平宣布，在上交所设立科创板并试点注册制。

2019年3月，中国证监会正式发布了科创板的相关规定；2019年7月22日，科创板首批25家公司上市交易。科创板的成功开启为我国"注册制"改革迈出了成功的一步。2019年，经过一系列改革，主板、科创板、创业板、新三板等主要市场板块的瓶颈被逐个打破，多层次资本市场体系进一步完善，构建了与不同生命周期企业相匹配的融资方式和交易场所，同时满足了不同风险偏好投资人的需求和不同企业的发展需求。

2020年，A股发行制度开始向注册制全面推进。2020年4月27日，深交所创业板正式开启注册制试点，8月24日首批18只注册制新股上市。2020年10月31日，国务院金融稳定发展委员会会议提出，增强资本市场枢纽功能，全面实行股票发行注册制，建立常态化退市机制。2020年12月14日，上交所和深交所集体发布《股票上市规则（征求意见稿）》《退市公司重新上市实施办法（征求意见稿）》等多项文件，其中参照科创板、创业板经验，在退市程序上取消暂停上市、恢复上市环节，在财务类退市标准上新增组合财务退市指标。中国资本市场"史上最严"退市制度正式落地。

2021年4月，深交所主板与中小板合并，为全面注册制铺路。2021年7月，《中共中央 国务院关于支持浦东新区高水平改革开放打造社会主义现代化建设引领区的意见》发布，文件提出，"研究在全证券市场稳步实施以信息披露为核心的注册制"。2021年9月，中国证监会发布《首次公开发行股票并上市辅导监管规定》，进一步规范辅导相关工作，压实中介机构责任，从源头提高上市公司质量，为全市场稳步推进注册制改革创造条件。2021年11月，北交所开市并实行注册制试点。

资料来源：昝秀丽.改革激荡三十年 A股整装再出发［N］.中国证券报，2020–10–09.

思政感悟： 通过阅读，了解我国资本市场的发展历程和改革创新，我国在资本市场建设中的各项制度建设举措以及取得的成效，彰显了中国智慧和中国方案，树立中国资本市场道路自信，培养爱国主义情怀。

知识拓展1-1

三、证券市场的组织结构和功能

（一）证券市场的组织结构

证券市场一般由证券发行人、证券投资者、证券市场中介、自律性组织和证券监管机构等组成。它们各司其职，充分发挥其本身的作用，构成了一个完整的证券市场的运行架构。证券市场的组织结构如图1-2所示。

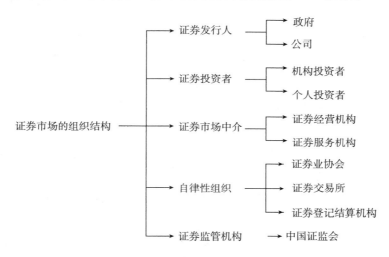

图1-2　证券市场的组织结构

1. 证券发行人

证券发行人是指为筹集资金而发行股票、债券与基金的政府和公司。

（1）政府。随着国家干预经济理论的兴起，政府已成为证券发行的重要主体之一，但政府发行证券的品种仅限于债券。

政府（中央政府和地方政府）发行债券所筹集的资金可以用于协调财政资金短期周转、弥补财政赤字和经济建设，品种包括国库券、财政债券、国家重点建设债券及中央银行发行的证券。

中央银行是代表一国政府发行法偿货币、制定和执行货币政策、实施金融监管的重要机构。中央银行作为证券发行主体，主要涉及两类证券：第一类是中央银行股票。在一些国家（如美国），中央银行采取了股份制组织结构，通过发行股票筹集资金，但是中央银行的股东并不享有决定中央银行政策的权利，只能按期收取固定的红利，其股票类似于优先股。第二类是中央银行出于调控货币供给量目的而发行的特殊债券。中国人民银行从 2002 年起开始发行中央银行票据，期限有 3 个月、6 个月和 1 年期，主要用于对冲金融体系中过多的流动性。

（2）公司。根据《中华人民共和国公司法》（以下简称《公司法》）的规定，只有股份有限公司才可以发行股票，所筹集的资金属于自有资本，是公司筹集长期资本的主要途径。有限责任公司和国有独资公司都可通过证券市场发行公司债券，所筹集的资金属于借入资金。

2. 证券投资者

证券投资者既是资金的供给者，也是金融工具的购买者。投资者的种类较多，既有机构投资者，也有个人投资者。

（1）机构投资者。机构投资者主要有政府机构、金融机构、企业和事业法人及各类基金等。

①政府机构。在我国，参与证券投资的政府机构主要包括中央银行和为履行国有资产保值增值、国家控股及参股的国有资产管理部门。

②金融机构。参与证券投资的金融机构包括证券经营机构、银行业金融机构、保险公司以及其他金融机构。

③企业和事业法人。企业可以用自己的积累资金或暂时不用的闲置资金进行证券投资。事业法人可用自有资金和有权支配的预算外资金进行证券投资。

④各类基金。基金性质的机构投资者包括证券投资基金、社会保障和保险基金、企业年金和社会公益基金等。

（2）个人投资者。个人投资者是指从事证券投资的社会自然人，他们是证券市场最广泛的投资者。我国对证券投资者买卖证券有一些其他限制条件：证券业从业人员、证券业管理人员和国家规定禁止买卖股票的其他人员，不得直接或间接持有或买卖股票，但是买卖经批准发行的国债基金除外；未成年人未经法定监护人的代理或允许者，因违反证券法规、经有关机关决定暂停其证券交易资格而期限未满者，法人提出开户但未能提供该法人授权开户证明者等，不得进行证券投资。

3. 证券市场中介

证券市场中介是连接证券投资者与筹资者的桥梁，是证券市场运行的核心。在证券市场起中介作用的实体是证券经营机构和证券服务机构，通常把两者合称为证券中介机构。证券市场功能的发挥，很大程度上取决于证券中介机构的活动。

（1）证券经营机构。在我国，证券经营机构是指依照《公司法》规定和经国务院证券监督管理机构审查批准的、经营证券业务的有限责任公司或者股份有限公司。证券公司可以经营下列部分或者全部业务：①证券承销与保荐业务。证券承销是指证券公司代理证券发行人发行证券的行为。证券承销业务采取代销或者包销方式。发行人申请公开发行股票、可转换债券，依法采取承销方式的，或者公开发行法律、行政法规规定实行保荐制度的其他证券的，应当聘请具有保荐资格的机构担任保荐人。证券公司履行保荐职责应按规定注册登记为保荐机构。保荐机构负责证券发行的主承销工作，依法对公开发行募集文件进行核查，向中国证监会出具保荐意见。②证券经纪业务。证券经纪业务又称代理买卖证券业务，是指证券公司接受客户委托代客户买卖有价证券的行为。在证券经纪业务中，证券公司应遵循代理原则、效率原则和"三公"原则。③证券自营业务。证券自营业务是指证券公司为本公司买卖证券、赚取差价并承担相应风险的行为。④投资咨询业务及与证券交易、证券投资活动有关的财务顾问业务。⑤资产管理业务。资产管理业务是指证券公司根据有关法律、法规和投资委托人的投资意愿，作为管理人，与委托人签订资产管理合同，将委托人委托的资产在证券市场上从事股票、债券等金融工具的组合投资，以实现委托资产收益最大化的行为。⑥融资融券业务。融资融券业务是指向客户出借资金（或证券）供其买入（或卖出），并收取利息或担保物的经营活动。证券公司开展融资融券业务试点必须经中国证监会批准。

（2）证券服务机构。证券服务机构是指依法设立的从事证券服务业务的法人机构，主要包括证券登记结算公司、证券投资咨询公司、财务顾问机构、资信评级机构、资产评估机构、会计师事务所、律师事务所、证券信息公司等。

证券登记结算公司是为证券交易提供集中登记、存管与结算服务的专门机构，是不以营利为目的的企业法人。证券登记结算公司履行以下职能：证券账户、结算账户的设立和管理；证券的存管和过户；证券持有人名册登记及权益登记；证券交易所上市证券交易的清算、交收和相关管理；受发行人委托派发证券权益；办理与上述业务有关的查询；国务院证券监督管理机构批准的其他业务。

4. 自律性组织

在我国，证券自律性组织包括证券业协会、证券交易所和证券登记结算机构。

（1）证券业协会。证券业协会是证券业的自律性组织，是社会团体法人。证券业协会的权力机构为由全体会员组成的会员大会。根据《证券法》的规定，证券公司应当加入证券业协会。证券业协会应当履行协助证券监督管理机构组织会员执行有关法律，维护会员的合法权益，为会员提供相关信息服务，制定规则，开展组织培训和业务交流，调解纠纷，就证券业的发展开展研究，监督检查会员行为及证券监督管理机构赋予的其他职责。

（2）证券交易所。根据《证券法》的规定，证券交易所是提供证券集中竞价交易场所的、不以营利为目的的法人。其主要职责有：提供交易场所与设施，制定交易规则，监管在该交易所上市的证券以及会员交易行为的合规性、合法性，确保市场公平，公布行情等。

（3）证券登记结算机构。中国证券市场实行中央登记制度，即证券登记结算业务全部由中国证券登记结算有限责任公司承接。中国证券登记结算公司提供上交所和深交所上市证券的存管、清算和登记服务。中国证券登记结算公司是为证券交易提供集中登记、存管与结算服务，并且不以营利为目的的法人。

5. 证券监管机构

我国证券市场监管机构是国务院证券监督管理机构。国务院证券监督管理机构依法对证券市场实行监督管理，维护证券市场秩序，保障其合法运行。国务院证券监督管理机构由中国证监会及其派出机构组成。

中国证监会成立于1992年10月，是国务院直属事业单位，是全国证券期货市场的监管部门，依照法律、法规和国务院授权，统一监督管理全国证券期货市场，维护证券期货市场秩序，保障其合法运行。中国证监会的核心职责为"两维护、一促进"，即维护市场公开、公平、公正，维护投资者特别是中小投资者的合法权益，促进资本市场健康发展。

（二）证券市场的功能

1. 筹资投资，优化社会资源

资本供求矛盾是社会再生产的重要矛盾，一方面，社会上存在着大量的闲置资本，需要寻找投资机会以实现资本的增值，它们形成资本的供给；另一方面，经济发展又需要有更多的新增资本投入，需要向社会筹集更多的资本，它们形成资本的需求。证券市场就是为了解决资本的供求矛盾而产生的市场，它实现了投资需求和筹资需求的对接。股票发行者用筹集到的资金，或开发新产品，或扩大生产规模。伴随公司业绩提高，股票价格自然会升高，更多的资金就会流进公司。相反，如果公司经营不善，那么股价将会下跌，必然影响到公司的后续融资。因此，证券市场起到了优化社会资源的作用。

2. 宏观调控，保持经济稳定

中央银行进行宏观调控经常运用的工具之一就是在证券市场开展公开市场操

作。当社会总需求大于社会总供给时，中央银行就向市场抛售一定数量的证券，以回笼货币，减少市场实际货币流通量，降低社会总需求水平，实现社会总供求的平衡；当社会总供给大于社会总需求时，中央银行从证券市场上购进适当的证券以增加市场的货币流通量，提高社会总需求水平，使社会总供求大体趋于平衡。中央银行公开市场操作，还能够影响金融市场的借贷利率，通过这种利率的变化间接调节社会总供求。可见，证券市场是政府开展宏观调控、保持经济稳定增长的重要平台。

3. 传播信息，转移风险，扩大收益

证券市场上众多参与者每天从不同角度对政治、经济及市场形势进行调查研究，并把他们所获得的信息在证券市场上进行传播，再经过投资者个人的分析判断，最终或是形成投资行为以扩大收益，或是卖出证券以锁定利润、转移风险。证券市场强大的信息处理和资产定价功能，为投资者实现资产的安全性和营利性提供了重要保障。

4. 转换管理机制，提高公司管理水平

与非上市公司相比，上市公司在管理机制上可以发生几个重要的变化：第一，有利于形成产权明晰、权责明确、政企分开、管理科学的公司治理结构；第二，有利于在企业运行、财务状况等方面建立规范、透明、及时的信息披露制度；第三，有利于健全企业的经营管理和激励机制，促进形成相对独立的企业家阶层；第四，由于产权分散，社会监督较强，有利于企业形成良好的风险控制机制；第五，由于资金来源相对分散，有利于企业建立合理的财务结构，形成适应能力较强的投融资机制。因此，证券市场对于促进和实现企业法人治理结构与经营机制的转化具有不可替代的作用。

知识拓展1-2

阅读延伸1-1

北向资金与南向资金

北向资金通常是指通过沪港通和深港通机制，从中国香港流入中国内地股市的资金，这部分资金主要来自中国香港、新加坡等地的投资者，如外资基金、养老基金等，而南向资金则是指从中国内地流入中国香港股市的资金，这部分资金主要来源于中国内地的投资者，如个人投资者、机构投资者等。

首先，南向资金和北向资金的方向不同。南向资金是指资金从中国内地市场流向海外市场，而北向资金则是相反，从海外市场流入中国内地市场。这是两者的最基本区别。

其次，南向资金和北向资金的投资对象不同。南向资金主要流向中国香港和东南亚地区，投资对象为包括中国企业在内的亚洲股票市场、房地产市场和债券市场等。而北向资金主要投资于中国股票市场和债券市场等，其目的是获得中国市场的收益。

最后，南向资金和北向资金的投资策略不同。南向资金在海外市场主要采取长期投资策略，注重投资公司基本面和前景，而北向资金则更注重短期投机，主要关注市场热点和趋势。

即测即练

任务1-1

技能训练

1. 登录中信证券官网，分组查找开立证券账户的流程和开户所需要的资料并记录下来。根据自己查找到的内容，以海报形式绘制出开户流程图并汇报。中信证券开户界面如图1-3所示。

图1-3　中信证券开户界面

2. 一位客户走进证券公司营业部，咨询有关证券投资的事宜，提出以下四个问题：

（1）什么是证券？我可以投资什么证券？

（2）投资这些证券产品收益怎么样？有什么风险？

（3）我在哪里可以买到这些证券产品？

（4）购买之后我需要用钱的时候能不能随时卖出？卖出后对我的收益会有怎样的影响？

教师将全班同学分成若干小组，每组2人，分别扮演证券公司员工和证券投资者，对客户以上的问题进行轮流解答，由教师进行评价和总结。

3. 在证券交易过程中，为了便于计算机识别和交易，每一只上市证券都会拥有一个专有的证券代码，证券代码是指每一只上市证券拥有的代码，证券与代码一一对应，且证券的代码一旦确定就不再改变。证券交易所挂牌交易的各证券产品均对应一个6位数字的代码，既方便投资者查看行情，又是证券交易中的必填要素。比如，比亚迪股票代码为002594，上证指数代码为000001，大智慧代码为601519。进行信息查询和证券交易时，只要输入有关的证券代码即可，为证券交易带来了很大的便捷。请完成以下内容：

（1）使用互联网进行证券交易品种及代码的快速查询，并将所有的证券交易品种的代码填列在证券交易品种及代码一览表中，如表1-1所示。（比如，沪A以60开头编码、深A以00开头编码、沪B以90开头、深B以20开头；普通三板A股以40开头、创业板以30开头）

表1-1　证券交易品种及代码一览表

序号	代码	名称	所在交易所	序号	代码	名称	所在交易所
沪A							
沪B							
深A							
深B							
…							

（2）写出各交易所不同证券产品编码的方法。

任务1-2　认知证券投资工具

情境导入

　　阿姆斯特丹证券交易所的成立和荷兰东印度公司的成功是资本市场的一个重要里程碑。它引入了上市公司的概念，为全球现代股票市场的发展奠定了基础。多年来，阿姆斯特丹证券交易所将其产品范围扩大到荷兰东印度公司股票之外，允许投资者交易各种证券和商品。作为世界上第一个官方证券交易所，激励其他国家发展自己的证券交易所。荷兰东印度公司贸易企业的成功和盈利创造了其他国家试图效仿的模式。

　　荷兰以外最早的证券交易所之一是伦敦证券交易所，成立于1801年。伦敦作为主要金融中心，看到了建立集中化证券交易市场的必要性。伦敦证券交易所最初专注于政府债券交易，但逐渐扩大到包括各种公司的股票。

　　随着全球经济的扩张和国际贸易的增加，许多国家也纷纷效仿并建立了自己的证券交易所。如今，几乎每个国家都有自己的证券交易所，为投资者买卖证券提供平台。

　　全球证券交易所的建立促进了资本市场的发展，使公司能够筹集资金进行扩张，并为个人提供了投资各种金融产品的机会。

　　本任务将带领同学们认识股票、债券、基金三类金融产品。

知识目标

　　1. 掌握三种证券投资工具的概念、特征和分类。

　　2. 理解三种证券投资工具的收益和风险。

能力目标

　　1. 能帮助投资者分析各类证券的收益和风险。

　　2. 能熟练应用互联网和证券交易软件查询证券信息。

思政目标

　　1. 帮助学生树立正确的价值观、财富观、投资观。

　　2. 培养学生的社会责任感和民族自豪感。

建议学时

6 学时。

知识储备

一、股票

股票是证券投资产品中最重要、最基础的投资产品，也是目前被广大投资者广泛接受和投资的品种。

（一）股票概述

1. 股票的概念

股票是指股份有限公司发行的、用以证明股东的身份和权益，并据此获取红利和股息的法律凭证。股份有限公司将筹集的资本划分为股份，每一股份的金额相等，份额以 1 股为一个单位。购买股票的投资者即成为公司的股东，股票实质上代表了股东对股份公司的所有权，投资者据此可以获得股息和红利，参加股东大会并行使股东权利。当然，股东也同时承担投资所带来的相应责任与风险。

阅读延伸 1 - 2

股本、股份和股权

股本即股份资本，是经公司章程授权、代表公司所有权的全部股份。股本代表股东在公司中所占的权益，它的大小会随着送股和配股而增加。股本通常以股票的面值来表示，包括普通股和优先股。在财务会计中，股本作为所有者权益类科目，用于核算股份有限公司接受投资者投入的实收资本。股本也可以理解为公司注册时设定的股份总数。

股份是股份有限公司资本的构成成分，代表了一定份额的资本，即公司资本是由若干股份为基本单位组合而成，股份是公司资本的基础。股份代表了股份有限公司股东的权利与义务，股东的资格，是投资人取得和行使股东权利、承担股东义务的基础。

股权就是股票持有者所具有的、与其拥有的股票比例相应的权益，以及承担一定责任的权利。这种权利允许股东从公司获得经济利益，并参与公司的经营管理。股权表现为股东在公司中的投资份额，即股权比例，这个比例直接影响股东对公司的控制权和分红比例。股权既包括经济权利，如参与利润分配、获得股息等，也包括参与公司管理的政治权利，如表决权、监察权等。

2. 股票的性质

（1）股票是有价证券。有价证券是财产价值和财产权利的统一表现形式。股票是代表财产权的法律凭证，持有股票的股东可以获得股息和红利，参加股东大会并行使股东权利，因此股票是一种有价证券。

（2）股票是要式证券。《公司法》规定，股票采用纸面形式或者国务院证券监督管理机构规定的其他形式。股票应载明的事项主要有：公司名称，公司成立日期，股票种类，票面金额以及代表的股份数，股票的编号。股票由法定代表人签名，公司盖章。如果缺少《公司法》规定的要件，股票就无法律效力。

（3）股票是证权证券。证券分为设权证券和证权证券。设权证券是指证券所代表的权利本身不存在，而是随证券的制作而产生，以证券的制作和存在为条件，如本票、支票和汇票等。证权证券是指证券是权利的一种物化的外在形式，它是作为权利的载体，权利是已经存在的。股票代表的是股东权利，它的发行是以股份的存在为条件的，其作用不是创造股东的权利，而是证明股东的权利，因此，股票是证权证券。

（4）股票是资本证券。股份公司发行股票是一种吸引认购者投资以筹措公司自有资本的手段，购买股票是一种投资行为，股票是投入股份公司资本份额的证券化，独立于真实资本之外，是虚拟资本，在股票市场中进行着独立的价值运动。

（5）股票是综合权利证券。股票持有者是公司的股东，享有出席股东大会、投票表决、分配股息和红利等权利。

3. 股票的基本特征

股票作为有价证券，具备有价证券的一般性特征。

（1）收益性。收益性是股票最基本的特征，也是投资者投资股票的主要原因。股票收益主要有两个来源：一是公司分配的红利和股息，其大小取决于公司的经营状况和盈利水平；二是资本利得，即股票买卖的差价收入。

（2）风险性。任何一种投资都是有风险的，股票也不例外。投资者买入股票时，会有自己的预期收益，但是实际收益和预期收益往往会有偏差，这就是股票的风险。股票风险的内涵也就是投资收益的不确定性，或者说是实际收益与预期收益的偏离程度。因此，股票的风险和利益并存，不仅如此，两者还是对称的，即"高风险高收益、低风险低收益"。由此可见，风险并不意味着损失，它本身仅仅是一个中性概念。

（3）流动性。投资者可以根据自己的意愿，自由地在股票市场中进行交易。现实生活中，股票的流动性较高，可以在证券市场上转让、买卖，也可以继承、赠予、抵押，因此深受广大投资者的喜爱。

（4）永久性。股票所载明权利的有效性是始终不变的，其有效期与股份公司的持续期相关联。对股东而言，股票是长期投资，只能通过转让出售股份，而不能退股；对公司而言，所募集到的资金是稳定的自有资本。

（5）参与性。股东有权参与公司的重大决策。股东通过出席股东大会，对重大经营事项进行投票表决和选举公司董事来实现参与性。股东参与公司重大决策权力的大小取决于其持有股份数量的多少。

（二）股票的类型

1. 按股东享有权利分类

按股东享有权利，股票可分为普通股票和优先股票，这是一种最主要的分类方法。

（1）普通股票。普通股票是最常见、最基本的股票，是股份公司资本金最基础的构成部分，其持有者享有股东最基本的权利和义务，既没有特权，也没有限制。其权利主要有：①经营决策参与权。股东可以通过股东大会行使投票表决权参与公司经营决策。②利润分配权。普通股票股东可按照法定分配顺序对公司的经营利润进行分配，即股息和红利（通常把两者合称为股利）。持有者能获得股利的多少主要取决于公司的经营业绩、优先股票的数量和其股息率的高低等。在公司盈利较多时，普通股票股东可获得较高的股利；相反，当公司经营不善时，可能一分钱也分不到，甚至赔本。因此，普通股票股东承担着较大的风险。③剩余财产分配权。股份公司破产或结业进行清算时，普通股票股东有权分得公司剩余资产，但其分配顺序列在公司的债权人、优先股股东之后，风险较高。④优先认股权。当股份公司为增加公司资本金而决定增加发行新的股票时，原普通股票股东享有按其持股比例、以低于市价的某一特定价格优先认购一定数量新发行股票的权利。例如，某公司原有 10 万股，投资者 A 拥有 1 000 股，占 1%，现公司增发 1 万股普通股票，那投资者 A 就有权按其持股比例优先认购 100 股。

（2）优先股票。优先股票是一种相对于普通股票而言的特殊股票，在某些方面比普通股票享有优先权，但同时又在其他某些方面失去一些权利。其特点主要有：

①股息率固定。绝大多数优先股票的股息率是在发行时预先明确的，无论公司经营状况和盈利水平如何变化，股息率一般都是固定不变的，也就是说，即使普通股票股东没有股息，优先股票股东也应照常分得股息。②盈余分配优先。在利润分配顺序上，优先股票排在普通股票的前面。③剩余财产分配优先。当股份公司破产或结业进行清算分配剩余财产时，优先股票股东的分配顺序排在普通股票股东之前、债权人之后。④无经营决策参与权。优先股票股东一般不能参与公司的经营决策，也没有投票表决权，但在涉及优先股票股东重大权益的问题上也拥有一定的投票权。⑤无优先认股权。

2. 按是否记载姓名分类

按是否记载股东姓名，股票可分为记名股票和不记名股票。

（1）记名股票。记名股票是指在股票票面和股份公司股东名册上记载股东姓名的股票。一般来说，记名股票需记载以下事项：股东姓名、名称以及住所；所持有的股份数、股票编号；取得股票的日期。若个人投资者买进股票，则在股票及该公司股东名册上记载该股票持有者的姓名；若单位买进，则记载该单位名称或法人代表名称。记名股票的每一次所有权转让都应办理过户手续。记名股票的特点主要有：①股东权利归属于记名股东。②认购股票的款项不一定一次性缴足。缴纳股款是股东基于认购股票而承担的义务，一般来说，股东应在认购时一次性缴足股款。但是，基于记名股票所确定的股份公司与记名股东之间的特定关系，有些国家也规定，允许记名股东在认购股票时可以不一次性缴足股款。③转让相对复杂或者受到限制。记名股票转让必须依据公司章程和法律程序，服从规定的转让条件，必须将受让人的信息记载于公司股东名册。《公司法》规定，记名股票由股东以背书方式或法律、行政法规规定的其他方式转让；转让后由公司将受让人的姓名或名称及住所记载于股东名册。④便于挂失，相对安全。若遗失股票后，股东的资格和权利关系并不消失，可以依照法定程序向公司挂失，要求补发新的股票。

（2）不记名股票。不记名股票也称无记名股票，是指股票票面和股份公司股东名册上均不记载股东姓名的股票。它与记名股票的差别不在股东权利上，而在股票的记载方式上。不记名股票发行时一般留有存根联，包括股票主体（即公司名称、股票代表的股份数）和股息票（用来进行股息结算以及行使增资权利）。不记名股票的特点主要有：①权利归属股票持有人或占有人，以占有事实为依据。②认购股票需要一次性缴足款项。③转让相对简单，持有人向受让人交付股票，不需要办理过户手续。④安全性差，不能办理挂失手续。

3. 我国的股票类型

我国股票市场起步较晚，在发展中既借鉴了西方发达国家的经验，也结合我国的实际情况和市场需求进行了一些调整。目前，我国的股票主要按投资主体的不同将股票分为国家股、法人股、社会公众股和外资股。

（1）国家股。国家股是指有权代表国家投资的部门或机构以国有资产向公司投资形成的股份，包括公司现有国有资产折算成的股份。例如，全民所有制企业改制成为股份公司后，全民所有制企业的资产就折算成国家股。由于我国大部分股份制企业都是由原国有大中型企业改制而成的，因此，国家股在公司股权中占有较大的比重。

（2）法人股。法人股是指企业法人或具有法人资格的事业单位和社会团体以其可支配的资产投入公司形成的非上市流通股份。作为发起人的企业法人或具有法人资格的事业单位和社会团体在认购股份时，可以用货币出资，也可以用其他形式的资产，如实物、工业产权、非专利技术、土地使用权等作价出资，但对其他资产必须进行评估作价，核实财产，不得高估或低估作价。

（3）社会公众股。社会公众股是指社会公众依法用自己的合法财产投入公司形成的可上市流通的股份。我国投资者通过其股东账户在股票市场买卖的股票都是社会公众股，也就是我们所说的 A 股。A 股即人民币普通股票，是由中国境内注册公司发行，在境内上市，以人民币标明面值，供境内机构、组织或个人（2013 年 4 月 1 日起，境内港澳台居民可开立 A 股账户）以人民币认购和交易的普通股股票。英文字母 A 没有实际意义，只是用来区分人民币普通股票和人民币特种股票。

（4）外资股。外资股是指股份公司向外国和我国香港、澳门、台湾地区投资者发行的股票。这是我国在经济发展过程中吸收外资的一种方式。外资股按上市地域可以分为境内上市外资股和境外上市外资股。

境内上市外资股，是指股份有限公司向境外投资者募集并在我国境内上市的股份。投资者限于外国的自然人、法人和其他组织，以及我国香港、澳门、台湾地区的自然人、法人和其他组织以及定居在国外的中国公民等。这类股票称为 B 股，是以人民币标明股票面值，以外币认购、买卖，在境内证券交易所上市交易的人民币特种股票。上交所的 B 股以美元购买，深交所的 B 股以港币购买。

境外上市外资股，是指股份有限公司向境外投资者募集并在境外上市的股份。以人民币标明面值，以外币认购。这类股票除了应符合我国的有关法规之外，还须符合上市所在地国家或者地区证券交易所制定的上市条件。境外上市外资股主要有 H 股、N 股、S 股、L 股等，分别取其上市地的首字母命名，例如，H 股是指公司注册地在我国内地、上市地在我国香港的外资股；N 股，是指在中国内地注册、在纽约上市的外资股；S 股，指在内地注册，但是在新加坡交易所上市的外资股；L 股，是指公司注册地在我国内地、在伦敦证券交易所上市的外资股。

知识拓展1-3

思政课堂 1 – 2

企业家的社会责任担当——上证社会责任指数

上交所 2008 年 5 月发布了《关于加强上市公司社会责任承担工作的通知》，随后于 2009 年推出上证社会责任指数，上证社会责任指数是以上证公司治理板块中在社会责任的履行方面表现良好的公司股票作为样本股编制而成的指数。其目的是鼓励和促进上市公司积极履行社会责任，同时为投资者提供新的投资标的指数，促进社会责任投资的发展。

中国光大银行为推动甘肃经济社会发展和进一步完善金融体系，入驻甘肃并且坚持践行金融为实体经济服务的本职要求，积极支持"3341"项目工程和兰州新区的开发建设，积极服务非公经济、中小企业和"三农"发展。

思政感悟：了解中国光大银行作为企业家的社会责任担当，培养学生企业家或投资者的社会责任意识。作为企业家，能更好地理解国家战略政策下企业面对的机遇和挑战，从而尽快深度调整和转型；作为投资者，为促进社会责任投资的发展贡献一分力量，注重社会责任担当。

二、债券

（一）债券概述

1. 债券的概念

债券是一种有价证券，是指社会各类经济主体为筹集资金而向投资者出具的、承诺按一定利率定期支付利息并到期偿还本金的债权债务凭证。

债券的含义可以从四个方面来理解：①债券发行人是借入资金的经济主体，即债务人。②投资者是出借资金的经济主体，即债权人。③发行人需要到期还本付息。④债券反映了发行者和投资者之间的债权债务关系，而且是这一关系的法律凭证。

2. 债券的性质

（1）债券是一种有价证券。一方面，债券反映和代表一定的价值；债券本身有一定的面值，通常是债券投资者投资资金的量化表现。另外，持有债券可按期取得利息，而利息是债券投资者收益的价值表现。另一方面，债券与其代表的权利联系在一起，拥有债券就拥有了债券所代表的权利，转让债券即将债券代表的权利一并转移。

（2）债券是一种虚拟资本。在债权债务关系建立时，债权人所投入的资金已被债务人占用，形成了被实际运用的真实资本，但债券在市场中流动时其所代表的实际资本并未发生同样流动，因此债券是独立于实际资本之外的虚拟资本。债券代表债券投资者的权利，是一种债权。拥有债券的人是债权人，是公司的外部利益相关者，债权人不同于公司股东。

3. 债券的票面要素

（1）债券的面值。债券的面值是债券票面标明的货币价值，是债券发行人承诺在债券到期日偿还给债券持有人的金额，包括面值的币种和面值的大小两个基本内容。面值的币种主要取决于发行者的需要和债券的种类，一般来说，在本国发行的债券通常以本国货币作为面值的计量单位，在国际金融市场发行的债券通常以债券发行地所在国家的货币或以国际通用货币为计量标准。面值的大小不同则可以适应不同的投资对象，同时也会产生不同的发行成本。面值较小，有利于小额投资者购买，但由于印刷及发行工作量增大导致发行费用增加；面值较大，则会降低发行费用、减轻发行工作量，但可能不利于债券顺利发行。

（2）债券的票面利率。债券的票面利率也称名义利率，是债券年利息与债券面值的比率，通常用百分数表示。在实际经济生活中，债券利率有多种形式，如单利、复利和贴现利率等。

（3）债券的偿还期限。债券的偿还期限是指债券从发行之日起至偿清本息之日的时间，习惯上有短期债券、中期债券和长期债券之分。

（4）债券发行者的名称、发行时间、债券名称、债券类别及还本付息方式。

需要注意的是，以上几个要素虽然是债券票面的基本要素，但它们并非一定要在债券票面上印制出来。在许多情况下，债券发行者是以公布条例或公告形式向社会公开宣布某债券的期限与利率，只要发行人具备良好的信誉，投资者也会认可接受。

（二）债券的特征

1. 偿还性

偿还性是指债券有规定的偿还期限，债务人必须按期向债权人支付利息和偿还本金。债务人到期还本付息后，债权人和债务人的债权债务关系随之结束，而股东和股份公司之间的关系在公司存续期内是永久的。但在历史上，英美国家曾发行过无期公债或永久性公债，持债人不能要求政府清偿，只能按期取息。当然，这只能视为特例，不能因此而否定债券具有偿还性的一般特征。

2. 流动性

流动性是指债券持有人可按需要和市场的实际状况，灵活地在债券市场上转让债券，以提前收回本金和实现投资收益。

3. 安全性

安全性是指债券持有人的收益相对稳定，不随发行者经营收益的变动而变动，并且可按期收回本金。一般来说，具有高度流动性的债券同时也是较安全的，因为它不仅可以迅速地转换为货币，而且还可以按一个较稳定的价格转换。

债券不能收回投资的风险有两种情况：一是债务人不履行债务，即债务人不能按时足额按约定的利息支付或偿还本金；二是流通市场风险，即债券在市场上转让时因价格下跌而承受损失。

4. 收益性

收益性是指债券能为投资者带来一定收入，即债券投资的报酬。债券收益可以表现为三种形式：一是利息收入，即债权人将债券持有至期满，在此期间可以按约定的条件分期、分次取得利息或者到期一次性取得利息；二是资本损益，即债权人到期收回的本金与买入债券或中途卖出债券与买入债券之间的价差收入；三是再投资收益，即投资债券所获现金流量再投资的利息收入，其受市场收益率变化的影响。

（三）债券的类型

1. 按发行主体的不同分类

按发行主体的不同，债券可分为政府债券、金融债券和公司债券。

（1）政府债券。政府债券的发行主体是政府。中央政府发行的债券称作国债，其主要目的是满足由政府投资的公共设施或重点建设项目的资金需要，弥补国家财政赤字及拉动社会投资。地方政府发行的债券称为地方政府债券，也称市政债券。其发行筹集的资金主要用于公共设施建设、住房建设和教育文化等地方建设。地方政府债券以地方政府收入作为担保，其安全性低于国债，发行量较小，流通性也不如国债。

（2）金融债券。金融债券是发行主体为银行和非银行金融机构依照法定程序发行并约定在一定期限内还本付息的有价证券。银行和非银行金融机构是社会信用的中介，它们的资金来源主要靠吸收公众存款和金融业务收入，但有时它们会因为某种特定用途发行债券以增加资金来源。虽然存款和发行债券都是金融机构的资金来源，但是，存款的主动性在存款户，金融机构不能完全控制，是被动负债；而发行债券则是金融机构的主动负债，有更大的主动性和灵活性。金融债券的期限以中期较为多见。

（3）公司债券。广义的公司债券是指一般企业和股份公司为筹集资金而发行的债务凭证，又称公司（企业）债券；狭义的公司债券仅指股份公司依照法定程序发行、约定一定期限还本付息的有价证券。公司发行债券的目的主要是满足经营需要。由于从事生产经营的公司情况千差万别，影响公司经营的因素又错综复杂，公司之间的信誉状况差别较大，因此，公司债券的风险较政府债券和金融债券要大一些。

我国的公司债券是指公司依照法定程序发行、约定在1年以上期限内还本付息的有价证券。公司债券的发行人是依照《公司法》在中国境内设立的有限责任公司和股份有限公司。发行公司债券应当符合《证券法》《公司法》规定的条件，由中国证监会核准。

阅读延伸 1-3

我国公司债券与企业债券的区别

我国公司债券与企业债券的区别主要有以下几个方面。

（1）发行主体的差别。企业债券的发行主体可以是股份有限公司和有限责任公司，也可以是尚未改制为公司制的企业法人，但不可以是上市公司；公司债券的发行主体已经由原来限于境内证券交易所上市公司、发行境外上市外资股的境内股份有限公司、证券公司的发行范围扩大至所有公司制法人。

（2）监管机构不同。公司债券的发行由核准制改为注册制，公开发行公司债券由证券交易所负责受理、审核，报中国证监会注册。而发行企业债券应当依法经国家发改委注册。

（3）募集资金的用途不同。公司债券可根据公司自身的具体经营需要提出发行需求，而企业债券募集的资金用途主要限制在固定资产投资和技术革新改造方面，并与政府部门审批的项目直接关联。

（4）发行市场不同。企业债券发行市场包括银行间债券市场和证券交易所市场，公司债券发行市场仅为证券交易所市场。

资料来源：中国证券业协会. 金融市场基础知识［M］. 北京：中国财政经济出版社，2022.

2. 按偿还期限的不同分类

按偿还期限的不同，债券可分为短期债券、中期债券和长期债券。一般来说，偿还期限在 10 年以上的为长期债券，偿还期限在 1 年以下的为短期债券，偿还期限在 1 年或 1 年以上、10 年以下（包含 10 年）的为中期债券。

我国国债的期限划分与上述标准相同，但企业债券的期限划分却有所不同。我国短期企业债券的偿还期限在 1 年以内，偿还期限在 1 年以上 5 年以下的为中期债券，偿还期限在 5 年以上的为长期债券。

3. 按付息方式分类

按债券发行条款中是否规定在约定期限向债券持有人支付利息，债券可分为零息债券、附息债券和息票累积债券。

（1）零息债券。零息债券也称零息票债券，指债券合约未规定利息支付的债券。债券持有人实际上是以买卖（到期赎回）价差的方式取得债券利息。通常，这类债券以低于面值的价格发行和交易。

（2）附息债券。附息债券的合约中明确规定，在债券存续期内，对持有人定期支付利息（通常每半年或每年支付一次）。按照计息方式的不同，这类债券还可细分为固定利率债券和浮动利率债券两大类。固定利率债券是在债券存续期内票面利率不变的债券。浮动利率债券是在票面利率的基础上参照预先确定的某一基准利率予以定期调整的债券。有些附息债券可以根据合约条款推迟支付定期利率，故称为缓息债券。

（3）息票累积债券。与附息债券相似，这类债券也规定了票面利率，但是债券持有人必须在债券到期时一次性取得本息，存续期间没有利息支付。

4. 按利率是否固定分类

按利率是否固定，债券可分为固定利率债券和浮动利率债券。

（1）固定利率债券。固定利率债券是利率在发行时就被固定下来的债券。这种债券通常在票面上印制有固定利息息票和到期日，发行人每半年或一年支付一次利息。

（2）浮动利率债券。浮动利率债券是指发行时规定债券利率随市场利率定期浮动的债券，也就是说，债券利率在偿还期内可以进行变动和调整，可以较好地抵御通货膨胀风险。

5. 按债券票面形态的不同分类

按债券票面形态的不同，债券可分为以下三种。

（1）实物债券。实物债券是一种具有标准格式以可触摸实物券形式记录债权、面值、利率、期限等要素的债券。有时利率、期限等要素也可以通过公告向社会公布，而不在债券券面上注明。无记名国债就属于这种实物债券，它以实物券的形式记录债权、面值等，不记名、不挂失，可上市流通。

（2）凭证式债券。凭证式债券主要指储蓄国债（凭证式）。凭证式债券是债权人认购债券的一种收款凭证，而不是债券发行人制定的标准格式的债券。投资者一般只能通过银行网点或者网上银行、手机银行购买。储蓄国债（凭证式）不得更名，不可流通转让，可以挂失、提前兑取、质押贷款、约定转存等，不能上市流通，从购买之日起计息。投资者购买凭证式国债后如需提前变现，可到原购买网点提前兑现。除偿还本金外，利息按实际持有天数及相应的利率档次计算，经办机构按兑付本金的一定比例收取手续费。

（3）记账式债券。记账式债券以记账形式记录债权，通过证券交易所的交易系统发行和交易，可记名、可挂失。投资者进行记账式债券买卖，必须在证券交易所设立账户。由于记账式债券的发行和交易均无纸化，与其他形态债券相比，具有发行时间短、发行效率高、交易手段简便、成本低、交易安全等优点。

知识拓展1-4

6. 按信用状况的不同分类

按信用状况的不同，债券可分为利率债券和信用债券。

（1）利率债券。利率债券是指直接以政府信用为基础或是以政府提供偿债支持为基础而发行的债券。由于有政府信用背书，正常情况下利率债券的信用风险很小，影响其内在价值的因素主要是市场利率或资金的机会成本，故名"利率债"。在我国，狭义的利率债包括国债和地方政府债。

（2）信用债券。信用债券指以企业的商业信用为基础而发行的债券，除了利率，发行人的信用是影响该类债券的重要因素。信用债券与政府债券相比，最显著的差异就是存在信用风险，所以信用债券比国债有着更高的收益。

7. 特殊类型债券——可转换债券

可转换债券，简称可转债，是债券持有人可按照发行时约定的价格将债券转换成公司的普通股票的债券。可转换债券兼有债券和股票的特征，具有以下三个特点。

（1）债权性。与其他债券一样，可转换债券也有规定的利率和期限，投资者可以选择持有债券到期，收取本息。

（2）股权性。可转换债券在转换成股票之前是纯粹的债券，但转换成股票之后，原债券持有人就由债权人变成了公司的股东，可参与企业的经营决策和股利分配，这也在一定程度上会影响公司的股本结构。

（3）可转换性。可转换性是可转换债券的重要标志，债券持有人可以按约定的条件将债券转换成股票，转股权是投资者享有的、一般债券所没有的选择权。可转换债券在发行时就明确约定，债券持有人可按照发行时约定的价格将债券转换成公司的普通股票。如果债券持有人不想转换，则可以继续持有债券，直到偿还期满时收取本金和利息，或者在流通市场出售变现。如果持有人看好发债公司股票增值潜力，在宽限期之后可以行使转换权，按照预定转换价格将债券转换成为股票，发债公司不得拒绝。正因为具有可转换性，可将债券转换成为股票，故可转换债券利率一般低于普通公司的债券利率，企业发行可转换债券可以降低筹资成本。

可转换债券持有人还享有在一定条件下将债券回售给发行人的权利，发行人在一定条件下拥有强制赎回债券的权利。

可转换债券具有债券和股票双重特点，对企业和投资者都具有吸引力。1996年，我国政府决定选择有条件的公司进行可转换债券的试点，1997年颁布了《可转换公司债券管理暂行办法》，2001年4月，中国证监会颁布了《上市公司发行可转换公司债券实施办法》，极大地规范、促进了可转换债券的发展。

可转换债券具有双重选择权的特征。一方面，投资者可自行选择是否转股，并为此承担转债利率较低的机会成本；另一方面，转债发行人拥有实施赎回条款的选择权，并为此要支付比没有赎回条款的转债更高的利率。双重选择权是可转换公司债券最主要的金融特征，它的存在使投资者和发行人的风险、收益限制在一定的范围以内，并可以利用这一特点对股票进行套期保值，获得更加确定的收益。

阅读延伸 1–4

第一张可转债——宝安转债

1992年10月19日，中国宝安企业（集团）股份有限公司发行5亿元宝安转债，并于1993年2月10日在深交所挂牌上市。该转债面值每张5 000元、期限3年、初始转股价25元/股、票面利率3%。宝安可转债是我国资本市场第一张A股上市可转换债券。但二级市场股市行情不支持，深宝安股价远远徘徊于转股价之下，导致第一只可转债在存续期内并没有转换成功。自那之后5年，直到1998年，第二次可转债试验才开始。

课堂练习 1–1

比较股票和债券，将其区别填入表 1–2 中。

表 1–2 股票和债券的区别

比较项目	股票	债券
性质		
发行主体		
发行人与持有人关系		
期限		
风险		
收益		
价格稳定性		
持有人责任		

思政课堂 1–3

稳增长、提信心，四季度增发国债 1 万亿元

中央财政在 2023 年四季度增发国债 1 万亿元，全部通过转移支付方式安排给地方，资金将重点用于灾后恢复重建、重点防洪治理工程、自然灾害应急能力提升工程、其他重点防洪工程、灌区建设改造和重点水土流失治理工程、城市排水防涝能力提升行动、重点自然灾害综合防治体系建设工程、东北地区和京津冀受灾地区等高标准农田建设八个方面。整体提升我国抵御自然灾害的能力，更好保障人民群众生命财产安全。

此次增发 1 万亿元国债并全部列为中央赤字，一方面体现当前稳增长、提信心的决心；另一方面也反映出当前地方财政收支紧平衡、缺乏可用财力的现状和加大民生保障投入力度的紧迫性。

资料来源：张骞爻. 重磅！中央财政将在今年四季度增发 2023 年国债 1 万亿元 [EB/OL]. (2023–10–24). https：//www. stcn. com/article/detail/1013674. html.

思政感悟：通过阅读材料，感受到我们背靠的是一个强大的、负责任的祖国，进一步增强学生的家国情怀和民族自豪感，充分激发爱国、爱党、爱人民、爱社会主义的思想情感。

三、基金

（一）基金概述

1. 基金的概念

基金，其全称为证券投资基金，是指通过发售基金份额，将众多投资者的资金集中起来形成独立财产，由基金托管人托管、基金管理人管理，以投资组合的方法进行证券投资的一种利益共享、风险共担的集合投资方式。

我国的各类基金依据基金合同设立。基金份额持有人、基金管理人和基金托管人是基金合同的当事人，统一简称为基金当事人。

基金份额持有人是指购买一定数量的基金份额或基金单位，参与基金投资的个人投资者或机构投资者，是基金的出资人、基金资产的所有者和基金回报的受益人。基金份额持有人享有基金信息的知情权、表决权和收益权等权利。基金的一切投资活动都应是为了增加投资者的收益，基金的一切风险管理都是围绕保护投资者利益来考虑的。

基金管理人是基金产品的募集者和管理者，其最主要职责就是按照基金合同的约定，负责基金资产的投资运作，在有效控制风险的基础上为基金投资者争取最大的投资收益。基金管理人在基金运作中具有核心作用。在我国，基金管理人只能由依法设立的基金管理公司担任。

为了保证基金资产的安全，《中华人民共和国证券投资基金法》（以下简称《证券投资基金法》）规定，基金资产必须由独立于基金管理的基金托管人保管。在我国，基金托管人只能由依法设立并取得基金托管资格的商业银行担任。

2. 基金的特点

（1）集合理财，专业管理。基金将众多投资者分散的资金集中起来，交给基金管理人进行投资，表现出集合理财的特点。在参与证券投资时，资本越雄厚，优势越明显，而且可能享有大额投资在降低成本上的相对优势，从而获得规模效益的好处。基金管理人一般拥有大量的专业投资研究人员和强大的信息网络，能够更好地对证券市场进行全方位的动态跟踪与深入分析。将资金交给基金管理人管理，使中小投资者也能享受到专业化的投资管理服务。

（2）组合投资，分散风险。在投资活动中，风险和收益总是并存的，因此"不能把鸡蛋放在一个篮子里"。但对于中小投资者而言，由于资金量小，一般无法通过购买数量众多的股票分散投资风险。而基金则可以帮助中小投资者解决这个困难，它可以凭借其集中的巨额资金，在法律规定的投资范围内进行科学的组合，分散投资于多种证券，实现资产组合多元化，从而减小投资风险。

（3）利益共享，风险共担。基金投资者、基金管理人、基金托管人均是基金的当事人，基金托管人、基金管理人为基金提供服务，并能按规定收取一定比例的托管费、管理费，基金投资者则依据其所持有的基金份额比例参与基金投资收益扣除由基金承担的费用后的全部盈余部分的分配。

（4）严格管理，信息透明。基金监管机构对基金业实行严格的监管，对各种有损于投资者利益的行为进行严厉的打击，并强制基金进行及时、准确、充分的信息披露，这使得基金投资更加规范，也在一定程度上减小投资风险。

（5）独立托管，保障安全。管理人负责基金的投资操作，本身并不参与基金财产的保管，由独立于基金管理人的基金托管人负责，从而形成了相互制约、相互监督的制衡机制，更有利于保护投资者的利益。

（二）基金的类型

1. 按法律形式的不同分类

按基金的法律形式的不同，基金可分为契约型基金和公司型基金。不同国家（地区）具有不同的法律环境，基金能够采用的法律形式也有所不同。目前我国的基金都是契约型基金，而美国的绝大多数基金是公司型基金。

（1）契约型基金。契约型基金又称单位信托基金，是指将投资者、管理人、托管人三者作为基金的当事人，通过签订基金契约的形式发行受益凭证而设立的一种基金。契约型基金是基于信托原理而组织起来的代理投资方式，没有基金章程，也没有公司董事会，而是通过基金契约规范三方当事人的行为。基金管理人负责基金的管理操作；基金托管人作为基金资产的名义持有人，负责基金资产的保管和处置，对基金管理人的运作实行监督。

（2）公司型基金。公司型基金是按照公司形式组成的，具有独立法人资格并以营利为目的的基金公司。公司型基金以发行股份的方式募集资金，投资者购买基金公司的股份后，以基金持有人的身份成为基金公司的股东，凭其持有的股份依法享有投资收益。

公司型基金在组织形式上与股份有限公司类似，由股东选举董事会，由董事会选聘基金管理公司，基金管理公司负责管理基金业务。公司型基金不同于一般股份公司的是，它委托基金管理公司作为专业的财务顾问来经营与管理基金资产。公司型基金以美国的投资公司为代表。

2. 按基金运作方式的不同分类

按基金运作方式的不同，基金可分为封闭式基金和开放式基金。

（1）封闭式基金。封闭式基金是指基金份额在基金合同期限内固定不变，基金份额可以在依法设立的证券交易所交易，但基金份额持有人不得申请赎回的一种基金运作方式。这里封闭式基金的期限是指基金的存续期，即基金从成立起到终止之间的时间。

（2）开放式基金。开放式基金是指基金份额不固定，基金份额可以在基金合同约定的时间和场所进行申购或赎回的一种基金运作方式。

封闭式基金与开放式基金的区别主要有以下几方面。

（1）期限不同。封闭式基金有固定的存续期，通常在5年以上，一般为10年或15年，经受益人大会通过并经主管机关同意可以适当延长期限。目前，我国封闭式基金的存续期大多在15年左右。开放式基金没有固定期限，投资者可随时向基金管理人赎回基金份额，若大量赎回，甚至会导致清盘。

（2）发行规模限制不同。封闭式基金发行规模固定，在封闭期限内未经法定程序认可，不能增减基金份额。开放式基金规模不固定，投资者认购新的基金份额时，其基金规模就增加；赎回基金份额时，其基金规模就减少。

（3）基金份额的交易方式不同。封闭式基金在完成募集后，基金份额在证券交易所上市交易，交易在投资者之间进行。开放式基金的投资者可以按照基金管理人确定的时间和地点向基金管理人或其销售代理人提出申购、赎回申请，交易在投资者和基金管理人之间完成。

（4）基金份额的交易价格计算标准不同。封闭式基金买卖价格受二级市场供求关系影响，常出现溢价和折价现象，并不必然反映每一基金份额的净资产值。开放式基金的交易价格则取决于每一基金份额净资产值的大小。

（5）基金份额资产净值公布的时间不同。封闭式基金一般每周或更长时间公布一次资产净值，开放式基金在每个交易日结束后公布其资产净值。

（6）激励约束机制不同。封闭式基金份额固定，如果基金表现好，其扩展能力也受到较大的限制；如果表现较差，由于投资者无法赎回投资，基金经理也不会在经营与流动性管理上面临直接压力。开放式基金的业绩如果表现好，会吸引到新的投资，基金管理人的管理费收入也会随之增加；如果业绩表现差，则面临来自投资者要求赎回的压力。因此，一般开放式基金向基金管理人提供了更好的激励约束机制。

（7）投资策略不同。封闭式基金管理人可以根据预先设定的投资计划进行长期投资和全额投资,并将基金资产投资于流动性相对较弱的证券。开放式基金则必须保留一定的现金资产,并高度重视基金资产的流动性。

课堂练习 1-2

比较封闭式基金和开放式基金,将其区别填入表 1-3 中。

表 1-3　封闭式基金和开放式基金的区别

比较项目	封闭式基金	开放式基金
交易场所		
基金存续期限		
基金规模		
赎回限制		
交易方式		
价格决定因素		
分红方式		
费用		
信息披露		

3. 按募集方式的不同分类

按募集方式的不同,基金可分为公募基金和私募基金。

(1)公募基金。公募基金是指可以面向社会公众公开发售的一类基金。这种基金募集对象不固定,投资金额门槛较低,适宜中小投资者参与。在投资运作中,必须遵守基金法律和法规的约束,并接受监管部门的严格监管。本书主要介绍公募基金。

(2)私募基金。私募基金是指以非公开方式,面向特定投资者募集发售的基金。与公募基金相比,私募基金不能进行公开发售和宣传推广,投资要求高,投资者的资格和人数常常受到严格的限制。但其在运作过程方面具有较大的灵活性,所受到的限制和约束较少,因此投资风险较高,主要以具有较强风险承受能力的富裕阶层为目标客户。

4. 按投资对象的不同分类

2014 年 8 月 8 日正式生效的《公开募集证券投资基金运作管理办法》将公募证券投资基金按投资对象的不同,划分为股票基金、债券基金、货币市场基金、混合基金、指数基金等类别。

(1)股票基金。股票基金是指以股票作为主要投资对象的基金。股票基金在各类基金中是历史最悠久也是最广泛流行的一种基金类型。根据中国证监会对基金类别的分类标准，基金资产 80% 以上投资于股票的为股票基金。从长期看，股票基金收益可观，但风险较高。

（2）债券基金。债券基金是以债券为主要投资对象的基金。根据中国证监会对基金类别的分类标准，基金资产 80% 以上投资于债券的为债券基金。债券基金的价格波动性通常比股票基金小，常常被投资者认为是收益、风险适中的投资工具，对追求稳定收入的投资者具有较强的吸引力。

（3）货币市场基金。货币市场基金是以货币市场工具为主要投资对象的基金。根据中国证监会对基金类别的分类标准，所有基金资产仅投资于货币市场工具的为货币市场基金。由于货币市场参与者一般是大额投资者，所以货币市场基金的出现为小额投资者进入货币市场提供了机会。货币市场基金具有风险低、流动性好的特点，是厌恶风险、对资产流动性和安全性要求较高的投资者进行短期投资的理想工具，也是暂时存放现金的理想场所，但其长期收益率较低，并不适合进行长期投资。

（4）混合基金。混合基金同时以股票、债券为主要投资对象，以期通过在不同资产类别上的投资实现收益与风险之间的平衡。根据中国证监会对基金类别的分类标准，投资于股票、债券和货币市场工具，但股票投资和债券投资比例不符合股票基金、债券基金规定的为混合基金。它为投资者提供了一种在不同资产类别之间进行分散投资的工具，比较适合较为保守的投资者。

（5）指数基金。指数基金是一种以拟合目标指数、跟踪目标指数变化为原则，并以该指数的成分股为投资对象，通过购买该指数的全部或部分成分股构建投资组合，以追踪标的指数表现，力求股票组合的收益率拟合该目标指数所代表的资本市场的平均收益率，实现与市场同步成长的基金产品。目前，市面上比较主流的标的指数有沪深 300 指数、标普 500 指数、纳斯达克 100 指数等。

5. 按投资目标的不同分类

按基金投资目标的不同，基金可分为成长型基金、收入型基金和平衡型基金。

（1）成长型基金。成长型基金是指把追求资本的长期增值作为投资目标，较少考虑当期收入的基金，主要以信誉度较高，有长期成长前途或长期盈余的股票为投资对象。

（2）收入型基金。收入型基金是指能为投资者带来高水平的当期收入为目的的基金，主要以大盘蓝筹股、公司债、政府债券等稳定收益证券为投资对象。这种基金资产的成长潜力较小，损失本金的风险相对也较低。

（3）平衡型基金。平衡型基金是以既追求当期收入又追求资本的长期成长为目的的基金。这种基金一般将 25%~50% 的资产投资于债券及优先股，其余的投资于普通股，既可从债券中得到适当的、稳定的利息收入，又可获得股票的升值收益。

6. 特殊类型基金

（1）交易型开放式指数基金（ETF）。ETF 是"exchange traded fund"的缩写，常译为交易所交易基金，上交所称其为交易型开放式指数基金，是一种在交易所上市交易的、基金份额可变的开放式基金。它采用被动式投资策略跟踪某标的市场指数。ETF 结合了封闭式基金和开放式基金的运作特点，投资者既可以像封闭式基金在交易所进行交易，又可以像开放式基金申购、赎回。不同的是，它的申购是用一篮子股票换取 ETF 份额，赎回则是换回一篮子股票而不是现金。虽然 ETF 本质上是指数基金，但区别于传统指数基金，ETF 可以在交易所上市，使得投资人可以有如买卖股票那样去买卖代表"标的指数"的一种基金。在我国，2004 年、2006 年，上海、深圳两地证券交易所分别推出了自己的首只 ETF 产品：华夏上证 50ETF，易方达深证 100ETF。2012 年，华泰柏瑞推出了首只跨市场 ETF——沪深 300ETF。此后国内 ETF 数量不断增加，品种不断创新。

我国 ETF 的发展可分为两个阶段：第一阶段是 2005 年至 2017 年，这一阶段中，ETF 的种类不断丰富，总量不超 4 000 亿元。第二阶段是 2018 年至今，伴随着 2018 年出现的牛市，特别是芯片、新能源、光伏、医药等板块的崛起，A 股的 ETF 规模快速扩大。Choice 数据显示，截至 2022 年末，A 股 ETF 总体量达到 1.67 万亿元，ETF 已经开始成为投资者 A 股资产配置中不可缺少的重要组成部分。

知识拓展1-5

（2）上市开放式基金（LOF）。LOF 是"listed open-ended fund"的缩写，是一种既可以在场外市场进行基金份额申购、赎回，又可以在交易所（场内市场）进行基金份额交易和基金份额申购、赎回的开放式基金。它是我国对基金的一种本土化创新。LOF 结合了银行等代销渠道和交易所交易网络二者的销售优势，通过跨系统转托管（即跨系统转登记）实现在场内市场和场外市场的转换。2004 年 12 月 20 日，深交所首只 LOF（南方积配）上市交易。

（3）基金中的基金（fund of funds，FOF）。基金中的基金是一种专门投资于其他投资基金的基金。FOF 并不直接投资股票或债券，其投资范围仅限于其他基金，通过持有其他证券投资基金而间接持有股票、债券等证券资产，它是结合基金产品创新和销售渠道创新的基金新品种。一方面，FOF 将多只基金捆绑在一起，投资 FOF 等于同时投资多只基金，

知识拓展1-6

但比分别投资的成本大大降低了；另一方面，与基金超市和基金捆绑销售等纯销售计划不同的是，FOF 完全采用基金的法律形式，按照基金的运作模式进行操作。FOF 中包含对基金市场的长期投资策略，与其他基金一样，是一种可长期投资的金融工具。

ETF 和 LOF 都具备开放式基金可以申购、赎回和场内交易的特点，但两者又存在本质区别，主要表现为：①申购、赎回的标的不同。ETF 与投资者交换的是基金份额与"一篮子"股票，而 LOF 申购、赎回的是基金份额与现金的对价。②申购、赎回的场所不同。ETF 的申购、赎回通过交易所进行；LOF 的申购、赎回既可以在代销网点进行，也可以在交易所进行。③对申购、赎回的限制不同。只有大投资者（基金份额通常要求在 50 万份以上）才能参与 ETF 一级市场的申购、赎回交易；而 LOF 在申购、赎回上没有特别要求。④基金投资策略不同。ETF 通常采用完全被动式管理方法，以拟合某一指数为目标；而 LOF 则是普通的开放式基金，增加了交易所的交易方式，它可以是指数型基金，也可以是主动管理型基金。⑤净值报价频率不同。在二级市场的净值报价上，ETF 每 15 秒提供一次基金净值报价；而 LOF 的净值报价频率要比 ETF 低，通常一天只提供一次或几次基金净值报价。ETF、LOF、FOF 之间的区别见表 1 - 4。

表 1 - 4　ETF、LOF、FOF 之间的区别

比较项目	ETF	LOF	FOF
申购、赎回的标的	ETF 投资者交换的是基金份额与"一篮子"股票	LOF 申购、赎回的是基金份额与现金的对价	FOF 与投资者交换的是基金份额和"一篮子"基金
申购、赎回的场所	证券交易所	证券交易所 代销网点	代销网点（开放期不是每天，而是根据不同的券商，有的是一个季度开放一周，有的是一个星期开放一日）
对申购、赎回的限制	50 万份以上才能参与 ETF 一级市场的申购、赎回	在申购和赎回上面没有特别要求	投资者可在每个开放日进行申购和提出赎回的申请
基金投资策略	ETF 通常采用完全被动式管理方法，以拟合某一指数为目标	LOF 则是普通的开放式基金，增加了交易所的交易方式，它可以是指数型基金，也可以是主动管理型基金	FOF 产品主要投资绩优基金和封闭式基金
净值报价频率	每 15 秒提供一个基金参考净值报价	通常一天只提供一次或者几次基金参考净值报价	在不晚于每个开放日的 3 个工作日内，通过基金销售机构网站或者营业网点披露开放日的基金份额净值和基金份额累计净值

（4）QDII 基金。QDII 基金是指在某国境内设立，经该国有关部门批准从事境外证券市场的股票、债券等有价证券业务的证券投资基金，其为国内投资者参与国际市场投资提供了便利。

（5）伞形基金。伞形基金又称系列基金，是指多个基金共用一个基金合同，子基金独立运作并可以直接相互转换的一种基金结构形式。不同的子基金隶属于一个总契约和一个总体管理框架，可以降低新基金设立的成本，形成品牌优势，有利于在不同国家或地区销售。

（6）基础设施公募 REITs。基础设施公募 REITs 是指不动产投资信托基金，是依法向社会投资者公开募集资金形成基金财产，通过基础设施资产支持证券等特殊目的载体持有基础设施项目，由基金管理人主动管理运营上述基础设施项目，并将产生的绝大部分收益分配给投资者的标准化金融产品。

知识拓展1-7

阅读延伸 1－5

表 1－5　证券投资顾问助理与证券投资顾问岗位职责及岗位要求比较

	岗位职责		岗位职责
证券投资顾问助理	1. 公司提供资源，电销结合网销进行有效沟通； 2. 了解和挖掘客户需求及购买愿望； 3. 介绍投顾类产品特色； 4. 维系客户关系，完成销售目标	证券投资顾问	1. 负责对证券投资策略、资产配置方案进行研究，并为客户提供财富管理服务； 2. 提供专业的理财咨询和理财规划，为客户提供专业的理财服务； 3. 参与公司的各类客户增值服务和营销推广活动
	岗位要求		岗位要求
	1. 取得证券从业资格证，通过一科可以到公司参与面试； 2. 积极乐观，热情，有一定的语言表达能力和逻辑思考能力； 3. 有赚钱欲望和工作激情； 4. 勤奋上进，有较强的责任心		1. 本科以上学历，已通过证券考试（基础＋投资分析）；获得期货从业资格证；两年从业经验； 2. 结合宏观分析和市场分析，研究资产配置管理的策略和方案； 3. 根据客户资产状况和风险偏好，制定相匹配的资产配置方案和投资策略； 4. 完成部门交办的其他工作
	招聘单位		招聘单位
	天风证券股份有限公司		东北证券股份有限公司桂林穿山东路证券营业部

即测即练

任务1-2

技能训练

1. 掌握证券分析软件的一些常用的快捷键，可以使投资者在看盘时更灵活地切换各种分析界面，提高投资分析的效率。请同学们熟悉证券行情分析软件快捷键，见表1-6。

表1-6 证券行情分析软件快捷键表

快捷键	功能	快捷键	功能
F1	成交明细	60＋回车	沪深A股涨幅排名
F2	价量分布	61＋回车	上海A股涨幅排名
F3	上证综指	62＋回车	上海B股涨幅排名
F4	深证成指	63＋回车	深圳A股涨幅排名
F5	K线/分时切换	64＋回车	深圳B股涨幅排名
F6	自选股	65＋回车	上海债券涨幅排名
F7	个股全景	66＋回车	深圳债券涨幅排名
F8	K线周期切换	67＋回车	上海基金涨幅排名
F10	基本资料	68＋回车	深圳基金涨幅排名
1＋回车	上海A股报价	69＋回车	港股涨幅排名
2＋回车	上海B股报价	80＋回车	沪深A股综合排名
3＋回车	深圳A股报价	81＋回车	上海A股综合排名
4＋回车	深圳B股报价	82＋回车	上海B股综合排名
5＋回车	上海债券报价	83＋回车	深圳A股综合排名
6＋回车	深圳债券报价	84＋回车	深圳B股综合排名
7＋回车	上海基金报价	85＋回车	上海债券综合排名
8＋回车	深圳基金报价	86＋回车	深圳债券综合排名
9＋回车	港股报价	87＋回车	上海基金综合排名
向上键↑	放大K线	88＋回车	深圳基金综合排名
向下键↓	缩小K线	89＋回车	港股通排名
向左键←	列表页面下向左移动列	向右键→	列表页面下向右移动列

2. 下载同花顺证券行情分析软件，读取股票即时行情信息。

（1）通过同花顺证券软件查询大盘代码和即时行情，填入表1-7中。

表 1-7 大盘代码和即时行情

指数名称	代码	时间	最新指数
上证指数			
深成指			
创业板指数			
科创 50			
沪深 300			

（2）通过证券交易软件查询个股代码和即时行情，填入表 1-8 中。

表 1-8 个股代码和即时行情

股票名称	股票代码	时间	现价
牧原股份			
贵州茅台			
中国银行			
中信建投			

3. 利用证券交易软件，快速查找股票行情。

（1）查询今日沪市 A 股涨幅前五的股票信息，填入表 1-9 中。

表 1-9 沪市 A 股涨幅前五的股票信息

名次	股票名称	现价	涨幅
第一			
第二			
第三			
第四			
第五			

（2）查询今日深市 A 股涨幅前五的股票信息，填入表 1-10 中。

表 1-10 深市 A 股涨幅前五的股票信息

名次	股票名称	现价	涨幅
第一			
第二			
第三			
第四			
第五			

（3）通过证券交易软件查询某一只个股的基本情况，基本情况包括以下内容：
公司概况（包括公司全称、上市日期、注册与办公地址、所属行业、行业地位、主

要负责人、经营范围)、公司的股本结构、近3年的主要财务指标和利润分配情况。

4. 通过查询交易软件，找出一只上市交易的政府债券品种和一只公司债券，完成相关任务。

(1) 每个同学选择以上两类债券各一只，填写表1-11和表1-12。

表1-11　政府债券相关信息表

债券简称		债券代码	
利率类型		票面利率/%	
起息日		付息方式	
到期日		发行价格	

表1-12　公司债券相关信息表

债券简称		债券代码	
利率类型		票面利率/%	
起息日		付息方式	
到期日		发行价格	

(2) 查找一只可上市交易的可转换债券，填写完成表1-13。

表1-13　可转换债券相关信息表

债券简称		债券代码	
计息方式		发行价格	
起息日		对应股票简称	
到期日		信用等级	
发行方式		票面利率/%	

5. 读取证券投资基金即时行情及其他信息。

(1) 查询下列开放式基金净值，填入证券投资基金即时行情表中（表1-14）。

（截止时间：　　　年　　月　　日）

表1-14　证券投资基金即时行情表

基金名称	单位净值	累计净值	基金名称	单位净值	累计净值
工银高端制造股票A			德诺周期策略混合		
中欧医疗创新股票C			易方达优质精选混合（QDII）		
中欧先进制造股票A			易方达上证50ETF联接基金A		

(2) 登录易方达官网查询易方达消费行业股票型基金的基本资料，选取其中的一只基金，写出该基金概况（至少要包括基金成立时间、管理人、托管人、基金规模等内容）。

6. 登录华夏基金网投资者教育基地，根据任务1-1学习的投资基金开户程序，在华夏基金网模拟开立个人账户，并完成投资者风险测评。华夏基金模拟开户界面如图1-4所示。

图1-4 华夏基金模拟开户界面

7. 登录华夏基金网，查看投资者开户所需要填写的资料。华夏基金开户界面如图1-5所示，华夏基金开户所填资料界面如图1-6所示。

图1-5 华夏基金开户界面

图1-6 华夏基金开户所填资料界面

项目2　掌握股票投资

导语

股票投资已成为许多投资者实现财富增值的重要途径。然而，股票投资既充满了诱人的机会，也面临着资本损失的风险。因此，在进行股票投资时，投资者应该根据自身的风险承受能力、投资期限和财务状况来制订合理的投资目标，合理的预期收益能够帮助我们保持冷静的投资心态，避免盲目追求高收益而陷入风险。股票市场分析与预测是股票投资中的关键环节，投资者应该注重基本面分析和技术面分析的结合，同时，也要学会利用专业的分析工具和信息渠道，提高分析与预测的准确性。

总之，股票投资是一项充满挑战和机遇的投资活动。要保持理性、稳健的投资心态，明确投资目标，掌握投资技巧，关注市场变化和政策调整，灵活应对各种风险和挑战。只有这样，我们才能在股票投资的道路上走得更远、更稳健。

项目提要

股票是一种有价证券，是金融投资产品中最常见的产品之一，是股份公司资本的构成部分，可以转让、买卖或作价抵押，是资本市场长期的信用工具。发行股票是股份有限公司筹集资金的重要渠道。本项目分为五个任务：分析股票价值与价格、熟悉股票的发行和交易、掌握股票价格指数、掌握股票投资基本分析、掌握股票投资技术分析。通过本项目的学习，帮助同学们熟悉股票发行和交易，理解股票的价值与价格，分析股票的投资价值，树立理性投资理念。

项目思维导图

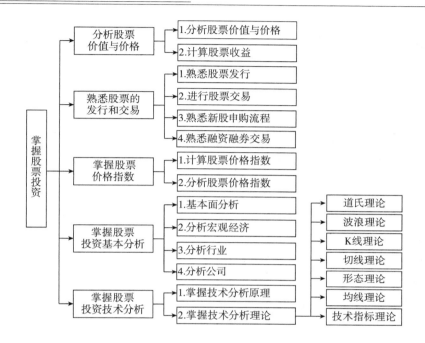

建议学时

32 学时。

任务2-1　分析股票价值与价格

情境导入

　　股票价值，通常指股票的内在价值，由公司的基本面如盈利能力、资产质量等决定，股票价格则受到市场情绪、供求关系、宏观经济政策等多重因素影响，时常波动。股票的真实价值与市场价格之间，为何会存在差异？投资者如何在这样的市场中，透过价格迷雾，寻找到股票的真实价值？这不仅是技术层面的问题，更是对投资者智慧和心态的考验。接下来，我们将通过具体的数据和案例分析，深入探讨股票价值与价格之间的关系，帮助投资者树立正确的投资观念，为财富的稳健增长打下坚实的基础。

知识目标

1. 理解股票的价格与价值。

2. 理解股票的除权与除息。

3. 掌握计算股票收益率的原理。

能力目标

1. 能计算股票的除权价格和除息价格。

2. 能计算股票投资的收益率。

3. 能分析股票的投资价值。

思政目标

1. 培养学生诚实守信、守法合规、勤勉尽职的工作态度。

2. 帮助学生树立正确的投资观、价值观、财富观。

3. 培养学生的社会责任感和民族自豪感。

建议学时

3 学时。

知识储备

一、股票价值与价格

（一）股票价值

1. 股票的票面价值

股票的票面价值即面值，是指股份公司发行股票时所标明的每股股票的票面金额。

在我国上交所和深交所流通的股票的面值均为每股 1 元。股票面值的作用之一是表明股票的认购者在股份公司的投资中所占的比例，作为确定股东权利的依据。股票面值的作用之二是在首次发行股票时，作为发行定价的一个依据。一般来说，股票的发行价格都会高于其面值。当股票进入流通市场之后，股票的价格就与股票的票面价值没有什么关系了。但是，不论股票市场价格发生什么变化，其面值都是不变的。

2. 股票的账面价值

股票的账面价值又称股票净值或每股净资产，是指每股股票所代表的实际资产的价值。

$$普通股的账面价值 = 公司净资产/普通股股数$$

股票市场价格与账面价值并不一致，成长型股票的市场价格往往要高于其账面价值，而一些非成长型股票的市场价格往往低于其账面价值。

3. 股票的清算价值

股票的清算价值是指公司清算时每一股份所代表的实际价值。通常，在公司清算时，由专门成立的清算小组把公司的资产按一定的法定程序进行拍卖或出售，将出售所得按一定的顺序在债权人之间进行清偿，剩余的资产净值除以总股数，就是每股的清算价值。理论上，清算价值应该与账面价值一致，前提是清算时的资产实际销售额与财务报表上的账面价值一致，但实际上清算价值往往小于账面价值，原因有两点：一是清算时压价出售；二是发生清算成本。清算价值与面值无关，也就是说公司在清算时，不是根据股东持有的股票面额的多少来进行支付，而是根据股东所拥有的股份比例来分配公司的剩余财产。

4. 股票的内在价值

股票的内在价值也即理论价值，是股票未来收益的现值，等于预期股票红利收益与市场利率的比例。由于内在价值的两大决定因素都是不确定的，各种模型计算出来的内在价值只是股票真实内在价值的估计值，研究和发现股票的内在价值，是投资者的主要任务。由供求关系产生并受多种因素影响的市场价格围绕着股票内在价值波动，股票内在价值的计算公式为

$$股票内在价值 = 股票红利/利息率$$

（二）股票价格

投资者最关心的股票价格主要有两个：一是股票的发行价格；二是股票的市场价格。

1. 股票的发行价格

股票的发行价格是指股份有限公司在发行股票时的出售价格。受公司业绩及预期增长表现、行业特征、股票市场状况和股票售后市场运作等因素的影响，股票的发行价格也各不相同，主要有平价发行、溢价发行和折价发行三种情况。为确保公司注册资本真实可信，目前《公司法》规定，股票不允许折价发行。

2. 股票的市场价格

股票的市场价格又称股票的市价，一般是指股票在二级市场上交易的价格。由于股票是一种特殊的商品，其供求和价格的变化不是偶然的，而是各种决定股票供求和价格变化的因素共同作用的结果。根据经济学中的"价格由价值决定"这一定律，理论上来讲，股票的市场价格是围绕其价值上下波动的。

二、股票收益认知

（一）股票收益

股票收益是指投资者从购入股票开始到出售股票为止整个持有股票期间的收入，它主要由股息、红利、资本利得和资本增值收益构成。

1. 股息

股息是指股份有限公司定期按照股票份额的一定比例支付给股东的收益，一般是从公司的税后净利润中进行分配。因此，税后净利润是公司分配股息的基础和最高限额，因需做必要的公积金扣除，公司实际分配的股息总是少于税后净利润。在分配顺序上，优先股股东按照规定的固定股息率优先取得固定股息，普通股股东则根据余下的利润分配股息。

2. 红利

股东在取得固定的股息以后又从股份有限公司领取的收益，称为红利。因此，红利是超过股息的另一部分收益。红利一般是普通股股东才能享有的收益，优先股股东不参加红利分配。普通股股东所得红利没有固定数额，企业分派给股东多少红利，则取决于企业年度经营状况的好坏和企业今后经营发展战略决策的总体安排。

虽然股息和红利在定义上有一定区别，但在实际使用上，人们往往对股息和红利并未予以严格区分。

3. 资本利得

资本利得又称资本损益，是指投资者在证券市场上交易股票，利用股票的买入价和卖出价之间的差额所获取的收入。资本利得可正可负，当卖出价大于买入价，即资本利得为正时，称为资本收益；当卖出价小于买入价，即资本利得为负时，称为资本损失。

4. 资本增值收益

资本增值收益又称公积金转增股本，主要形式是送股，但送股的资金不是来自当年的可分配利润，而是公司提取的公积金。通过股东大会决议将公积金转为资本金时，按股东原有股份比例派送红股或增加每股面值，但法定公积金转为资本时，所留存的该项公积金不得少于转增前公司注册资本的25%。资本增值收益是长期投资者选择优质公司股票后长期持有的主要投资目的。

（二）股利的发放

上市公司将当年的盈利分派给股东时，通常有现金股利和股票股利两种形式。现金股利是向股东派发现金（以下简称"派现"或"派息"）；股票股利是向股东派发股票（以下简称"送股"）。二者的区别是：派现导致公司的现金流量减少，送股不会减少公司的现金流量，送股后公司的资产、负债、股东权益总额和结构没有发生变化，但总股本增加，每股净资产值降低，股东持有股数也相应增加。通常情况下，股利的发放主要涉及以下几个重要的日子。

1. 股利宣告日

股利宣告日指公司董事会将分红派息的消息公布于众的时间。

2. 股权登记日

股权登记日也称权益登记日，是指统计和确认参加本期股利分配的股东的日期，凡在股权登记日拥有该股票的股东，就享有领取或认购股权的权利，即可参加分红或配股。

3. 除权（息）日

除权是指除去股票中领取股票股息和取得配股权的权利。除息是指除去股票领取现金股息的权利。除权（息）日通常是在股权登记日后的一个交易日（股权登记日的次交易日），在此日和此日后买入该证券的投资者无法获得此次股利发放的权利。上市公司将股票红利和股息分配给股东当天，由于每股净资产、每股收益被稀释，在技术上有一个对股票价格进行除权的过程。在除权（息）日，上市证券简称前会加上XR、XD、DR字母，XR是英文"ex-right"的缩写，表示当天除权；XD是英文"ex-dividend"的缩写，表示当天除息；DR则是两者的结合，表示当天既除息又除权。在除权日后，公司要根据股权登记日股东名单，把送配股、股息按股东持股比例配划给股东并很快上市流通。

在股票的除权（息）日，证券交易所要计算出股票的除权除息价，以作为股民在除权（息）日开盘时的参考。这是因为在收盘前拥有的股票是含权的，而收盘后次日交易的股票将不再参加利润分配，所以除权除息价实际上是将股权登记日的收盘价予以变换。因此，除息价即登记日收盘价减去每股股票应分得的现金红利。本书以沪市为例计算除权除息参考价（深市计算方式以市值为依据）。其

计算公式为

$$除息价 = 登记日的收盘价 - 每股股票应分的现金红利$$

股权登记日的收盘价除去所含有的股权,就是除权价,其计算公式为

$$除权价 = 股权登记日的收盘价 / (1 + 每股送股率)$$

若股票在分红时既有现金红利又有红股,则除权除息价计算公式为

$$除权除息价 = (股权登记日的收盘价 - 每股应分的现金红利) / (1 + 每股送股率)$$

上市公司有时也同时进行配股与分红派息,其除权除息价的计算公式为

$$除权除息价 = (股权登记日的收盘价 - 每股应分的现金红利 + 每股配股率 × 配股价) / (1 + 每股送股率 + 每股配股率)$$

课堂练习 2 - 1

某上市公司的分红方案为每 10 股送 5 股并派现 1.60 元,股权登记日收盘价为 6.70 元,配股价格为 5 元。求该公司股票的除权(息)日开盘的参考报价。

4. 股利支付日

股利支付日也即股利派发日,是指股利正式发放给股东的日期。根据证券存管和资金划转的效率不同,通常会在几个工作日之内到达股东账户。

案例分享 2 - 1

中信证券股票分红表见表 2 - 1。

表 2 - 1 中信证券股票分红表

会计年度	每 10 股派发现金红利(税前,人民币/元)	资本公积每10 股转增数量/股	股权登记日	派息日	资本公积转增股份上市日
2022	4.9	0	2023 年 8 月 24 日	2023 年 8 月 25 日	
2021	5.4	0	2022 年 8 月 25 日	2022 年 8 月 26 日	
2020	4	0	2021 年 8 月 19 日	2021 年 8 月 20 日	
2019	5	0	2020 年 8 月 20 日	2020 年 8 月 21 日	
2018	3.5	0	2019 年 8 月 1 日	2019 年 8 月 2 日	
2017	4	0	2018 年 8 月 23 日	2018 年 8 月 24 日	
2016	3.5	0	2017 年 8 月 17 日	2017 年 8 月 18 日	
2015	5	0	2016 年 8 月 18 日	2016 年 8 月 19 日	
2014	2.818 5	0	2015 年 8 月 13 日	2015 年 8 月 14 日	

会计年度	每10股派发现金红利（税前，人民币/元）	资本公积每10股转增数量/股	股权登记日	派息日	资本公积转增股份上市日
2013	1.5	0	2014 年 8 月 14 日	2014 年 8 月 15 日	
2012	3	0	2013 年 8 月 7 日	2013 年 8 月 16 日	
2011	4.3	0	2012 年 8 月 1 日	2012 年 8 月 9 日	
2010	5	0	2011 年 6 月 15 日	2011 年 6 月 16 日	
2009	5	5	2010 年 6 月 23 日	2010 年 6 月 24 日	2010 年 6 月 25 日
2008	5	0	2009 年 6 月 10 日	2009 年 6 月 11 日	
2007	5	10	2008 年 4 月 23 日	2008 年 4 月 24 日	2008 年 4 月 25 日

资料来源：中信证券官网 2023 年 3 月 31 日发布的 2022 年年度报告。

（三）股票投资收益的计算

1. 股利收益率

股利收益率是指股份公司以现金形式派发的股息与股票购买价格的比率。其计算公式为

$$股利收益率 = 每年现金股利/股票买入价 × 100\%$$

2. 持有期收益率

持有期收益率是指投资者在持有股票期间的股息和资本利得与股票购买价格的比率。它是投资者最关心的指标，但若要将它与债券收益率、银行利率等其他金融资产的收益率比较，要注意时间的可比性，即要将其转化为年收益率。其计算公式为

$$持有期收益率 = （每年现金股利 + 股票卖出价 - 股票买入价）/股票买入价 × 100\%$$

课堂练习 2-2

假如投资者 A 曾经以 12 元/股买入某公司的股票，持有 20 个月后以 16 元/股的价格卖出，其间分得现金 0.5 元/股。投资者 A 的投资收益率是多少？

思政课堂 2-1

提升上市公司可投性、严格落实退市制度

2024 年 2 月 6 日，北交所发布消息称，为大力推动上市公司高质量发展，提升

上市公司投资价值，北交所制定了《推动提高北交所上市公司质量行动方案》。该方案主要有五大重点举措。

（1）制订北交所撬动新三板发展的专项方案，力争实现与全部区域性股权市场制度型对接，发挥三四板市场输送优质企业功能。

（2）支持上市公司通过再融资、并购重组等工具增强资金实力、注入优质资产。

（3）严格落实退市制度，坚持"应退尽退"，形成有进有出、优胜劣汰的市场生态。

（4）实施提升信息披露质量专项行动，加强信息披露一致性监管，逐步构建防假打假惩防体系。

（5）提升上市公司可投性，引导保荐机构推荐具有可投性企业，引导上市公司通过接受调研、分红回购、并购重组等方式树立回报意识、提升估值水平，让广大投资者有回报、有获得感。

资料来源：北交所重磅发布！提升上市公司可投性、严格落实退市制度……来看五大举措［EB/OL］.（2024－02－06）. https：//finance. sina. com. cn/wm/2024－02－06/doc－inahcnps1773589. shtml？ cref＝cj.

思政感悟：《推动提高北交所上市公司质量行动方案》体现了北交所加强投融资两端建设的决心，突出了优胜劣汰的市场生态，引入好企业、淘汰"劣质"企业，鼓励北交所上市公司积极重视资本市场投资价值管理工作，提升投资者回报。

即测即练

任务2-1

技能训练

1. 某上市公司于 2023 年实施分红送配，其方案是向全体股东每 10 股送现金 3 元，转增 2 股送 2 股，另按 10:3 的比例配股，配股价为每股人民币 10.12 元。股权登记日为 2022 年 8 月 6 日，当天收盘价为 7.21 元。请回答以下问题：

（1）某投资者于 2022 年 8 月 6 日 13:40 买入该股票，该投资者能不能获得此次分配权。

（2）某投资者于 2022 年 8 月 7 日 10:40 买入该股票，该投资者能不能获得此次分配权。

（3）计算 2022 年 8 月 7 日该股票开盘的参考报价。

2. 请同学们分组通过证券行情分析软件查看"药明生物"和"贵州茅台"两只股票，计算这两只股票的每股净值，并简要分析当前两只股票是否具有投资价值。各小组推选一名成员展示学习的成果，教师点评并总结。

案例分享 2-2

全国首例证券纠纷特别代表人诉讼案——康美药业案

2018 年 10 月 16 日，网上一篇财务分析文章火了。直指当时风头正盛的大型企业康美药业造假："手里攥着 300 亿不用，非要去银行贷款相近的数目，而贷款利息远高于存款利息。"

一番分析下来，大家都看明白了："康美药业财务出现问题，连续三年 300 多亿的现金流，或涉造假……"这个消息宛如一颗手雷，在 A 股市场引起巨大震动，股民愤然，康美药业连续 3 天跌停。

2021 年 11 月，广州中院对该案作出判决，相关主体赔偿 5.2 万名投资者 24.59 亿元，标志着我国特别代表人诉讼制度成功落地实施。投资者按照"默示加入，明示退出"的原则参加诉讼，除明确向法院表示不参加该诉讼的，都默认成为案件原告，分享诉讼"成果"；同时，通过公益机构代表、专业力量支持以及诉讼费用减免等制度，大幅降低了投资者的维权成本和诉讼风险，妥善快速化解群体性纠纷，提升了市场治理效能。这是落实新《证券法》和《关于依法从严打击证券违法活动的意见》的有力举措，是我国资本市场历史上具有开创意义的标志性事件。

资料来源：投资者保护典型案例（一）：全国首例证券纠纷特别代表人诉讼案——康美药业案［EB/OL］．（2022-09-23）．http：//www. csrc. gov. cn/csrc/c100210/c5737509/content. shtml.

任务2-2 熟悉股票的发行和交易

情境导入

股票发行与交易是股票市场的两大核心活动。股票发行是企业通过出售自身权益筹集资金的过程，而股票交易则是投资者在二级市场买卖已发行股票的行为。股份有限公司怎么发行股票？投资者又怎么在证券市场上买卖股票？呈现在我们面前的高效有序的证券交易市场又是如何运作的？

投资者在进行股票交易时，需要充分了解股票发行与交易的机制、策略和风险管理方法，以更好地应对市场变化和投资风险。

知识目标

1. 了解股票发行条件。
2. 熟悉我国的股票发行制度。
3. 掌握股票交易过程。

能力目标

1. 能开立股票交易模拟账户。
2. 能描述股票盘面术语的含义。

思政目标

1. 培养学生的团队合作意识，引导学生关注现实问题。
2. 帮助学生树立中国资本市场制度自信。
3. 引导学生关注中国在实践和理论方面取得的成就，提升民族自豪感。

建议学时

3学时。

知识储备

一、股票发行

（一）股票发行的种类

股票发行是指公司通过发行股票募集资本，投资者认购股票成为公司股东的行为。根据发行时间，股票发行可分为设立发行和新股发行两种类型。

（1）设立发行。设立发行是指为了设立新的股份有限公司而发行股票，分为发起设立发行和募集设立发行。发起设立发行指公司的发起人通过发起公司认购公司拟发行的全部股份而设立公司，无须向社会公众筹资。在这种情况下，股份有限公司创建时的资金来源，就只是发起人认购股票所缴金额，每个发起人就都是公司的原始股东。募集设立发行是指股份有限公司在原独资公司或有限责任公司的基础上进行公司制改造，在对原公司资产进行评估折股的基础上，向社会发行一定数量的股票；或者是，公司发起人在公司设立时只认购一部分股票，其余部分向社会公开招股，吸引社会公众认购一定数额的股票，使之达到预定的资本总额。以这种方式发行股票，使得公司的原始股东除了少数发起人之外还包括众多的来自社会的股东。

（2）新股发行。新股发行是指已设立的股份有限公司为增加资本而发行股票。公司为拓展业务，扩大经营规模，需要不断扩充自有资本，发行股票是极为有效的一种方法。

（二）新股发行的种类

新《证券法》规定，公司公开发行新股，应当具备健全且运行良好的组织机构，具有持续经营能力，最近3年财务会计报告被出具无保留意见审计报告，发行人及其控股股东、实际控制人最近3年不存在贪污、贿赂、侵占财产、挪用财产或者破坏社会主义市场经济秩序的刑事犯罪，以及经国务院批准的国务院证券监督管理机构规定的其他条件。

1. 首次公开发行

首次公开发行（IPO），又称初次公募发行，是企业第一次向社会公众发行股票。通常，首次公开发行是指发行人在满足必须具备的条件，并在证券监管机构或国务院授权的部门注册后，通过证券承销机构面向社会公众公开发行股票并在证券交易所上市的过程。通过首次公开发行，发行人不仅能募集到所需资金，而且完成了股份有限公司的设立或转制，成为上市公司。

2. 增资发行

股份有限公司增资是指公司依照法定程序增加公司资本和股份总数的行为。增资发行是指股份有限公司上市后为达到增加资本的目的而发行股票的行为。我国《上市公司证券发行注册管理办法》第三条规定：上市公司发行证券，可以向不特定对象发行，也可以向特定对象发行。向不特定对象发行证券包括上市公司向原股东配售股份、向不特定对象募集股份和向不特定对象发行可转债。向特定对象发行证券包括上市公司向特定对象发行股票、向特定对象发行可转债。向特定对象发行证券属于非公开发行证券。

（1）向原股东配售股份。向原股东配售股份，简称配股，是上市公司按股东的持股比例向原股东分配公司的新股认购权，准其优先认购股份的增资方式，即按老股一股配售若干新股，以保护原股东的权益及其对公司的控制权。

（2）向不特定对象募集股份。向不特定对象募集股份，简称增发或公募增发，是股份有限公司向不特定对象公开募集股份的增资方式。增发的目的是向社会公众募集资金，扩大股东人数，分散股权，增强股票的流通性，并避免股份过分集中。公募增发的股票价格大都以市场价格为基础，是常用的增资方式。

（3）向不特定对象发行可转债。可转换公司债券是指其持有者可以在一定时期内按一定比例或价格将之转换成一定数量的另一种证券的债券，通常是转化为普通股。公司发行可转换公司债券主要是为了增强债券对投资者的吸引力，以较低的成本筹集到所需要的资金。可转换公司债券一旦转换成普通股，能将公司原来筹集的期限有限的资金转化成长期稳定的股本，扩大股本规模。

（4）非公开发行证券。非公开发行证券，也称定向增发，包括上市公司向特定对象发行股票和可转债。特定对象包括：公司控股股东、实际控制人及其控制的企业，与公司业务有关的企业、往来银行，证券投资基金、证券公司、信托投资公司等金融机构，公司董事、员工等。公司可以对认购者的持股期限有所限制。这种增资方式会直接影响公司原股东利益，需经股东大会特别批准。

（三）股票发行制度

股票发行制度是指发行人在申请发行股票时必须遵循的一系列程序化的规范，具体而言，表现在发行监管制度、发行方式与发行定价等方面。股票发行制度主要有三种，即审批制、核准制和注册制，每种发行监管制度都对应一定的市场发展状况。在市场逐渐发育成熟的过程中，股票发行制度也应该逐渐地改变，以适应市场发展需求，其中，审批制是完全计划发行的模式，核准制是从审批制向注册制过渡的中间形式，注册制则是目前成熟股票市场普遍采用的发行制度。

1. 审批制

审批制是一国在股票市场的发展初期，为了维护上市公司的稳定和平衡复杂的社会经济关系，采用行政和计划的办法分配股票发行的指标和额度，由地方政府或行业主管部门根据指标推荐企业发行股票的一种发行制度。公司发行股票的首要条件是取得指标和额度，也就是说，如果取得了政府给予的指标和额度就等于取得了政府的保荐，股票发行仅仅是走个过场。因此，审批制下公司发行股票的竞争焦点主要是争夺股票发行指标和额度。证券监管部门凭借行政权力行使实质性审批职能，证券中介机构的主要职能是进行技术指导，这样无法保证发行公司不通过虚假包装甚至伪装、做账达标等方式达到发行股票的目的。在《证券法》实施之前，我国的股票发行制度是带有浓厚行政色彩的审批制。

2. 核准制

核准制则是介于注册制和审批制之间的一种形式。一方面，它取消了政府的指标和额度管理，并引进证券中介机构的责任，判断企业是否达到股票发行的条件；另一方面，证券监管机构同时对股票发行的合规性和适销性条件进行实质性审查，并有权否决股票发行的申请。在核准制下，发行人在申请发行股票时，不仅要充分公开企业的真实情况，而且必须符合有关法律和证券监管机构规定的必要条件，证券监管机构有权否决不符合规定条件的股票发行申请。证券监管机构对申报文件的真实性、准确性、完整性和及时性进行审查，还对发行人的营业性质、财力、素质、发展前景、发行数量和发行价格等条件进行实质性审查，并据此作出发行人是否符合发行条件的价值判断和是否核准申请的决定。自2001年3月开始，我国正式实行核准制，取消了由行政方法分配指标的做法，改为按市场原则由主承销商推荐、发行审核委员会独立表决、中国证监会核准的办法。

3. 注册制

注册制是在市场化程度较高的成熟股票市场普遍采用的一种发行制度，证券监管部门公布股票发行的必要条件，只要达到所公布条件要求的企业即可发行股票。发行人申请发行股票时，必须依法将公开的各种资料完全、准确地向证券监管机构申报。证券监管机构的职责是对申报文件的真实性、准确性、完整性和及时性做合规性的形式审核，而将发行公司的质量留给证券中介机构来判断。这种股票发行制度对发行人、证券中介机构和投资者的要求都比较高。

对于拟上市企业来说，注册制提供了多方面的便利条件。首先，注册制下的上市监管部门仅对注册文件进行形式审查。注册制是以信息披露为核心的架构，要求发行人确保信息披露真实、准确、完整。其次，注册制的审核效率相对更高。再次，注册制的审核机制更为及时、透明。在注册制下，交易所通常对发行人进行二轮至四轮问询，对于问询中发现的新问题或出现的新情况，发行人需要以问询回复的形式进行补充说明或披露，并持续更新申请文件，相关信息能更加透明、及时地反馈给交易所和投资者。

上交所科创板的注册制，正在逐步扩大到其他主板市场。从科创板增量试点起步，到创业板存量扩围，再到全市场推行。审批制、核准制、注册制比较见表 2-2。

表 2-2 审批制、核准制、注册制比较

项目	审批制	核准制	注册制
发行指标和额度	有	无	无
发行上市标准	有	有	有
主要推荐人	政府或行业主管部门	中介机构	中介机构
对发行实质进行判断的主体	中国证监会	中介机构 中国证监会	中介机构
发行监管性质	中国证监会实质性审核	中国证监会审核和中介机构分担实质性审核职责	中国证监会形式审核 中介机构实质性审核

案例分享 2-3

上交所和深交所主板注册制首批 10 只新股集体上市

2023 年 4 月 10 日，我国资本市场改革发展迎来又一个重要里程碑——上交所和深交所主板注册制首批 10 只新股集体上市，标志着股票发行注册制改革全面落地。

从启动试点到全面落地，从"试验田"走向全市场，4 年多来，注册制这一牵动资本市场全局的变革，有力提升了资本市场对实体经济特别是科技创新的服务功能，深刻重塑着 A 股市场生态。这 10 只新股分别是上交所主板 5 家：中信金属、中重科技、常青科技、江盐集团、柏诚股份；深交所主板 5 家：中电港、海森药业、陕西能源、登康口腔、南矿集团。这 10 只顶着"主板注册制首批企业"光环的新股，迎来高光时刻。

资料来源：注册制新股前五天交易规则（注册制打新股）［EB/OL］. （2023-09-22）. https://zhuanlan.zhihu.com/p/657843810.

思政课堂 2-2

推动股票发行注册制走深走实 深化资本市场改革开放

2023年2月，《全面实行股票发行注册制总体实施方案》获得党中央、国务院批准，我国资本市场全面实行股票发行注册制改革正式启动。全面实行股票发行注册制改革后，我国多层次资本市场体系将更加清晰，基本覆盖不同行业、不同类型、不同成长阶段的企业。其中，主板主要服务于成熟期大型企业。科创板突出"硬科技"特色，发挥资本市场改革"试验田"作用。创业板主要服务于成长型创新创业企业。北交所与全国中小企业股份转让系统共同打造服务创新型中小企业主阵地。中国证监会表示，注册制改革是放管结合的改革，中国证监会将坚持"申报即担责"原则，压实发行人及实际控制人责任；督促中介机构归位尽责，加强能力建设；加强发行监管与上市公司持续监管的联动，规范上市公司治理；以"零容忍"的态度严厉打击欺诈发行、财务造假等违法违规行为，切实保护投资者合法权益。随着股票发行全面注册制启航，港交所提出2023年3月修改主板上市规则，鼓励无收入、无盈利的科技公司赴港上市。

2023年4月10日，上交所和深交所主板注册制首批企业上市仪式在北京、上海、深圳三地连线举行，江盐集团（601065.SH）、陕西能源（001286.SZ）等主板注册制首批10家企业正式上市。这标志着全面股票发行注册制改革正式落地，中国资本市场改革发展迎来又一个重要里程碑。

中国上市公司协会数据显示，2023年前10个月，共有275家公司上市，其中创业板新上市企业数量最多，达102家；这275家上市公司首发募资总额3 326.77亿元，其中科创板、创业板、北交所上市公司首发募资总额分别为1 412.82亿元、1 160.27亿元、117.84亿元。

2023年11月21日，安永会计师事务所发布的《2023中国内地和香港IPO市场报告与展望》显示，中国内地仍是全球IPO活动的重要地区。上交所、深交所位列全球IPO筹资额前两位。此外，2023年12月14日，中国证监会原党委书记、主席易会满主持召开党委（扩大）会议，传达学习中央经济工作会议精神，研究部署中国证监会系统贯彻落实工作。会议提出，提升资本市场服务高质量发展的质效。以推动股票发行注册制走深走实为牵引，深化资本市场改革开放，健全资本市场功能。深化多层次股权市场错位发展、适度竞争的市场格局，加快建设世界一流交易所。

资料来源：郗盼．久久为功，我国股票发行全面注册制启航［N］．潇湘晨报，2024－01－23（5）．

思政感悟： 2023年，股票发行注册制改革全面落地，是我国资本市场改革发展的重要里程碑。全面实施注册制将进一步提高我国资本市场的活力和韧性，完善科技产业资本的良性循环，提升资本市场服务经济高质量发展的效能。

（四）股票发行价格

股票发行价格是指投资者认购新发行的股票时实际支付的价格。根据发行价与票面金额的不同，发行价格可分为面值发行与溢价发行，根据我国《公司法》的相关规定，股票发行价格可以等于票面金额，也可以超过票面金额，但不得低于票面金额。以超过票面金额的价格发行股票所得的溢价款项列入发行公司的资本公积金。

一般而言，在确定股票发行价格时应综合考虑公司的盈利水平、行业特点、股市状态以及股票发行数量等影响股价的基本因素。

1. 股票发行的定价方式

股票发行的定价方式有很多，目前，我国首次公开发行的股票多采用询价制度，其主要方式有以下四种。

（1）协商定价。协商定价发行是由发行人与主承销商协商确定股票发行价格，报中国证监会核准。

（2）一般询价。一般询价发行是指对一般投资者上网发行和对机构投资者配售相结合的发行方式，发行人和主承销商事先确定发行量和发行底价，通过向机构投资者询价，并根据机构投资者的预约申购情况确定最终发行价格，以同一价格向机构投资者配售和对一般投资者上网发行。

（3）累计投标询价。累计投标询价方式是指在发行过程中，根据不同价格下投资者的认购意愿确定发行价格的一种方式。通常，主承销商将发行价格确定在一定区间内，投资者在此区间内按照不同的发行价格申报认购数量，主承销商将所有投资者在同一价格之上的申购量累计，得出一系列在不同价格之上的总申购量。最后主承销商按照总申购量超过发行量的一定倍数（超额认购倍数）确定发行价格。

（4）上网竞价。上网竞价发行是指发行人和主承销商利用证券交易所的交易系统，由主承销商作为新股的唯一卖方，以发行人宣布的发行底价为最低价格，以新股实际发行量为总的卖出数，由投资者在指定的时间内竞价委托申购，发行人和主承销商以价格优先的原则确定发行价格并发行股票的发行方式。

2. 发行费用

发行费用是指发行公司在筹备和发行股票过程中发生的费用，该费用可在股票发行溢价收入中扣除，主要为中介机构费。支付给中介机构的费用包括承销费用、注册会计师费用、资产评估费用、律师费用等。承销费用一般根据发行人股票发行规模确定，发行的规模越大，承销费用总额越高。

3. 招股说明书

知识拓展2-3

股份有限公司公开发行股票时应当编制招股说明书，发行人及其承销商应当在承销期开始前2~5个工作日内将招股说明书概要予以公告，向社会公开披露有关信息。招股说明书是股份有限公司在公开发行股票时按规定向社会公众披露公司有关信息的书面报告。招股说明书面向一级股票发行市场。

阅读延伸2-1

星德胜科技（苏州）股份有限公司首次公开发行股票并在主板上市发行结果公告

保荐人（主承销商）：海通证券股份有限公司

特别提示

星德胜科技（苏州）股份有限公司（以下简称"星德胜""发行人"或"公司"）首次公开发行人民币普通股（A股）并在主板上市（以下简称"本次发行"）的申请已经上交所上市审核委员会审议通过，并已经中国证监会同意注册（证监许可〔2023〕2485号）。海通证券股份有限公司〔以下简称"海通证券"或"保荐人（主承销商）"〕担任本次发行的保荐人（主承销商）。发行人股票简称为"星德胜"，扩位简称为"星德胜科技"，股票代码为"603344"。

本次发行采用网下向符合条件的投资者询价配售（以下简称"网下发行"）与网上向持有上海市场非限售A股股份和非限售存托凭证市值的社会公众投资者定价发行（以下简称"网上发行"）相结合的方式进行。本次发行不安排战略配售。发行人和保荐人（主承销商）综合评估公司合理投资价值、可比公司二级市场估值水平、所属行业二级市场估值水平等方面，充分考虑网下投资者有效申购倍数、市场情况、募集资金需求及承销风险等因素，协商确定本次发行价格为 19.18 元/股，发行数量为 4 863.274 5 万股，全部为新股发行，无老股转让。

网上网下回拨机制启动前，网下发行数量为 2 917.974 5 万股，占发行数量的 60.00%；网上发行数量为 1 945.300 0 万股，占发行数量的 40.00%。

根据《星德胜科技（苏州）股份有限公司首次公开发行股票并在主板上市发行安排及初步询价公告》（以下简称《发行安排及初步询价公告》）以及《星德胜科技（苏州）股份有限公司首次公开发行股票并在主板上市发行公告》（以下简称《发行公告》）公布的回拨机制，由于网上投资者初步有效申购倍数为 4 420.04 倍，超过 100 倍，发行人和保荐人（主承销商）决定启动回拨机制，对网下、网上发行的规模进行调节，将本次公开发行股票数量的 40%（向上取整至 500 股的整数倍，即 1 945.350 0 万股）股票由网下回拨至网上。

回拨机制启动后，网下最终发行数量为 972.624 5 万股，占发行数量的 20.00%。网上最终发行数量为 3 890.650 0 万股，占发行数量的 80.00%。

回拨机制启动后，网上发行最终中签率为 0.045 249 02%。

本次发行的网上、网下认购缴款工作已于 2024 年 3 月 13 日（T+2 日）结束。

一、新股认购情况统计

保荐人（主承销商）根据上交所和中国证券登记结算有限责任公司（以下简称"中国结算"）上海分公司提供的数据，对本次网上、网下发行的新股认购情况进行了统计，结果如下：

（一）网上新股认购情况

（1）网上投资者缴款认购的股份数量（股）：38 661 246

（2）网上投资者缴款认购的金额（元）：741 522 698.28

（3）网上投资者放弃认购数量（股）：245 254

（4）网上投资者放弃认购金额（元）：4 703 971.72

（二）网下新股认购情况

（1）网下投资者缴款认购的股份数量（股）：9 726 245

（2）网下投资者缴款认购的金额（元）：186 549 379.10

（3）网下投资者放弃认购数量（股）：0

（4）网下投资者放弃认购金额（元）：0.00

二、网下比例限售情况

本次网下发行采用比例限售方式，网下投资者应当承诺其获配股票数量的 10%

（向上取整计算）限售期限为自发行人首次公开发行并上市之日起 6 个月，即每个配售对象获配的股票中，90% 的股份无限售期，自本次发行股票在上交所上市交易之日起即可流通；10% 的股份限售期为 6 个月，限售期自本次发行股票在上交所上市交易之日起开始计算。

网下投资者参与初步询价报价及网下申购时，无须为其管理的配售对象填写限售期安排，一旦报价即视为接受本次发行的网下限售期安排。

本次发行中网下比例限售 6 个月的股份数量为 976 477 股，约占网下发行总量的 10.04%，约占本次公开发行股票总量的 2.01%。

三、保荐人（主承销商）包销情况

网上、网下投资者放弃认购股数全部由保荐人（主承销商）包销，保荐人（主承销商）包销股份的数量为 245 254 股，包销金额为 4 703 971.72 元，包销股份的数量占本次发行总量的比例为 0.50%。

2024 年 3 月 15 日（T + 4 日），保荐人（主承销商）依据保荐承销协议将余股包销资金与网下、网上发行募集资金扣除保荐承销费后一起划给发行人，发行人向中国结算上海分公司提交股份登记申请，将包销股份登记至保荐人（主承销商）指定证券账户。

四、本次发行费用

本次具体发行费用明细如表 2 – 3 所示。

表 2 – 3　发行费用明细　　　　　　　　　　　　　　　　　　万元

内容	发行费用金额（不含税）
承销及保荐费	7 182.38
律师费用	727.74
审计及验资费	1 730.19
用于本次发行的信息披露费	415.09
发行手续费及其他费用	40.57
合计	10 095.96

注：1. 本次发行费用均为不含增值税金额，发行手续费及其他费用包含本次发行的印花税。

2. 费用计算可能存在尾数差异，为四舍五入造成。

发行人：星德胜科技（苏州）股份有限公司

保荐人（主承销商）：海通证券股份有限公司

2024 年 3 月 15 日

资料来源：中国上市公司协会。

1

二、股票交易

股票交易可以在证券交易所中进行，也可以在场外交易市场进行。由于投资者不能直接进入证券交易所进行场内交易，必须委托证券商或经纪人代为进行，所以掌握证券交易所股票交易程序和规则十分重要。

（一）开户

投资者进行股票交易首先要开立证券账户和资金账户。

1. 证券账户

（1）证券账户的含义。在我国，证券账户是指中国证券登记结算有限责任公司为申请人开出的记载其证券持有及变更的权利凭证。目前，我国证券交易已经完全实行无纸化，从交易到交割都由电脑完成，所有的手续都以电子划账的方式进行，每个投资者都必须要有一个账户。投资者可以到中国证券登记结算有限责任公司或其代理点（证券公司）开立证券账户。个人投资者可以开设 A 类账户，机构投资者必须开设 B 类账户。

（2）证券账户的种类与开立原则。证券账户按交易场所划分，有上交所证券账户和深交所证券账户；按申请人身份划分，有法人账户和个人账户；按账户用途划分，有人民币普通股票账户、人民币特种股票账户、证券投资基金账户和其他账户。

开立证券账户应坚持合法性和真实性的原则。目前，上交所实行一人 3 户制，深交所实行一人 20 户制。证券交易所有关工作人员、股票发行人员、未成年人、无行为能力的人、没有身份证的特殊人员以及被判为"市场禁入者"的人员和有关政府领导干部不能开户。

（3）开立证券账户的要求。自然人及一般机构开立证券账户，由开户代理机构受理；证券公司和基金管理公司等机构开立证券账户，由中国证券登记结算有限责任公司受理。境内自然人申请开立证券账户时，须提供居民身份证。境内法人申请开立证券账户时，须提交营业执照副本、法人证明书、法人授权委托书和经办人身份证。证券公司和基金管理公司开户，还需提供中国证监会颁发的证券经营机构营业许可证和《证券账户自律管理承诺书》。目前，我国股票市场不同板块开户，资金、投资经验等要求均有不同，投资者需根据中国证监会相关法律规定进行开户。一般境外投资者和我国港澳台地区投资者欲进入中国内地（大陆）证券市场进行 B 股交易，必须开立 B 股账户。合格境外机构投资者应当在选定为其进行证券交易的境内证券公司后，委托托管人为其申请开立证券账户；托管人应当依照中国证券登记结算有限责任公司的业务规则直接向其上海、深圳分公司提出申请。证券公司、信托公司、保险公司、基金公司、社会保障类公司、合格境外机构投资者和外国战略投资者等国家法律法规和行政规章规定需要资产分户管理的特殊法人机构的证券账户开立，必须直接到中国证券登记结算有限责任公司办理。

（4）证券账户挂失与补办。投资者证券账户卡毁损或遗失，可向中国证券登记结算有限责任公司代理机构申请挂失与补办，或更换证券账户卡。代理机构可根据投资者选择补办原号或更换新号的证券账户卡。

（5）证券转托管和指定交易。通过结算系统办理买卖交割的证券，必须经过登记托管后才能进入交易所买卖，这时，投资者的股份由券商或交易所统一保管，这就是股票的集中托管。目前深交所、上交所对股份都采用集中管理方式，但二者有区别。

深交所的股份托管在全国各地深交所会员券商的证券营业部，投资者在哪个证券商处买进的证券就只能在该券商处卖出。投资者如果不想与原开户的证券商买卖股票，想换另家证券营业部交易，同时又不想卖出持有的股票，可以办理转托管手续。转托管就是指深市投资者将其托管在某一证券商那里的证券转移到另一个证券商处托管。

上交所的股份统一托管在上海证券中央登记结算公司处，并由上交所统一管理，不存在证券的转托管问题。从1998年4月1日起，上交所开始实行全面指定交易制度。指定交易是指投资者与某一证券营业部签订协议后指定该机构为自己买卖证券的唯一交易点。

2. 资金账户

投资者进行证券买卖之前必须指定某一家券商作为自己的代理经纪人，并在该券商处开设资金账户。投资者可以选择开立以下几种资金账户。

（1）现金账户。开立这种账户的客户其全部买卖均以现金完成。当通过证券经纪商购进股票时，必须在清算日或清算日之前交清全部价款，用现金支付；同样，当卖出股票时，也必须在清算日或清算日之前，将股票交给证券经纪商，证券经纪商将价款存入账户。目前我国实行第三方托管制度，即证券公司将客户证券交易结算资金交由银行等独立第三方存管。实施客户证券交易结算资金第三方存管制度的证券公司将不再接触客户证券交易结算资金，而由存管银行负责投资者交易清算与资金交收。简言之，就是券商托管证券银行存管资金，从源头上和制度上保证客户资金安全、保护客户利益、控制证券行业风险、维护市场稳定。

（2）保证金账户。保证金账户又叫普通账户，开立这一账户的客户，在买进股票时，只需要支付部分现款（即保证金）就可以买进全数的股票，全部价款与保证金的差额部分由证券经纪商代垫，按市场利率计息，买进的股票则存在证券经纪商处作为抵押品。例如，若规定保证金比例为50%，则开立保证金账户的客户在买进股票时，只需要支付所购股票价款的50%，余下的50%价款，由证券经纪商提供贷款。

（二）委托买卖

投资者在拥有了证券账户和资金账户后，即可以委托自己选择的证券经纪商进行证券买卖。在证券交易所市场，除了证券交易所会员的自营业务外，投资者买卖证券是不能直接进入证券交易所办理的，而必须通过证券交易所的会员，即投资者需要通过证券经纪商的代理才能在证券交易所买卖证券。这种情况下，投资者向经纪商下达买进或卖出证券的指令，称为委托。

1. 委托指令

委托指令是投资者要求证券经纪商代理买卖证券的指示，只在下达委托的当日有效。委托指令一般由投资者亲自下达，如委托他人买卖证券，必须有书面委托书，并且出示委托人、受托人的身份证件。委托指令的内容有多项，如时间、证券账户号码、证券代码、买卖方向、委托数量、委托价格等。其中最核心的是价格和数量。委托指令的基本内容如图2-1所示。

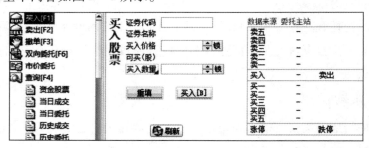

图 2-1 委托指令的基本内容

（1）价格。价格是委托能否成交和盈亏的关键。委托一般分为市价委托和限价委托，投资者可任选其一。①市价委托是指投资者向证券经纪商发出买卖某种证券的委托指令时，要求证券经纪商按证券交易所内当时的市场价格买进或卖出证券。市价委托的优点是：没有价格上的限制，证券经纪商执行委托指令比较容易，成交迅速且成交率高。市价委托的缺点是：只有在委托执行后才知道实际的执行价格。②限价委托是指投资者要求证券经纪商在执行委托指令时，必须按限定的价格或比限定价格更有利的价格买卖证券，即必须以限价或低于限价买进证券，以限价或高于限价卖出证券。限价委托方式的优点是：股票可以投资者预期的价格或更有利的价格成交，有利于投资者实现预期投资计划，谋求最大利益。限价委托方式的缺点是：采用限价委托时，由于限价与市价之间可能有一定的距离，故必须等市价与限价一致时才有可能成交。此时，如果有市价委托出现，市价委托将优先成交。因此，限价委托成交速度慢，有时甚至无法成交。在证券价格变动较大时，投资者采用限价委托容易坐失良机，遭受损失。在申报价格最小变动单位方面，《上海证券交易所交易规则》规定：A 股、债券交易的申报价格最小变动单位为 0.01 元人民币，基金、权证交易为 0.001 元人民币，B 股交易为 0.001 美元。《深圳证券交易所交易规则》规定：A 股、债券、债券质押式回购交易的申报价格最小变动单位为 0.01 元人民币，基金交易为 0.001 元人民币，B 股交易为 0.01 港元。另外，根据市场需要，我国证券交易所可以调整各类证券单笔买卖申报数量和申报价格的最小变动单位。

（2）数量。一个交易单位俗称"1 手"，通常指 100 股。通过竞价交易买入股票或基金的，申报数量应当为 100 股（份）或其整数倍。卖出股票或基金时，余额不足 100 股（份）的部分，一般建议一次性申报卖出。通过竞价交易买入债券的，以 10 张或其整数倍进行申报。买入、卖出债券质押式回购以 10 张或其整数倍进行申报。卖出债券时，余额不足 10 张部分应当一次性申报卖出。债券以人民币 100 元面额为 1 张，债券质押式回购以 100 元标准券为 1 张。股票（基金）竞价交易单笔申报最大数量应当不超过 100 万股（份），债券和债券质押式回购竞价交易单笔申报最大数量应当不超过 10 万张。

（3）申报时间。我国证券交易所规定，交易日为每周一至周五，国家法定假日和证券交易所公告的休市日证券交易所市场休市。关于申报时间，上交所规定，接受会员竞价交易申报的时间为每个交易日 9：15—9：25、9：30—11：30、13：00—15：00。在每个交易日 9：20—9：25 的开盘集合竞价阶段，上交所交易主机不接受撤单申报。深交所则规定，接受会员竞价交易申报的时间为每个交易日 9：15—11：30、13：00—15：00。每个交易日 9：20—9：25、14：57—15：00，深交所交易主机不接受参与竞价交易的撤销申报。每个交易日 9：25—9：30，交易主机只接受申报，但不对买卖申报或撤销申报做处理。

2. 委托撤销

（1）撤单的条件。在委托未成交之前，委托人有权变更和撤销委托。证券营业部申报竞价成交后，买卖即告成立，成交部分不得撤销。

（2）撤单的程序。在证券营业部采用无形席位申报的情况下，证券营业部的业务员或委托人可直接将撤单信息通过电脑终端告知证券交易所交易系统电脑主机，办理撤单。对委托人撤销的委托，证券营业部须及时将冻结的资金或证券解冻。申请撤销买卖申报时，应经由终端机撤销。申请变更买卖申报时，除减少申报数量外，应先撤销原买卖申报，再重新申报。

（三）竞价

证券市场的市场属性集中体现在竞价成交环节上，特别是在高度组织化的证券交易所内，会员经纪商将代表众多的买方和卖方按照一定规则和程序公开竞价，达成交易。这种竞价成交机制，符合证券市场公开、公平、公正的原则。

1. 成交原则

（1）价格优先。这一原则是指价格较高的买入申报优先于价格较低的买入申报，价格较低的卖出申报优先于价格较高的卖出申报，同价位申报，先申报者优先满足。

（2）时间优先。成交时间优先的原则为：买卖方向，价格相同的，先申报者优先于后申报者。先后顺序按照证券交易所交易主机接受申报的时间确定。

2. 竞价方式

目前，我国证券交易所采用集合竞价和连续竞价方式，这两种方式在不同的交易时段上采用。

（1）集合竞价。所谓集合竞价，是指对在规定的一段时间内接受的买卖申报一次性集中撮合的竞价方式。集合竞价在交易日每天开盘前的一段时间用于产生第一笔交易，这笔交易的价格称为开盘价。根据我国证券交易所的相关规定，集合竞价确定成交价的原则为：①可实现最大成交量的价格。②高于该价格的买入申报与低于该价格的卖出申报全部成交的价格。③与该价格相同的买方或卖方至少有一方全部成交的价格。④如有两个价位符合上述三个条件，则取其中间价位作为参考价。⑤如按上述原则不能产生参考价，则用前一个交易日的最后一个成交价（前收盘价）作为参考价。

产生开盘价之后，以后的正常交易就采用连续竞价方式进行。

（2）连续竞价。连续竞价是指对买卖申报逐笔连续撮合的竞价方式。依靠集合竞价方式产生开盘价格的，其未成交买卖申报，仍然有效，并依原输入时序连续竞价。开盘价格未能依靠集合竞价方式产生时，应以连续竞价产生开盘价格。

连续竞价时，在当时最近一次成交价或当时揭示价连续两个升降单位内，其价格依下列原则决定：①最高买入申报与最低卖出申报价位相同，以该价格为成交价。②最高买入与最低卖出申报价格优先成交。③买入申报价格高于即时揭示的最低卖出申报价格时，以即时揭示的最低卖出申报价格为成交价。卖出申报价格低于即时揭示的最高买入申报价格时，以即时揭示的最高买入申报价格为成交价。连续竞价阶段的特点是：每一笔买卖委托输入电脑自动撮合系统后，当即判断并进行不同的处理，能成交者当即成交；不能成交者等待机会成交；部分成交者则让剩余部分继续等待。按照我国证券交易所的有关规定，在无撤单的情况下，委托当日有效。另外，开盘集合竞价期间未成交的买卖申报，自动进入连续竞价。

我国股票市场竞价交易的时间为：周一至周五（法定节日除外）每个交易日的9：15—9：25 为开盘集合竞价时间，9：30—11：30、13：00—15：00 为连续竞价时间，14：57—15：00 为收盘集合竞价时间。

上交所证券的收盘价为当日该证券最后一笔交易前1分钟所有交易的成交量加权平均价（含最后一笔交易）。当日无成交的，以前收盘价为当日收盘价。

深交所证券的收盘价通过集合竞价的方式产生。收盘集合竞价不能产生收盘价的，为当日该证券最后一笔交易前1分钟所有交易的成交量加权平均价（含最后一笔交易）。当日无成交的，以前收盘价为当日收盘价。

（3）证券价格的有效申报范围。无论买入或卖出股票（含A、B股）、基金类证券，在1个交易日内的交易价格相对上一交易日收市价格的涨跌幅度不得超过各交易板块规定涨跌幅限制。A股股票涨跌幅限制是10%，ST和*ST的股票涨跌幅限制是5%，科创板和创业板股票竞价交易涨跌幅比例为20%，新三板股票不设涨跌幅限制。其涨跌幅价格计算公式为

$$涨跌幅价格 = 前收盘价 × （1 ± 涨跌幅比例）$$

课堂练习2-3

X股票的收盘价为12.38元，Y股票的交易特别处理，属于主板ST股票，收盘价为9.66元，计算次一交易日X、Y股票交易的价格上限和下限分别为多少。

3. 竞价结果

证券交易的结果可能出现全部成交、部分成交和不成交三种情况。买卖申报一经成交，证券商应立即打印成交回报单交给投资者。成交回报单的项目应包括证券商代号、委托书编号、委托种类、证券代号、成交数量、成交价格、成交金额、买卖类别、代理或自营及成交时间。投资者也可通过电话或网络查询。

（四）清算

清算是指证券买卖双方在证券交易所进行的证券买卖成交以后，通过证券交易所将各证券商之间买卖的数量和金额分别予以抵消，计算应收应付证券和应收应付

金额的一种程序。清算包括资金清算与股票清算两个方面，以及证券经纪商之间及证券经纪商与投资者之间两个层次。清算遵循的原则是：证券交易所当日成交的买入股数与卖出股数必然相等；证券交易所当日的买入金额与卖出金额也必然相等。

（五）交割

清算之后，办理交割手续，这种买方付款领券，卖方付券领款，双方在券商处相互交换钱券的行为称为交割。证券交割分为证券商与委托人之间的交付和证券商与证券商之间的交付两个阶段。清算和交割两个过程统称为结算。清算是对应收应付证券及价款的轧抵计算，其结果是确定应收应付净额，并不发生财产实际转移；交割则是对应收应付净额（包括证券与价款）的收付，发生财产实际转移（实际转移有时不是实物形式）。

1. 交割方式

证券交易通常采用以下几种交割方式。

（1）当日交割。当日交割也称 T + 0 制度，是指交易双方成交后，当天即办理钱券的相互交换行为。通过电脑处理，这种交割可以在瞬间完成。它有利于证券投机者进行短期操作，投资者在得知自己委托成交后，即可进行反向委托操作。这使资金在一日中频繁运用数次，发挥几笔资金的作用。

（2）次日交割。次日交割是指成交后的下一个营业日下午前办理完交割，如逢法定假日则顺延。这种 T + 1 制度使投资者当日买入成交后，不能再反向卖出，必须等到下一个交易日。这事实上制约了投机行为，使成交资金都是实际资金量。

（3）例行交割。例行交割是指在规定的若干天期限内完成交割。一般地，如果买卖双方在成交时未说明交割方式，即一律视为例行交割方式。

2. 我国目前的交割方式

我国目前的证券交易交割方式有以下两种。

（1）T + 1 交割方式。T + 1 中的"T"指的是交易日当天，T + 1 即为交易日后的第一天。自 1995 年 1 月 1 日起，为了保证股票市场的稳定，防止过度投机，上交所、深交所股市交易实行 T + 1 制度，当日买进的股票，要到下一个交易日才能卖出。但对资金仍然实行 T + 0 方式，即当日卖出股票回笼的资金马上可以使用，当天即可以用来买股票，但是当天卖出股票后，资金回到投资者账户，投资者如果想马上提取现金是不可能的，必须等到第二天才能将资金取出。实际上，资金同样是 T + 1 到账。这种交割方式目前适用于我国的 A 股、基金和债券。

（2）T + 3 交割方式。T + 3 指的是交易日后的第三个交易日。目前沪、深 B 股清算交割制度采用的是 T + 3 方式，指的是投资者当天买入的股票不能在当天卖出，需待第三个交易日进行交割过户后方可卖出。在资金使用上，当天卖出股票后，资金回到投资者账户，当天即可以用来买股票。但是，当天卖出股票，资金回到投资者账户，投资者如果想马上提取现金是不可能的，必须等到第三个交易日才能将现金提出。实际上，资金同样是 T + 3 到账。该方式目前仅适用于 B 股。

（六）过户

知识拓展2-4

所谓过户是指股权或债权的所有权转让后的登记变更手续。投资者在场内交易中，凡买卖记名证券都须办理登记变更手续，过户后，才能确保所购证券的真实性。在无纸化交易时，过户只存在形式上的意义，这一手续已在清算、交割时由券商代为办理了，清算完成即实现了过户，投资者不需要亲自去有关机构办理手续。各板块交易规则对比见表2-4。

表 2-4 各板块交易规则对比

规则要点	主板	创业板	科创板	北交所
交易机制	T + 1	T + 1	T + 1	T + 1
交易方式	竞价交易 大宗交易	竞价交易 大宗交易 盘后固定价格交易	竞价交易 大宗交易 盘后固定价格交易	竞价交易 大宗交易 盘后固定价格交易 协议转让
交易数量	单笔申报数量为 100 股或其整数倍且不超过 100 万股，卖出时余额不足 100 股的部分应当一次性申报卖出	单笔申报数量为 100 股或其整数倍，现价申报≤30 万股，市价申报≤15 万股，盘后定价申报≤100 万股；卖出时余额不足 100 股的部分，应当一次性申报卖出	单笔申报数量≥200 股，以 1 股为单位递增，现价申报≤10 万股，市价申报≤5 万股；卖出时余额不足 200 股的部分应当一次性申报卖出	单笔申报数量为 100 股或其整数倍；竞价申报≤100 万股，卖出时余额不足 100 股的部分应当一次性申报卖出
涨跌幅限制	新股上市前 5 个交易日不设涨跌幅限制，5 个交易日后涨跌幅限制为继续保持 10%	新股上市前 5 个交易日不设涨跌幅限制，5 个交易日后涨跌幅限制为保持 20%	新股前 5 个交易日不设涨跌幅限制，5 个交易日后涨跌幅限制为保持 20%	新股上市首日、退市首日不设涨跌幅限制，其后涨跌幅限制为 30%

阅读延伸 2-2

注册制新股前五天交易规则

在注册制下，新股上市前五天的交易规则主要涉及以下几个方面。

（1）主板新股前五个交易日没有涨跌幅限制，从第六个交易日开始，涨跌幅限制为 10%。

（2）注册制创业板新上市股票前五个交易日没有涨跌幅限制，从第六日开始，涨跌幅限制为 20%。

（3）优化了股票的盘中临时停牌机制，设置了 30% 和 60% 两个停牌指标。如果股票价格在盘中交易中上涨或下跌超过 30% 或 60%，将停牌 10 分钟。

（4）增加了价格笼子机制：个人在连续竞价阶段申报的价格不能高于买入基准价格的 102%，卖出申报的价格不能低于卖出基准价格的 98%。

在注册制下，打新股成为一种策略性投资方式。以下是需要关注的几个方面。

（1）市值配售：注册制下通常采用市值配售的方式，即投资者需要有相应的市值才能参与新股申购。这一规则促使投资者理性配置自己的投资组合，提高了市场的稳定性。

（2）申购策略：由于市值配售规则的存在，投资者需要根据自己的市值情况制定合理的申购策略。例如，如果投资者拥有较大市值，可以制定分散投资策略，降低单一新股的风险。

（3）风险控制：虽然打新股具有较高的潜在收益，但也需要关注风险控制。投资者需要对新股的行业、公司基本面、估值等因素进行深入分析，避免盲目跟风。

在注册制下，新股的发行与交易规则发生了较大变化，为投资者带来了新的机遇与挑战。通过了解注册制新股前五天交易规则，投资者可以更省时、省力地执行新股打新。

资料来源：注册制新股前五天交易规则（注册制打新股）［EB/OL］.（2023 - 09 - 22）. https：//zhuanlan. zhihu. com/p/657843810 .

三、新股申购流程

首次公开发行股票网上按市值申购是指公司在首次公开发行时，将一定比例的新股向二级市场流通证券的投资者配售，投资者根据其持有上市流通证券的市值和折算的申购限量，自愿申购新股。深交所和上交所分别于 2018 年 6 月、2023 年 2 月对《深圳市场首次公开发行股票网上发行实施细则》《上海市场首次公开发行股票网上发行实施细则》进行了修订，其基本规则如下。

（一）市值计算规则

目前沪、深两市实行市值申购。持有上交所和深交所非限售 A 股股份和非限售存托凭证总市值（以下简称"市值"）1 万元以上（含 1 万元）的投资者方可参与网上发行。沪、深两市的市值不能合并计算。

投资者持有的市值以投资者为单位，按其 T-2 日（T 日为发行公告确定的网上申购日，下同）前 20 个交易日（含 T-2 日）的日均持有市值计算。投资者相关证券账户持有市值按其证券账户中纳入市值计算范围的股份数量和存托凭证份额数量与相应收盘价的乘积计算。投资者相关证券账户开户时间不足 20 个交易日的，按 20 个交易日计算日均持有市值。非限售 A 股股份发生司法冻结、质押以及存在上市公司董事、监事、高级管理人员持股限制的，不影响证券账户内持有市值的计算。

（二）申购额度的计算

根据投资者持有的市值确定其网上可申购的额度，每 5 000 元市值可申购一个申购单位，不足 5 000 元的部分不计入申购额度。每一个新股申购单位为 500 股，申购数量应当为 500 股或其整数倍，但最高不得超过当次网上初始发行股数的 1‰。

每一存托凭证申购单位由发行人和主承销商协商确定并预先披露。申购数量应当为一个申购单位或其整数倍，但最高不得超过当次网上初始发行存托凭证的 1/‰。

（三）申购的流程

1. T 日投资者申购

T 日，投资者可以通过其指定交易的证券公司查询其持有市值或可申购额度，并根据其持有的市值数据，在申购时间内通过指定交易的证券公司进行申购委托。投资者在进行申购时无须缴付申购资金。

2. T+1 日摇号抽签

T+1 日，主承销商在指定媒体公布中签率，并在有效申购总量大于网上发行总量时，在公证部门监督下根据总配号量和中签率组织摇号抽签。

3. T+2 日中签处理

主承销商于 T+2 日公布中签结果。上交所每一个中签号可认购 1 000 股新股；深交所每一个中签号可认购 500 股新股。

T+2 日日终，中签的投资者应确保其资金账户有足额的新股认购资金，不足部分视为放弃认购。

4. T+3 日结算

T+3 日 16:00，中国证券登记结算有限责任公司从结算参与人的资金交收账户中扣收实际应缴纳的新股认购资金，并于当日划至主承销商的资金交收账户。

5. T+4 日登记

T+4 日 8:30 后，主承销商可依据承销协议将新股认购资金扣除承销费用后划

转到发行人指定的银行账户。中国证券登记结算有限责任公司根据新股认购资金交收结果完成网上发行股份登记。（以上 T + N 日均为交易日，遇周六、周日顺延。）

四、融资融券交易

融资融券交易又称证券信用交易或保证金交易，是指投资者向具有融资融券业务资格的证券公司提供担保物，借入资金买入证券（融资交易）或借入证券并卖出（融券交易）的行为，包括券商对投资者的融资融券和金融机构对券商的融资融券。从世界范围来看，融资融券制度是一项基本的信用交易制度。2010 年 3 月 30 日，上交所、深交所分别发布公告，表示于 2010 年 3 月 31 日起正式开通融资融券交易系统，开始接受试点会员融资融券交易申报，融资融券业务正式启动。

（一）融资融券的交易规则

1. 账户开立

证券公司经营融资融券业务，应当以自己的名义，在证券登记结算机构分别开立融券专用证券账户、客户信用交易担保证券账户、信用交易证券交收账户和信用交易资金交收账户，同时在商业银行分别开立融资专用资金账户和客户信用交易担保资金账户。

融券专用证券账户用于记录证券公司持有的拟向客户融出的证券和客户归还的证券，不得用于证券买卖；客户信用交易担保证券账户用于记录客户委托证券公司持有、担保证券公司因向客户融资融券产生债权的证券；信用交易证券交收账户用于客户融资融券交易的证券结算；信用交易资金交收账户用于客户融资融券交易的资金结算。

投资者进行融资融券交易，首先应听取证券公司有关人员讲解业务规则和合同内容，了解自身权利、义务及风险，特别是关于违约处置的风险控制安排。其次，在风险揭示书上签名确认，并与证券公司签订融资融券合同。最后，与证券公司、商业银行签署客户信用资金存管协议，委托证券公司为其开立实名信用证券账户和信用资金账户。

2. 委托申报

融资融券交易采用竞价交易方式。我国上交所、深交所规定，证券公司接受客户融资融券交易委托，应当按照交易所规定的格式申报，申报指令应包括客户的信用证券账户号码、交易单元代码、证券代码、买卖方向、价格、数量、融资融券相关标识等内容。

融资买入、融券卖出股票或基金的，申报数量应当为 100 股（份）或其整数倍；融资买入、融券卖出债券的，上交所要求申报数量应当为 1 手或其整数倍，深交所要求申报数量应当为 10 张或其整数倍。

融券卖出的申报价格不得低于该证券的最新成交价；当天没有产生成交的，申报价格不得低于其前一个交易日收盘价。低于上述价格的申报为无效申报。融券期间，投资者通过其所有或控制的证券账户持有与融券卖出标的相同证券的，卖出该证券的价格应遵守上述规定，但超出融券数量的部分除外。

交易型开放式指数基金或经证券交易所认可的其他证券，其融券卖出不受上述关于申报数量和申报价格规定的限制。

3. 融资融券期限

我国上交所、深交所规定，证券公司与客户约定的融资融券期限自客户实际使用资金或使用证券之日起计算，融资融券期限最长不得超过 6 个月。合约到期前，证券公司可以根据客户的申请为其办理展期，每次展期的期限不得超过 6 个月。证券公司在为客户办理合约展期前，应当对客户的信用状况、负债情况、维持担保比例水平等进行评估。

4. 标的证券

标的证券是指经证券交易所认可，可以融资买入或融券卖出的证券。从目前我国上交所、深交所公布的标的证券来看，主要是股票和 ETF。在实际操作过程中，我国上交所、深交所将按规定确定融资融券标的证券名单，证券公司可在交易所公布的融资融券标的证券范围内进一步选择，并随交易所名单变动而相应调整。

5. 保证金及强制平仓

我国上交所、深交所规定，证券公司向客户融资融券，应当向客户收取一定比例的保证金。

保证金可以用在交易所上市交易的股票、证券投资基金、债券，以及货币市场基金、证券公司现金管理产品及交易所认可的其他证券充抵。

投资者融资买入证券时，融资保证金比例不得低于50%。融资保证金比例是指投资者融资买入时交付的保证金与融资交易金额的比例，计算公式为

融资保证金比例 = 保证金 ÷（融资买入证券数量 × 买入价格）× 100%

投资者融券卖出时，融券保证金比例不得低于50%。融券保证金比例是指投资者融券卖出时交付的保证金与融券交易金额的比例，计算公式为

融券保证金比例 = 保证金 ÷（融券卖出证券数量 × 卖出价格）× 100%

投资者融资买入或融券卖出时所使用的保证金不得超过其保证金可用余额。保证金可用余额是指投资者用于充抵保证金的现金、证券市值及融资融券交易产生的浮盈经折算后形成的保证金总额，减去投资者未结算融资融券交易已占用保证金和相关利息、费用后的余额。

为控制风险，证券公司可与客户约定强制平仓条件。一旦达到强制平仓条件，证券公司有权根据双方约定采取强制平仓措施。此时，证券公司可按证券交易所规定的格式申报强制平仓指令。申报指令应当包括客户的信用证券账户号码、融资融券专用交易单元代码、证券代码、买卖方向、价格、数量、融资强制平仓或融券强制平仓标识等内容。

（二）融资融券交易的特有风险

融资融券业务是具有杠杆特征的信用交易业务，存在一定的风险性与投机性。除普通证券交易具有的政策风险、市场风险、系统风险外，其还有以下三个方面的特有风险。

1. 投资亏损放大风险

看空某只股票的情况下借券卖掉，然后等股票价格跌下来，再买回来归还。可见，融资融券交易具有明显的杠杆交易的特点，亏损和收益都随之放大。因此，投资者有可能遭受比普通证券交易大得多的亏损。

2. 强制平仓风险

如果投资者违反了相关规定或者达到了其与证券公司约定的强制平仓条件，将面临被证券公司强制平仓的风险。

案例分享 2-4

融资融券交易强制平仓风险

融资融券交易的原则就是保证金交易。建仓时需要缴纳保证金，后期还需要维持保证金，证券公司为保护自身债权，对投资者信用账户的资产负债情况实时监控，在一定条件下可以根据对投资者担保比例来确认平仓线和执行强制平仓。

1. 维持担保比例

维持担保比例 =（现金 + 信用证券账户内证券市值总和）/（融资买入金额 + 融券卖出证券数量 × 当前市价 + 利息及费用总和）。

2. 平仓线

平仓线指客户信用账户维持担保比例等于130%时的状态。当日终收盘后客户信用账户维持担保比例低于平仓线时，证券公司将通知客户在2个完整交易日内补足担保物，使维持担保比例回升到150%以上，否则将被强制平仓。

如果投资者的账户被证券公司强制平仓，强制平仓的过程将不受投资者的控制，投资者必须无条件地接受平仓结果，如果平仓后投资者仍然无法全额归还融入的资金或证券，还将被继续追索。

另外，被强制平仓会影响投资者的信用记录，证券公司可能会因此减小其授信额度，严重时投资者甚至被交易所记入黑名单而被市场禁入。

3. 提前结算交易风险

按现行规定，如果投资者融入的证券被调整出标的证券范围、标的证券暂停交易或终止上市，或因投资者自身原因导致其资产被司法机关采取财产保全或强制执行措施，以及出现投资者丧失民事行为能力、破产、解散等情况，投资者可能面临被证券公司提前结算融资融券交易的风险，从而造成经济损失。融资融券交易与普通证券交易的区别见表2-5。

表2-5　融资融券交易与普通证券交易的区别

区别项目	普通证券交易	融资融券交易
保证金	存入保证金全部可用于证券交易，未进行交易的保证金随时可提取	根据融资融券要求缴纳少量的保证金作为担保，即可进行放大的买空卖空交易。根据维持担保比例，部分或全部保证金不可提取
法律关系	委托买卖关系	委托买卖关系、借贷关系和担保关系
风险承担	客户自行承担	融资交易证券下跌风险、融券交易证券上涨风险因杠杆而被放大，风险由客户自行承担，因借贷关系，证券公司也相应承担部分风险

案例分享2-5

A股首例"面值退市"股谢幕

进入2018年以来，A股国际化进程加快，监管逐渐趋严，A股退市力度开始加大，这意味着一元退市时代正式来临。

中弘股份一度是股市的白马股，其股价在2006年到2015年期间上涨了超27倍，一度达到60.04元/股。随着房地产市场受到严格调控，中弘股份2016年业绩猛降超过 40%，2017 年更是巨亏逾 25 亿元，2018 年三季报继续亏损 18.85 亿元，背负巨额亏损和负债，股价也连续下跌。

2018 年 9 月 13 日至 10 月 18 日，公司股票连续 20 个交易日每日收盘价低于面值 1 元，属于《股票上市规则》规定的终止上市情形。

2018 年 12 月 27 日，中弘退完成了其在 A 股退市整理期最后一天的交易，以 0.22 元/股的价格收盘。

根据相关规则，在退市整理期届满后的 45 个交易日内，公司股票将进入全国中小企业股份转让系统进行挂牌转让。

资料来源：A 股首例"面值退市"股谢幕！股价上演"濒死心电图"［EB/OL］.（2018 - 12 - 27）. https：//www. nbd. com. cn/rss/toutiao/articles/1286223. html.

即测即练

任务2-2

技能训练

1. 阅读教材，查找资料，熟悉我国股票发行的管理制度（提示：从股票发行的方式、上市保荐制度、承销制度、信息披露的方式、股票发行价格的确定、核准制到注册制的演变等方面分析）。

2. 分析总结不同经济环境下的股票发行制度，归纳总结我国股票发行制度的演变过程和原因，小组间研究结论利用海报展示和交流。

3. 登录资本市场电子化信息披露平台，查找一只最近上市交易的股票，阅读该上市股票的招股说明书及相关信息。

4. 根据项目 1 学习的股票开户程序，在同花顺模拟交易软件开立个人股票交易账户。

5. 请同学们登录同花顺证券行情软件，打开任何一只个股的行情界面，对盘面中的各个项目进行解读。个股行情界面如图 2 - 2 所示。

6. 将以上解读内容填入表 2 - 6 中。

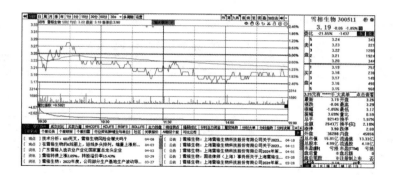

图2－2 个股行情界面

表2－6 个股行情界面窗口中的项目及含义

项目	含义
委比	
最新	
涨幅	
振幅	
总手	
开盘	
最高	
最低	
量比	
内盘	
外盘	
换手率	

7. 请同学们登录同花顺证券行情软件，打开上证指数的行情界面并观察，对盘面中的各个项目进行解读。上证指数行情界面如图2－3所示。

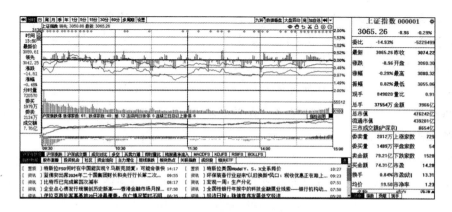

图2－3 上证指数行情界面

8. 将以上解读内容填入表 2-7 中。

表 2-7　上证指数行情界面窗口中的项目及含义

项目	含义
委比	
最新	
涨跌	
涨幅	
振幅	
现手	
总手	
开盘	
昨收	
最高	
最低	
量比	
金额	
上涨家数	
下跌家数	
平盘家数	

9. 请同学们试着买入一只股票,并写明买入的原因。

阅读延伸 2-3

量比与委比

量比是衡量相对成交量的指标。它是指股市开市后平均每分钟的成交量与过去 5 个交易日平均每分钟成交量之比。若量比数值大于 1,说明当日每分钟的平均成交量大于过去 5 个交易日的平均数值,成交量有放大的趋势。

委比是用来衡量较短一段时间内买盘、卖盘力量对比强弱的指标,大盘委买代表了推动市场总体股价上涨的动力,大盘委卖代表了推动市场总体股价下跌的动力。

量比为 0.8~1.5 倍,则说明成交量处于正常水平;量比在 1.5~2.5 倍之间,则为温和放量,如果股价也处于温和缓升状态,则升势相对健康,可继续持股,若股价下跌,则可认定跌势难以在短期内结束,从量的方面判断可考虑停损退出;量比在 2.5~5 倍,则为明显放量,若股价相应地突破重要支撑或阻力位置,则突破有效的概率颇高,可以相应地采取行动;量比达到 5~10 倍,则为剧烈放量,如果是在个股处于长期低位出现剧烈放量突破，涨势的后续空间巨大，但是，如果在个股已有巨大涨幅的情况下出现如此剧烈的放量，则需要高度警惕。

委比取值范围在 -100 到 +100 之间。如果委比大于 0，表示买盘的力量强于卖盘，股价指数上涨的可能性较大；相反，如果委比小于 0，表示卖盘的力量强于买盘，股价指数下跌的可能性较大。

任务2-3　掌握股票价格指数

情境导入

股票价格指数简称股价指数，作为衡量股票市场整体表现的重要工具，它综合反映了众多股票的价格变化。它就像一面镜子，反映出市场的繁荣与萧条，波动与稳定。当股价指数攀升时，市场正处于上升趋势，投资者信心高涨，许多股票都在增值。当股价指数下跌时，市场可能陷入低迷，投资者情绪受到打击。

股价指数的波动不仅影响着投资者的财富，也反映了宏观经济的健康状况。股价指数的涨跌，既是对过去经济形势的总结，也是对未来经济走向的预期。因此，关注股价指数的变化，不仅可以帮助投资者把握市场的脉搏，也可以为政策制定者提供重要的参考信息。

知识目标

1. 了解什么是股票价格指数。
2. 理解股票价格指数的计算。
3. 了解我国的股票价格指数。

能力目标

1. 能看懂大盘。
2. 能分析大盘。

思政目标

1. 培养学生经世济民、诚信服务、德法兼修的职业素养。
2. 培养学生的社会责任感和民族自豪感。

2 学时。

一、股票价格指数计算

（一）股票价格指数概述

股票价格指数，是报告期股价与某一基期股价相比较的相对变化指数，用来表示多种股票平均价格水平及其变动情况，能够反映股市人气、多空双方实力等作用，也是国民经济的"晴雨表"。

按照涵盖股票数量和类别的不同，可以把指数分为综合指数、成分指数和分类指数三类。

（1）综合指数。综合指数是指在计算股价指数时将某个交易所的所有股票市价升跌都计算在内的指数，如纽约证券交易所综合指数、我国的上证综合指数等。

（2）成分指数。成分指数是指在计算股价指数时仅仅选择部分具有代表性的股票作为标的的指数。目前，世界上大多数指数都是成分指数，如道琼斯指数、标准普尔 500 指数、伦敦金融时报指数、上证 180 指数等。成分指数选择的股票一般具有市场价值大、交易量大、业绩好的特点。

（3）分类指数。分类指数是指对某个行业的全体股票价格变动进行加权平均的指数，如金融指数、地产指数。

（二）股票价格指数的编制

股票价格指数的编制可分为四步：第一步，选择样本股。选择一定数量有代表性的上市公司股票作为编制股价指数的样本股。样本股可以是全部上市股票，也可以是其中有代表性的一部分。样本股的选择主要考虑两个标准：一是样本股的市价总值要占在交易所上市的全部股票市价总值的大部分；二是样本股价格变动趋势必须能反映股票市场价格变动的总趋势。第二步，选定基期，并以一定方法计算基期平均股价或市值。通常选择某一有代表性或股价相对稳定的日期为基期，并按选定的某一种方法计算这一天的样本股平均股价或总市值。第三步，计算计算期平均股价或市值，并进行必要的修正。收集样本股在计算期的价格，并按选定的方法计算平均价格或市值。有代表性的价格是样本股收盘平均价。第四步，指数化。如果计算股价指数，就需要将计算期的平均股价或市值转化为数值，即将基期平均股价或市值定为某一常数（通常为 10、100、1 000 等），并据此计算计算期股价的指数值。

二、了解我国主要的股票价格指数

我国目前主要的股票价格指数有中证指数、上证综合指数、深证综合指数、深证成分股指数、上证成分指数、创业板指数、科创 50 指数等。

（一）中证指数有限公司及其指数

中证指数有限公司成立于 2005 年 8 月 25 日，是由上交所和深交所共同发起设立的一家专门从事证券指数及指数衍生产品开发服务的公司，发布的指数有中证流通指数、沪深 300 指数、中证规模指数体系。其中沪深 300 指数是使用最多的成分指数。沪深 300 指数由沪深 A 股市场中规模大、流动性好、最具代表性的 300 只股票组成，以综合反映沪深 A 股市场整体表现。是上交所和深交所两家证券交易所第一次联合发布的反映中国 A 股市场整体走势的指数。它的推出，丰富了市场现有的指数体系，增加了一项用于观察市场走势的指标，有利于投资者全面把握市场运行状况，也进一步为指数投资产品的创新和发展提供了基础条件。指数基日为 2004 年 12 月 31 日，基点为 1 000 点。沪深 300 指数是内地首只股指期货的标的指数，被境内外多家机构开发为指数基金和 ETF 产品，跟踪资产在 A 股指数中高居首位。

（二）上交所的股价指数

1. 上证综合指数

上证综合指数是指上交所从 1991 年 7 月 15 日起编制并公布上交所股价的指数。它以 1990 年 12 月 19 日为基期，基期值为 100，以全部上市股票为样本，以股票发行量为权数，按加权平均法计算，包括 A 股指数、B 股指数，代表中国资本市场的发展历程，是中国资本市场的象征。

2. 上证 180 指数

上证 180 指数是在原上证 30 指数基础上创新所得，目标是反映上海证券市场运行状况、作为投资评价尺度及金融衍生产品基础的基准指数。其每半年调整一次样本股，每次调整比例一般不超过 10 个。

3. 上证 50 指数

上证 50 指数以 2003 年 12 月 31 日为基日，以该日 50 只成分股的调整市值为基期，基期指数定为 1 000 点。

4. 科创 50 指数

科创 50 指数由上交所科创板中市值大、流动性好的 50 只证券组成，反映最具市场代表性的一批科创企业的整体表现。科创 50 指数借鉴主流成分指数编制方法，采用自由流通股本加权，对单一样本设置 10% 的权重上限，前五大样本权重之和不超过 40%。

上交所和中证指数有限公司于 2020 年 7 月 22 日发布上证科创 50 指数历史行情，并于 7 月 23 日正式发布实时行情。其可及时反映科创板上市证券的表现，为市场提供投资标的和业绩基准，进一步丰富市场投资标的。

（三）深交所的股价指数

1. 深证成分股指数

深证成分股指数由深交所按一定标准选出 40 家有代表性的上市公司作为成分股，以成分股的可流通股数为权数，采用加权平均法编制，以 1994 年 7 月 20 日为基期，基日指数为 1 000，起始计算日为 1995 年 1 月 23 日。

2. 深证综合指数

深证综合指数以深交所上市的全部股票为样本股，以 1991 年 4 月 3 日为基期，基期指数为 100，包括 A 股指数、B 股指数。

3. 中小企业板指数

中小企业板指数以全部在中小企业板上市并正常交易的股票为样本，以最新自由流通股本数为权重，即以扣除流通受限的股份后的股本数量为权重，以计算期加权平均法计算，以 2005 年 6 月 7 日为基日，设定基点为 1 000。

4. 创业板指数

创业板指数以"流通市值市场占比"和"成交金额市场占比"两个指标为主要依据，选取排名靠前的 100 只股票为样本股，每季度进行调整，以 2010 年 5 月 31 日为基日，基点为 1 000，于 2010 年 6 月 1 日发布。

（四）香港和台湾的主要股价指数

1. 恒生指数

恒生指数是由香港恒生银行于 1969 年 11 月 24 日起编制公布、系统反映香港股票市场行情变动的最有代表性和影响最大的指数。该指数以选定的 33 种有代表性股票为对象，分为四大类：4 种金融业股票、6 种公用事业股票、9 种地产业股票和 14 种其他工商业（包括航空和酒店等）股票。

2. 恒生综合指数系列

恒生银行于 2001 年 10 月 3 日推出恒生综合指数系列。恒生综合指数包括 200 家市值最大的上市公司，并分为两个独立指数系列，即地域指数系列和行业指数系列。

3. 台湾证券交易所发行量加权股价指数

该指数包括台湾证券交易所全部挂牌交易股票，以1966年平均数为基期，基期指数为100。

思政课堂 2-3

MSCI 指数 A 股纳入因子逐年提升

2018年6月，中国A股纳入MSCI新兴市场指数和全球基准指数，这是中国资本市场对外开放的又一个全新的里程碑。A股纳入MSCI指数将成为海外投资者进入内地市场的一个催化剂，中国作为全球第二大经济体，相对应A股在MSCI的权重也会不断上升，MSCI也将带动更多海外主动配置资金通过沪、深股通进入A股。

2022年8月12日，国际指数编制公司MSCI（摩根士丹利资本国际公司）公布了8月份季度指数评审结果。在本次调整中，MSCI中国指数新增了7只A股标的，A股纳入MSCI指数，体现了国际投资者对我国经济发展稳中向好的前景和金融市场稳健性的信心。近年来，中国资本市场对外开放稳步推进，从开通QFII及RQFII（人民币合格境外机构投资者）制度、沪港通及深港通制度，到投资额度不断增大，投资限制不断减少，再到A股成功纳入MSCI新兴市场指数、沪伦通启动，A股市场正按照既定的计划和节奏稳步推进对外开放，中国资本市场对外开放的步伐，不仅没有因疫情而放缓，反而进一步加快。

思政感悟：了解我国资本市场对外开放步伐，把握时代前沿，坚定"四个自信"。

案例分享 2-6

上证指数改革落地

上交所与中证指数有限公司决定2020年7月22日起修订上证综合指数的编制方案，这是30年来上证综合指数首次大改，共有三方面的修订内容。

（1）ST股和*ST股不再纳入。截至此次改革，上证主板*ST股一共有49家公司，ST股42家，两者加总91家公司，占上证主板总数量的6%左右。剔除这些垃圾股，当然有利于上证指数更好地反映上市公司整体水平。

（2）增加科创板和红筹股CDR（中国存托凭证）。将科创板纳入上证指数，有望为科创板的股票带来新的增量资金。对于上证指数而言，一些新兴行业公司纳入进来，一批企业未来会逐步成长为行业巨头。腾讯、阿里巴巴、京东、百度等科技巨头，都能通过 CDR 上科创板，并纳入上证指数。

（3）样本纳入时间变化。旧规下，新股上市第 11 个交易日便纳入上证指数。那时，新股可能连连板行情都还没有结束，股价处于高位区间，然后才会是漫漫的下跌路，价值回归，典型代表是中国石油。2007 年 11 月 5 日，中国石油正式挂牌上交所，首日股价高达 36.27 元。而目前，股价不足 10 元。新规下，新股上市 1 年后再纳入指数，基本价值回归得差不多了，对指数拖累也小了。当然，这对于新股发行有一定影响，暂时不计入指数，那么指数基金的跟踪就没有那么迫切，会失去不少基金的被动买入，所以对于新股发行不利，甚至有可能打破新股不败的神话。

在科创板推出整整 1 年的时候，调整上证指数和发布科创 50，具有重大纪念意义，亦有现实的考虑。对于科创 50，因为经过长达 1 年时间的市场选择，有的公司价值被发现，有的公司价值回归合理，不会出现指数一发布即暴涨暴跌的情形。

此次上证指数调整，加之此前科创板创立、创业板注册制等一系列的资本市场的改革，将为未来股权时代打下最坚实的制度基础。未来，中国经济的产业升级，需要更大比例的直接融资，也更需要活跃的、健康的资本市场。

制度越发成熟，A 股越值得期待。

资料来源：上证指数大改革，剑指何方？［EB/OL］.（2020－06－20）. https：//finance. sina. com. cn/roll/2020－06－20/doc－iircuyvi9565339. shtml.

知识拓展2-5

即测即练

任务2-3

技能训练

1. 研判今日大盘指数图，说明委比、量比、振幅、内盘、外盘等值的分析要点。

2. 指数图中，白线、黄线的内涵是什么？二者的这种排列关系有哪些分析要点？

任务2-4　掌握股票投资基本分析

情境导入

在股票市场中，投资者通过买卖股票实现资本的增值。股票价格反映了市场对公司未来盈利能力的预期。如何找到那些具有长期增长潜力的股票呢？这就需要我们掌握并运用股票投资的基本分析方法。

在股票投资中，基本分析方法主要包括宏观经济分析、行业分析和公司分析。宏观经济分析关注国家经济政策、经济指标等宏观因素，以判断市场整体走势；行业分析则着眼于行业生命周期、竞争格局等因素，挖掘具有发展潜力的行业；公司分析则关注公司的财务状况、管理团队、市场份额等，以评估公司的长期价值。掌握好股票投资的基本分析方法对于投资者制定正确策略和提高市场敏感度具有重要意义。通过深入研究和分析，投资者可以更好地识别市场机会和风险，从而实现资本的长期增值。

知识目标

1. 了解基本面分析的内容。
2. 掌握宏观经济分析的内容。
3. 掌握行业分析的内容。
4. 掌握公司分析的内容。

能力目标

能对买入的股票从宏观经济、行业、公司做基本面分析。

思政目标

1. 培养学生扎根中国大地，了解国情民情的职业情怀。
2. 引导学生关注中国资本市场现实问题，寻找中国方案。

建议学时

8学时。

知识储备

一、认识基本面分析

股票投资基本面分析在整个投资分析方法体系中占有十分重要的地位。通过股票投资的基本面分析，投资者能够比较清楚地把握影响证券行情波动的宏观及微观层次的各种因素，从而为作出正确的投资决策提供重要的参考依据。

（一）基本面分析的含义及特点

1. 基本面分析的含义

基本面分析又称基本分析，是指投资者根据经济学、金融学、会计学及管理学原理，对决定证券价值及价格的基本要素，如宏观经济指标、经济政策走势、行业发展状况、产品市场态势、公司销售和财务状况等进行分析，以预测证券市场走势、评估证券投资价值、提出投资建议的一种分析方法。

2. 基本面分析的特点

基本面分析具有以下三个特点。

（1）它以价值分析为基础，研究证券价格变化的原因，对证券市场中长期前景预测有很大帮助。

（2）相对于技术分析、心理分析和学术分析来说，它是投资界的主流分析方法和派别，是其他分析方法的基础和前提，也是一种最简单，同时也最重要的分析方法。

（3）它对选择具体投资对象和中长期投资决策作用大，而对选择买卖时机和短期投资的决策作用不是很大。

（二）基本面分析的理论基础及内容

基本面分析的理论基础是商品价值决定商品价格，价格围绕价值上下波动。公司发行的股票也是一种商品，具有价值，它们在证券市场上的价格则以价值为依据上下波动。基本面分析包括宏观经济分析、行业分析和公司分析三个部分。

宏观经济分析主要探讨各项经济指标和经济政策对证券价格的影响。

行业分析主要研究行业所属的不同市场类型、所处的不同生命周期以及行业的业绩对于证券价格的影响。行业的发展状况对该行业上市公司的影响是巨大的，从某种意义上说，投资某个上市公司，实际上就是以某个行业为投资对象。

公司分析是基本分析的重点，无论什么样的分析报告，最终都要落实在某个公司股票价格的走势上。如果没有对发行股票的公司状况进行全面分析,就不可能准确地预测其股票价格走势。

综上所述,基本面分析是通过对影响股票价格及其变动趋势的宏观因素的研究,来评价股票总体价值,从而对股票市场、具体某只股票走势的方向作出判断。

二、宏观经济分析

在股票投资中,只有把握住一个国家整体宏观经济运行的大方向,才能把握股票市场的总体变动趋势,作出正确的投资决策;只有密切关注宏观经济因素的变化,尤其是货币政策和财政政策的变化,才能抓住买卖股票的时机。判断宏观经济运行的主要经济指标有国民经济的总量指标、投资指标、消费指标以及金融财政指标等,投资者借助这些经济运行的指标,可以判断出经济增长的前景、经济周期所处的阶段以及通货的变动。

(一) 宏观经济影响股票市场的方式

股票市场是一个国家经济发展的"晴雨表",这既表明股票市场是宏观经济的先行指标,也表明宏观经济的走向决定了股票市场的长期趋势。可以说,宏观经济因素是影响股票市场长期走势的唯一因素,其他因素可以暂时改变其中期和短期走势,但改变不了其长期走势。宏观经济影响股票市场的方式主要体现在以下几个方面。

1. 企业经济效益

无论是从长期看还是从短期看,宏观经济环境是影响公司生存、发展的最基本因素。公司的经济效益会随着宏观经济运行周期、宏观经济政策、利率水平和物价水平等宏观经济因素的变动而变动。如果宏观经济运行趋好,企业总体盈利水平提高,股票的价格自然上涨;如果政府采取强有力的宏观调控政策,紧缩银根,企业的投资和经营会受到影响,盈利下降,股票的价格就可能下跌。

2. 居民收入水平

在经济周期处于上升阶段或在提高居民收入政策的作用下,居民收入水平提高将会在一定程度上拉动消费需求,从而提高相关企业的经济效益。另外,居民收入水平提高会使他们有闲置资金进行股票投资。

3. 投资者对股价的预期

投资者对股价的预期,也就是投资者的信心,是宏观经济影响股票市场走势的重要途径。当宏观经济趋好时,投资者预期公司效益和自身的收入水平会上升,股票市场自然人气旺盛，从而推动市场平均价格走高；反之，则会令投资者对股票市场信心下降。

此外，当国家经济政策发生变化，如采取调整利率水平、实施消费信贷、征收利息税等政策，居民、单位的资金持有成本将随之变化。如利率水平的降低和征收利息税的政策，将会促使部分资金由银行储蓄变为投资，从而影响股票市场的走向。

（二）宏观经济运行对证券市场的影响

1. 国内生产总值与经济增长率

国内生产总值（GDP）是指在一国的领土范围内，本国居民和外国居民在一定时期内所生产的以市场价格表示的产品和劳务的总值，是衡量一国综合经济状况的主要指标。国内生产总值主要由最终消费支出、资本形成总额、货物和服务净出口等部分构成。在宏观经济分析中，国内生产总值指标占有非常重要的地位，具有十分广泛的用途。国内生产总值的变动与股票市场之间的变动有着密切的关系。

经济增长率也称为经济增长速度，它是反映一定时期经济发展水平变化程度的动态指标，也是反映一个国家经济是否具有活力的基本指标。从长期看，股票价格的变动与 GDP 的变化是相吻合的。但不能简单地认为 GDP 增长，股票市场走势就必将上升，实际走势有时相反。我们必须将 GDP 与经济形势结合起来进行考察。

（1）持续、稳定、高速的 GDP 增长。在这种情况下，社会总需求与总供给协调增长，经济结构逐步合理，趋于平衡，经济增长来源于需求刺激并使闲置的或利用率不高的资源得以更充分利用，从而表明经济发展势头良好。这时证券市场将基于下述原因而呈现上升走势：①伴随总体经济增长，上市公司利润持续上升，股息不断增长，企业经营环境不断改善，产销两旺，投资风险也越来越小，从而公司的股票全面得到升值，促使价格上扬。②人们对经济形势形成了良好的预期，投资积极性得以提高，从而增加了对证券的需求，促使股票价格上涨。③随着 GDP 的持续增长，国民收入和个人收入都不断提高，收入增加也将增加股票投资的需求，从而导致股票价格上涨。

（2）高通货膨胀下的 GDP 增长。当经济处于严重失衡下的高速增长时，总需求大大超过总供给，将表现为高的通货膨胀率。这是经济形势恶化的征兆，如不采取调控措施，必将导致未来的滞胀（通货膨胀与经济停滞并存）。这时经济中的各种矛盾会突出地表现出来，企业经营将面临困境，居民实际收入也将降低，因而经济增长的失衡必将导致股票市场行情下跌。①宏观调控下的 GDP 减速增长。当 GDP 呈失衡的高速增长时，政府可能采取宏观调控措施以维持经济的稳定增长，这样必然减缓 GDP 的增长速度。如果调控目标顺利实现，GDP 仍以适当的速度增长而未负增长或低增长，说明宏观调控措施十分有效，经济矛盾逐步得以缓解，并为进一步增长创造了有利条件。这时股票市场亦将反映这种好的形势而呈平稳渐升的态势。②转折性的 GDP 变动。如果 GDP 一定时期以来呈负增长，当负增长速度逐渐减缓并呈现向正增长转变的趋势时，表明恶化的经济环境逐步得到改善，股票市场走势也将由下跌转为上升。

当 GDP 由低速增长转向高速增长时，表明低速增长中，经济结构得到调整，经济的瓶颈制约得以改善，新一轮经济高速增长已经来临，股票市场亦将伴之以快速上涨之势。股票市场一般提前对 GDP 的变动作出反应。也就是说，股票市场是反映预期的 GDP 变动，而 GDP 的实际变动被公布时，股票市场只反映实际变动与预期变动的差别，因而对 GDP 变动进行分析时必须着眼于未来，这是最基本的原则。必须指出的是，以上有关 GDP 与股票市场关系的陈述对分析一国在相当长的时间内的情况比较有价值。由于影响股票市场走势的因素很多，有时一国股票市场与本国 GDP 走势在 2～5 年内都有可能出现背离。

案例分享 2-7

GDP 与股市的关系

对于 GDP 和股市的关系，"股神"巴菲特曾提出一个判断市场估值高低的原则：市场总市值与 GDP 之比的高低，反映了市场投资机会和风险度。如果所有上市公司总市值占 GDP 的比率在 70%～80% 之间，则买入股票长期而言可能会让投资者有相当不错的报酬，100% 时要警惕风险，超过 120% 时可能会发生泡沫破灭。

按照巴菲特的解释，总市值与 GDP 存在某种稳定的关联，是因为资本市场与 GDP 生产过程处于一个统一的整体中，是同一系统中的不同方面，受同一系统这个基础条件的约束，二者必须保持某种稳固的联系，否则就会使系统失衡。另外，在一定的 GDP 生产规模下，一个社会的流动资金和可用来投资的资金是一定的，当这些规模一定的资金都被吸引到资本市场后，就没有增量资金了，从而无力推升股价了，于是市场的总市值与资金的总规模形成了一种确定的联系。

中国股市也有这个规律，但是在量的层面与美国股市有明显的差异，很显然用美国的数据直接套中国是不行的。曾经有一位经济学家提供了一个一般参数：低估的位置在50%，顶点的位置应该在120%～150%，中轴位置在75%。

2024年1月17日，国家统计局发布的数据显示，2023年，国内生产总值1 260 582亿元。2023年底，沪、深总市值约76万亿元，如果按照这个数据计算，76万亿元市值对应的约126万亿元GDP，比例为60%左右，显然还不到中轴的位置。

资料来源：股市总市值与GDP的微妙关系［EB/OL］．［2024－03－17］．https：//guba. eastmoney. com/news，gssz，593417490. html？jumph5＝1.

2. 经济周期变动

经济周期一般是指经济活动沿着经济发展的总体趋势所经历的有规律的扩张和收缩，是国民总产出、总收入和总就业的波动，是国民收入或总体经济活动扩张与紧缩的交替或周期性波动变化，分为繁荣、衰退、萧条和复苏四个阶段。经济周期的四个阶段如图2－4所示。

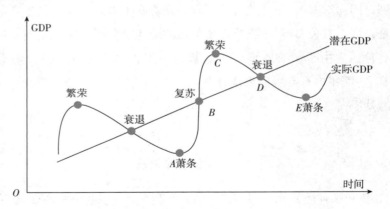

图2－4 经济周期的四个阶段

经济的周期波动直接影响整个社会的投资、生产和消费，影响上市公司的经营业绩和股市中投资者的心理预期，从而影响股价变动。经济周期对证券市场走势的影响，可以从经济周期四个阶段的运行轨迹来分析。

股票市场是一国经济状况的"晴雨表"，经济活动的变化都会在股价上显示出来，而且股价还会对可能的经济变动提前作出反应。当经济由萧条开始走向复苏乃至繁荣时，整个社会的需求扩大，这个时期的产出、价格、利率和就业不断上升，公司盈利不断提高，投资者预期良好，投资需求扩大，因此股票价格会提前上涨。相反，当经济即将进入衰退时，投资者预测生产者的利润会下降，股票收益受影响，投资信心受挫，因而股价就会领先下跌。由于股价变动要早于经济周期变动，因此，只要投资者能预测出经济周期变动，在经济萧条末期买入股票，在经济繁荣的中后期卖出股票，就可获利。这种长期性的投资操作有时比短线进出股市收获更大。

3. 通货膨胀

通货膨胀是指一般物价水平的持续上涨，它和失业一直是困扰各国政府的两个主要经济问题。通货膨胀是现代经济生活中一个较为复杂的经济现象，政府实行宏观政策来抑制通货膨胀往往需要付出一定的代价，如失业率的上升和国内生产总值的低增长等。

我们从以下方面分析通货膨胀对股价的影响。

（1）温和的通货膨胀对股价影响较小，通货膨胀在一定可容忍范围内持续，企业名义资产增值，导致股价上涨。同时，温和的通货膨胀必然伴随着经济增长，产量和就业持续增长，人们对未来预期较乐观，也会推动股价上涨。

（2）严重和恶性的通货膨胀对股价影响较大，它将导致经济被严重扭曲，货币大幅贬值，人们会囤积商品、购买房屋以期保值。此时，通货膨胀主要从两个方面影响股价：一方面，股市资金分流，引起股价下跌；另一方面，企业生产所需原材料、劳务价格及资金成本飞涨，企业经受重挫，盈利下降，股价随之下跌。

（3）严重或恶性的通货膨胀必然招致政府干预，动用某些紧缩性宏观经济政策影响经济运行，这种影响将改变资金流向和企业利润，从而影响股价。

综合来看，适度的通货膨胀对证券市场有利。通货膨胀的初期由于负债效应、税收效应和存货效应，刺激了企业利润增长，股价上涨。但是，在持续过度的通货膨胀下，企业成本增加，高价格使需求下降，企业经营状况恶化，对股市产生负面效应，股价由涨到跌。此时，政府不得不采用严厉的紧缩性宏观政策抑制通货膨胀。

4. 汇率

汇率是外汇市场上一国货币与他国货币交换的比率。一国的经济越开放，证券的国际化程度越高，则受汇率的影响越大。

汇率的变动影响进出口企业的利润并进一步影响证券市场。若企业的产品相当部分销往海外市场，当汇率提高时，则产品在海外市场的竞争力受到削弱，企业的盈利下降，股票价格下跌；若企业的某些原材料依赖进口，产品主要在国内销售，汇率提高，则会使企业进口原材料的成本降低，盈利上升，从而使该企业的股票价格趋于上涨。

汇率的变动还会影响国际资本流动，特别是短期投资。本国货币升值，货币相对贬值国的资金将向国内转移，而其中部分资金将进入股票市场，股票市场价格也可能因此而上涨；当本国货币贬值，则会引起股票市场价格下跌。

5. 利率

利率是指一定时期内利息额与借贷资金额（即本金）的比率。在证券市场上，证券价格对市场利率最为敏感，利率波动反映市场资金供求的变动状况。利率变化会影响证券市场的价格水平，引起证券收益的变动，从而影响证券投资活动。一般而言，证券价格与利率呈反方向变动，市场利率升高，证券价格便会下降；相反，市场利率下降，证券价格便会上升。

利率是决定企业资金成本高低的主要因素，也是企业筹资、投资的决定性因素。利率变化会影响企业利润，从而影响股价水平，利率上升，企业融资成本上升，利润水平会相对降低。也就是说，利率上升意味着企业资金紧张，当企业难以顺利融资时，可能会压缩原有的生产规模，使企业预期利润降低。利率下降，对企业的影响刚好相反。利率变化会影响投资者的机会成本，也会影响投资者的投资行为与储蓄行为的相互转换。

思政课堂 2-4

2023 财政收支再创新高，"国家账本"彰显民生温度

财政收支是经济发展的"晴雨表"。2024 年 2 月 1 日，国务院新闻办公室举行新闻发布会，财政部有关负责人介绍 2023 年财政收支情况，还谈到 2024 年财政重点工作、数据资产化、养老金发放、现代化产业体系建设等热点话题。

数据显示，我国一般公共预算收入突破 21 万亿元，增长 6.4%。就地方来看，东部、中部、西部、东北地区收入分别增长 6.7%、6.9%、10.7% 和 12%，31 个省份财政收入全部实现正增长。2023 年是全面贯彻党的二十大精神的开局之年，也是疫情后经济恢复发展的一年。财政部副部长王东伟表示，一年来，财政部门加大财政宏观调整力度，扎实实施积极的财政政策，促进经济回升向好和高质量发展。

数据显示，2023 年，财政收入保持恢复性增长态势，财政支出持续加力。具体来看，2022 年年初，财政赤字率按 3% 安排。同时，为支持灾后恢复重建和提升防灾减灾救灾能力，2022 年四季度增发 1 万亿元国债，全部通过转移支付安排给地方。2023 年，我国一般公共预算支出 27.46 万亿元，增长 5.4%。社会保障和就业、教育、科学技术、农林水、城乡社区等重点支出领域保障有力。

不仅如此，2023 年，减税降费政策继续优化完善，进一步降低经营主体税费负

担，精准支持制造业等实体经济高质量发展。全年新增减税降费及退税缓费超过2.2万亿元。

从专项债政策来看，2023年安排地方政府专项债券资金3.8万亿元，优先支持成熟度高的项目和在建项目，同时加强专项债的发行和使用，有力推动了一批交通、水利、能源等利当前惠长远的重大项目建设。

从防范风险来看，2023年推动制订一揽子化债方案，加大对地方转移支付力度，底线进一步筑牢。

"2024年，我国经济回升向好、长期向好的基本趋势没有改变。"王东伟介绍，从财政收入看，宏观调控政策效应持续释放，高质量发展扎实推进，将为财政收入增长奠定坚实基础，财政收入将会继续恢复性增长。从财政支出看，将继续保持必要强度，对地方的转移支付也将保持一定规模。

资料来源：任妍. 2023财政收支再创新高"国家账本"彰显民生温度［EB/OL］.［2024－02－06］. https：//baijiahao. baidu. com/s？id = 1789749221838856792&wfr = spider&for = pc.

思政感悟：2024年，财政部将继续发挥好财政资金的带动引领作用，发挥好政府投资基金的增信撬动作用，支持战略性新兴产业加快发展壮大，促进传统产业加快转型升级，推动产业新赛道加快培育开拓，有力有效服务现代化产业体系建设。

（三）宏观经济政策对股票市场的影响

1. 财政政策

财政政策是当代市场经济条件下国家干预经济、与货币政策并重的一项手段，主要包括国家预算、税收、国债、财政补贴、财政管理体制、转移支付制度等。这些手段可以单独使用，也可以协调使用。

财政政策分为扩张性财政政策、紧缩性财政政策和中性财政政策。实施扩张性财政政策时，政府积极投资于能源、交通、住宅等建设，从而刺激相关产业如水泥、钢材、机械等行业的发展。实施紧缩性财政政策时，政府财政除保证各种行政与国防开支外，并不从事大规模的投资。如果政府以发行公债方式增加投资的话，对经济的影响就更为深远。总的来说，紧缩性财政政策将使过热的经济受到控制，股票市场也将走弱，因为这预示着未来经济减速增长或走向衰退；而扩张性财政政策将刺激经济发展，股票市场则将走强，因为这预示着未来经济加速增长或进入繁荣阶段。具体而言，实施扩张性财政政策对证券市场的影响如下。

（1）减少税收，降低税率，扩大减免税范围。其政策的经济效应是：增加微观经济主体的收入，以刺激它们的投资需求和消费支出，从而使企业扩大生产规模，增加利润；利润增加，又将促进股票价格上涨。

（2）扩大财政支出，加大财政赤字。其政策的经济效应是：扩大社会总需求，从而刺激投资，扩大就业。政府通过购买和公共支出，增加对商品和劳务的需求，激励企业增加投入，提高产出水平，于是企业利润增加，经营风险降低，将使股票价格和债券价格上升。同时，居民在经济复苏中增强了收入，持有货币增加，经济景气的趋势更增强了投资者的信心，股票市场趋于活跃，价格自然上扬。特别是与政府购买和支出相关的企业将最先、最直接从财政政策中获益，有关企业的股票价格和债券价格将率先上涨。但过度使用此项政策，财政收支出现巨额赤字时，虽然进一步扩大了需求，但却进而增加了经济的不稳定因素。通货膨胀加剧，物价上涨，有可能使投资者对经济的预期不乐观，反而造成股价下跌。

（3）减少国债发行（或回购部分短期国债）。国债是证券市场上重要的交易券种，国债发行规模的缩小使市场供给量减少，从而对证券市场原有的供需平衡产生影响，导致更多的资金转向股票，推动股票市场上扬。

紧缩性财政政策的经济效应及其对证券市场的影响与上述情况相反。

2. 货币政策

货币政策，是指政府为实现一定的宏观经济目标所制定的关于货币供应和货币流通组织管理的基本方针和基本准则。中央银行为实现货币政策目标所采用的政策手段称为货币政策工具，一般有法定存款准备金率、再贴现政策、公开市场业务。

中央银行的货币政策对股票市场的影响，可以从以下三个方面进行分析。

（1）利率。一般来说，利率下降时，股票价格就上升；而利率上升时，股票价格就下降，原因如下：①利率是计算股票内在投资价值的重要依据之一。当利率上升时，同一股票的内在投资价值下降，从而导致股票价格下跌；反之，则股价上升。②利率水平的变动直接影响到公司的融资成本，从而影响股票价格。利率降低，可以降低公司的利息负担，增加公司盈利，股票价格也将随之上升；相反，利率上升，股票价格下跌。③利率降低，部分投资者将把储蓄投资转成股票投资，需求增加，促成股价上升；相反，若利率上升，一部分资金将会从证券市场转向银行存款，致使股价下降。

（2）中央银行的公开市场业务。当政府倾向于实施较为宽松的货币政策时，中央银行就会大量购进有价证券，从而使市场上货币供给量增加。这会推动利率下调，资金成本降低，从而企业和个人的投资和消费热情高涨，生产扩张，利润增加，这又会推动股票价格上涨；反之，股票价格将下跌。

（3）调节货币供应量。中央银行可以通过法定存款准备金率和再贴现政策调节货币供应量，从而影响货币市场和资本市场的资金供求，进而影响股票市场。如果中央银行提高法定存款准备金率，这在很大程度上限制了商业银行体系创造派生存款的能力，就等于冻结了一部分商业银行的超额准备金。由于法定存款准备金率对应着数额庞大的存款总量，并通过货币乘数的作用使货币供应量更大幅度减少，股票市场价格便趋于下跌。同样，如果中央银行提高再贴现率，对再贴现资格加以严格审查，商业银行资金成本增加，市场贴现利率上升，社会信用收缩，证券市场的资金供应减少，也会使股票市场行情走势趋软。相反，如果中央银行降低法定存款准备金率或降低再贴现率，通常都会导致股票市场行情上扬。

（四）非经济因素对股票市场的影响

1. 政治因素对股票市场的影响

在现代社会中，政治与经济息息相关。影响股价变动的政治因素主要有政权更替、对外关系变化、战争爆发、政策变动以及国际政治的重大变化等。

经济发展固然有利于政局稳定，但政局的变动对经济发展也有不容忽视的影响。一国政局稳定有利于股票市场的平稳发展，股票价格免受突发因素的打击。相反，一国政局不稳，如发生内乱，人们就会对该国经济失去信心，大量抛售该国股票，股票市场价格就会大跌。即使没有明显的内乱，政局的频繁变动，也会影响投资者对该国股票市场的预期收益。在美国，每四年一次的总统选举，显示出股票市场每四年一次循环的投资机会。人们考虑到总统上任初期可能会改变政策，于是他们对这种政策改变是否有利于股市的预测使得选举年股价往往大幅波动。

2. 灾害因素对股票市场的影响

自然灾害如同战争一样，都会造成巨大的损失，破坏正常的经济秩序，导致上市公司收益的大幅度下降；同时，为了减少和弥补灾害的损失，国家和企业难免超额预算支出，灾害一经发生，股票市场价格的下挫往往与灾害的严重程度的持续时间同步。一般而言，灾害引发的股票市场动荡只影响受灾国和地区的股票市场，而不会波及全球。有时由于受灾国和地区需求扩大的刺激，非受灾国和地区的上市公司也会因为进入灾后复兴阶段而收益增加，尤其是与生产生活恢复密切相关的建筑材料、药品行业等上市公司的股票会事先受到投资者的追捧，其股价会明显上升。

3. 社会心理因素对股票市场的影响

社会心理因素，即投资者的心理变化，其对股票市场有很大的影响。社会心理因素对股票价格变动的影响主要表现为：如果投资者对某种股票的市场行情过分悲观，就会不顾上市公司的盈利状况而大量抛售手中的股票，导致股票价格下跌。有时投资者对股市行情吃不透、看不准，股价就会进入盘整期。

在股票交易市场，很多投资者存在盲目跟风心理，即投资者在信息环境不确定的情况下，行为受到其他投资者的影响，模仿他人决策，或者过度依赖舆论而不考虑信息真伪的行为。原因是投资者求利心切、怕吃亏，这种心理状况往往被一些机构投资者或大投机者利用，从而引起股价上涨或下跌的剧烈波动。在消费者购买商品或者政治选举投票中，人们的决策常常趋向一致，即产生羊群行为。

一个成功的股票投资者，除了要有足够的实践经验和丰富的股票市场知识外，还需要具有良好的心理素质、稳定的心理机能和抵抗外部干扰的能力。

阅读延伸 2-4

<hr>

股市中的羊群效应

羊群效应是很早投资里的一个术语，主要表达的意思是学习模仿别人，因此，羊群效应就是比喻人都有一种从众心理，从众心理很容易导致盲从，而盲从往往会陷入骗局或遭到失败。

股票市场的虚拟性、交易的便捷性以及股票市场的不稳定性让市场投资者不能在股票市场的投资判断决策中趋于理性，也让羊群效应在股市中反映得更为充分。

在股票投资市场中，形成羊群效应的表现是个人投资者的能量迅速集聚起来，追涨时信心百倍、蜂拥而至。当大盘跳水时，恐慌开始体现为连锁反应，人们在恐慌中逃离。跳水时量可以放大很正常，只是这时容易将股票杀在地板价上。

正如巴菲特所言："在别人贪婪的时候恐惧，在别人恐惧的时候贪婪。"这句话所有在金融市场的人都熟悉，但又有几个能够做到在情绪激昂或者悲观绝望的时候冷静判断呢？

三、行业分析

行业是指从事国民经济中同性质的生产或其他经济社会活动类似的经营单位和个体等构成的组织体系，如林业、汽车业、银行业、房地产业等。行业分析是对上市公司进行分析的前提，也是连接宏观经济分析和上市公司分析的桥梁，是基本面分析的重要环节。行业有自己特定的生命周期和市场结构。处在生命周期不同发展阶段与市场结构的行业，其投资价值不一样。在国民经济中具有不同地位的行业，其投资价值也不一样。公司的投资价值可能会由于所处行业不同而有明显差异。因此，行业是决定公司投资价值的重要因素之一。

（一）行业的划分

1. 道琼斯分类法

道琼斯分类法是在 19 世纪末为选取在纽约证券交易所上市的有代表性的股票而对各公司进行的分类，是证券指数统计中最常用的分类法之一。

道琼斯分类法将大多数股票分为三类：工业、运输业和公用事业，然后选取有代表性的股票。虽然入选的股票并不涵盖这类行业中的全部股票，但这些股票足以表明行业的一种趋势。

在道琼斯指数中，工业类股票取自工业部门的 30 家公司，包括采掘业、制造业和商业；运输业类股票取自 20 家交通运输业公司，包括航空、铁路、汽车运输与航运业；公用事业类股票取自 6 家公用事业公司，主要包括电话公司、煤气公司和电力公司等。

2. 我国上市公司的行业分类

为规范上市公司行业分类方法，中国证监会颁布了《上市公司行业分类指引（2012 年修订）》（以下简称《指引》）。《指引》将上市公司按二级分类，分别列入 19 个门类及 90 个大类。我国上市公司行业分类见表 2-8。

表 2-8　我国上市公司行业分类

A 农、林、牧、渔业	K 房地产业
B 采矿业	L 租赁和商务服务业
C 制造业	M 科学研究和技术服务业
D 电力、热力、燃气及水生产和供应业	N 水利、环境和公共设施管理业
E 建筑业	O 居民服务、修理和其他服务业
F 批发和零售业	P 教育
G 交通运输、仓储和邮政业	Q 卫生和社会工作
H 住宿和餐饮业	R 文化、体育和娱乐业
I 信息传输、软件和信息技术服务业	S 综合
J 金融业	

（二）行业的一般特征分析

1. 行业的市场结构分析

根据国民经济各行业中的企业数量、产品差异程度、控制价格力和进入难易程度，各种行业可以划分为四种市场结构类型，即完全竞争、垄断竞争、寡头垄断和完全垄断。行业市场结构类型见表2-9。

表2-9　行业市场结构类型

市场结构	企业数量	产品差异程度	控制价格力	进入难易程度	典型行业
完全竞争	很多	同质或相同	没有	很容易	农业、商业
垄断竞争	较多	有一定差异	较低	较容易	轻工行业
寡头垄断	少数	同质或差别小	较高	不容易	重工行业
完全垄断	独家	独特产品	很高	不可能	公用事业、邮电通信

（1）完全竞争。完全竞争型市场是指竞争不受任何阻碍和干扰的市场结构。其特点是：①生产者众多，各种生产资料可以完全流动。②产品不论是有形的或无形的，都是同质的、无差别的。③没有一个企业能够影响产品的价格，企业永远是价格的接受者而不是价格的制定者。④企业的盈利基本上由市场对产品的需求来决定。⑤生产者可自由进入或退出这个市场。⑥市场信息对买卖双方都是畅通的，生产者和消费者对市场情况非常了解。

从上述特点可以看出，完全竞争是一个理论上的假设，该市场结构得以形成的根本原因在于企业产品的无差异，所有的企业都无法控制产品的市场价格。在现实经济中，完全竞争的市场类型是少见的，初级产品（如农产品）的市场类型较类似于完全竞争。

（2）垄断竞争。垄断竞争型市场是指既有垄断又有竞争的市场结构。在垄断竞争型市场上，每家企业都具有一定的垄断力，但它们之间又存在激烈的竞争。其特点是：①生产者较多，各种生产资料可以流动。②生产的产品同种但不同质，即产品之间存在着差异。产品的差异性是指各种产品之间存在着实际或想象上的差异。这是垄断竞争与完全竞争的主要区别。③由于产品差异性的存在，生产者可以树立自己产品的信誉，从而对其产品的价格有一定的控制能力。

可以看出，垄断竞争型市场中有大量企业，但没有一个企业能有效影响其他企业的行为。该市场结构中，造成垄断现象的原因是产品差别；造成竞争现象的是产品同质，即产品的可替代性。在国民经济各行业中，制成品（如纺织服装等轻工业产品）的市场类型一般都属于垄断竞争。

（3）寡头垄断。寡头垄断型市场是指相对少量的生产者在某种产品的生产中占据很大市场份额，从而控制了这个行业的供给的市场结构。该市场结构得以形成的原因有：①这类行业初始投入资本较大，阻止了大量中小企业的进入。②这类产品只有在大规模生产时才能获得好的效益，这就会在竞争中自然淘汰大量的中小企业。在寡头垄断市场上，由于这些少数生产者的产量非常大，因此它们对市场的价格和交易具有一定的垄断能力。同时由于只有少量的生产者生产同一种产品，因而每个生产者的价格政策和经营方式及其变化都会对其他生产者产生重要的影响。

在这个市场上，通常存在一个起领导作用的企业，其他企业跟随该企业定价与经营方式的变化而相应进行某些调整。资本密集型、技术密集型产品（如钢铁、汽车等重工业）以及少数储量集中的矿产品（如石油等）的市场多属于这种类型。因为生产这些产品所必需的巨额投资、复杂的技术或产品储量的分布限制了新企业的进入。

（4）完全垄断。完全垄断型市场是指独家企业生产某种特质产品的情形，即整个行业的市场完全处于一家企业所控制的市场结构。特质产品是指那些没有或缺少相近的替代品的产品。完全垄断型市场结构形成的原因主要是市场被独家企业所控制，其他企业不可以或不可能进入该行业，或产品没有或缺少相近的替代品。

在当前的现实生活中没有真正的完全垄断型市场，每个行业都或多或少地引进了竞争。公用事业（如电力、煤气、自来水和邮电通信等）和某些资本技术高度密集型或稀有金属矿藏的开采等行业属于接近完全垄断的市场类型。

事实上，完全竞争和完全垄断是两种极端类型。现实经济中，绝大多数行业应属于垄断竞争或者寡头垄断的市场类型。一般而言，行业竞争程度越高，其产品价格和企业利润越受市场供求影响，投资风险越大；相反，行业垄断程度越高，其产品价格和企业利润越受企业自身和政府控制，投资风险相对较小。投资者应选择竞争程度低的行业进行投资，因为垄断型公司在行业中处于领先地位，能获取垄断利润，而新的竞争者很容易进入的行业，往往由于过度竞争而过早成熟并衰退。

2. 经济周期与行业分析

经济周期的变化不可避免地会对行业的发展产生影响，但这一影响对不同的行业作用是不一样的。根据经济周期与行业发展的相互关系，可将行业分为三类。

（1）增长型行业。增长型行业的运行状态与经济活动总水平的周期及其振幅并不紧密相关。这些行业收入增长的速率不随经济周期的变动而出现同步变动；或者是这些行业受经济周期的影响，但其行业的增幅足以抵消经济波动的衰退幅度。因为它们主要依靠技术的进步、新产品的推出及更优质的服务，而使其经常呈现出增长形态。增长型行业能创造大量的社会需求，这种社会需求可能在几年甚至几十年中不断存在并增长着。

投资者对高增长的行业十分感兴趣，主要是因为这些行业对经济周期性波动来说，提供了一种财富套期保值的手段。在经济高涨时，高增长行业的发展速度通常高于平均水平；在经济衰退时期，其所受影响较小甚至仍能保持一定的增长。然而，这种行业增长的形态却使得投资者难以把握精确的购买时机，因为这些行业的股票价格不会明显地随着经济周期的变化而变化。

（2）周期型行业。周期性行业的运行状态与经济周期紧密相关。当经济处于上升时期，这些行业会紧随其扩张；当经济衰退时，这些行业也相应衰落，且该类型行业收益的变化幅度往往会在一定程度上夸大经济的周期性。

产生这种现象的原因是，这些行业的产品，需求的收入弹性较大，经济波动通过收入水平的变动必然反映到产品的需求上来，进而对行业产生影响。当经济上升时，对这些行业相关产品的购买相应增加；当经济衰退时，这些行业相关产品的购买被延迟到经济改善之后。例如，珠宝行业、消费品业、耐用品制造业及其他需求收入弹性较高的行业，就属于典型的周期性行业。

（3）防守型行业。防守型行业又称防御型行业，是指那些在经济波动中，需求起伏不大的行业。这种运动形态的存在是因为该类型行业的产品需求相对稳定，需求弹性小，即使经济周期处于衰退阶段，对这种行业的影响也比较小。甚至有些防守型行业在经济衰退时期还会有一定的实际增长。

该类型行业的产品往往是生活必需品或是必要的公共服务，公众对其产品有相对稳定的需求，因而行业中有代表性的公司盈利水平相对较稳定。例如，食品业和公用事业就属于防守型行业。也正是由于这个原因，投资于防守型行业一般属于保守的收入型投资，而非投机的资本利得型投资。这种投资在经济衰退时收入并不会有太大的降低，而在经济高涨时，收入也不会随之高涨，收入的稳定、价格的稳定使投资这些股票难以获得相对大的价差收益。

3. 行业的生命周期分析

通常，每个行业都要经历一个由成长到衰退的发展过程。这个过程便称为行业的生命周期。一般来说，行业的生命周期可分为初创期、成长期、成熟期和衰退期，如图 2-5 所示。

一个行业在生命周期的不同阶段会表现出不同的特点。行业生命周期不同阶段分析见表 2-10。

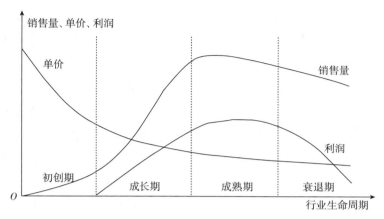

图 2-5　行业生命周期

表 2-10　行业生命周期不同阶段分析

项目	初创期	成长期	成熟期	衰退期
企业数量	少	增加	减少	少
利润	从亏损到逐步提高	增加	从高到下降	从减少到亏损
风险	高	高	降低	低
风险形态	技术风险、市场风险	市场风险、管理风险	管理风险	生存风险
股价	变动大	不断上升	开始下降	较低

（1）初创期。在这一阶段，由于新行业刚刚诞生或初建不久，只有为数不多的投资公司投资于这个新兴的行业。另外，创业公司的研究和开发费用较高，而大众对其产品尚缺乏全面了解，致使产品市场需求狭小，销售收入较低，因此这些创业公司财务上可能不但没有盈利，反而出现较大亏损。同时，较高的产品成本和价格与较小的市场需求之间的矛盾使得创业公司面临很大的市场风险，甚至还可能因财务困难而破产。因此，这类企业更适合投机者和创业投资者。

在初创期后期，随着行业生产技术的成熟、生产成本的降低和市场需求的扩大，新行业便逐步由高风险、低收益的初创期迈入高风险、高收益的成长期。

（2）成长期。行业的成长实际上就是行业的扩大再生产。在这一阶段，新行业的产品逐步赢得了消费者的偏好，需求上升，行业随之扩张。由于市场前景看好，新厂商不断加入该行业，竞争加剧。生产厂商不能单纯地依靠扩大生产来增加收益，必须通过提高生产技术、降低成本、研制开发新产品来争取竞争优势。在这一阶段，虽然新行业的利润增长很快，但是其面临的竞争风险也在加大，因此这一阶段有时被称为投资机会期。这一时期企业的利润虽然增长很快，但所面临的竞争风险也非常大，破产率与被兼并率相当高。由于市场竞争优胜劣汰规律的作用，市场上生产厂商的数量会在一个阶段后出现大幅度减少，之后开始逐渐稳定下来。由于市场需求趋向饱和，产品的销售增长率降低，迅速赚取利润的机会减少，整个行业便开始进入成熟期。

（3）成熟期。行业成熟表现在四个方面：①产品的成熟。产品的成熟是行业成熟的标志。产品的基本性能、式样、功能、规格、结构都趋向成熟，且已经被消费者习惯使用。②技术上的成熟。行业内企业普遍采用的是适用的且至少有一定先进性、稳定性的技术。③生产工艺的成熟。④产业组织上的成熟。也就是说，行业内企业间建立起了良好的分工协作关系，市场竞争是有效的，市场运作规则合理，市场结构稳定。

这一阶段是行业发展的高峰期，通常持续较长时间。进入成熟期的行业，其市场已被少数资本雄厚、技术先进的大厂商控制，在竞争中生存下来的少数大厂商瓜分了整个行业的市场份额，且市场份额比例变化程度很小，新厂商难以进入该行业，因此行业风险较小。厂商的竞争手段逐渐从价格手段转向各种非价格手段，如提高产品质量、改善性能和加强售后服务等。

（4）衰退期。经过较长时间的稳定发展后，社会上又会有新的技术和新的行业出现，消费者偏好逐渐转移，原行业的市场需求量逐渐降低，产品的销售量也因替代品的出现而降低，价格下降，利润额也会低于其他行业平均水平。此时，某些厂商开始向其他更有利可图的行业转移资金，至此，整个行业便进入生命周期的最后阶段。在衰退期里，厂商数目逐渐减少，市场不断萎缩，利润下降。当正常利润无法维持时，或者当现有投资折旧收回之后，整个行业便逐渐解体。

但在很多情况下，行业的衰退期往往比行业生命周期的其他三个阶段的总和还要长，大量的行业都是衰而不亡，甚至会与人类社会长期共存。例如，钢铁业、纺织业在衰退，但是人们却看不到它们的消亡。烟草业更是如此，难有终期。

综上所述，处于不同行业生命周期阶段的企业，所发行的股票的投资收益和投资风险存在很大差异。投资者要善于跟踪考察行业的发展趋势，对各行业的未来前景作出合理判断，同时根据自己对收益的偏好和对风险的厌恶程度，选择适合的投资对象。例如，收益型的投资者，可选择处于成熟期的行业，因为这些行业基础稳定，盈利丰厚，市场风险相对较小。

上述关于行业生命周期四个阶段的分析只是对行业发展共性的一种描述，它并不适用于所有行业的情况。投资者在判断某个行业所处的生命周期时，还可考察行业规模、产出增长率、利润率水平、技术成熟程度、资本的投入和退出等因素。同时，一个行业的兴衰会受到技术进步、产业政策、产业组织创新、社会习惯改变、经济全球化等因素的影响。

思政课堂 2-5

比亚迪：新能源行业中穿越牛熊的代表

"技术为王 创新为本"是比亚迪的核心发展理念。在全球，平均每一个工作日比亚迪就申请11件专利，每天授权9件专利。在新能源汽车领域，比亚迪是首个获得专利金奖的企业，专利数稳居中国新能源汽车品牌榜首。

目前，比亚迪已经覆盖四大产业群，除了汽车，还拥有电子、新能源、轨道交通产业。比亚迪电子产业具有世界级的产品研发、设计和制造能力，其是全球唯一一家能够大规模提供全系列结构件及整机设计制造解决方案的厂商。比亚迪新能源产业，则致力于全方位构建零排放的新能源整体解决方案。

比亚迪紧跟国家大政方针，积极推进"碳达峰、碳中和"的发展目标，自2022年3月起停止燃油车的整车生产，成为首家宣布停产燃油车的企业。

资料来源：比亚迪品牌及公关事业部总经理助理罗昊：比亚迪以技术创新坚守绿色梦想［EB/OL］. (2022-11-25). https：//www. 163. com/dy/article/HN1GETVJ0519QIKK. html.

思政感悟：科技兴则民族兴，科技强则国家强。技术创新是上市企业在资本市场上不断成长、回报投资人、成为行业领跑者的关键。创新也是一个国家、一个民族发展的重要力量，上市企业只有掌握了自主知识产权和核心技术才能实现长远、长效发展。

四、公司分析

公司分析是证券投资基本面分析的核心。前一部分所说的行业分析，使投资者在大的经济环境中对众多的行业进行甄别。但是，每一个行业内的不同企业，在经营规模、市场实力、经营能力、盈利状况等诸多方面存在巨大的差异。因此，还需要将前述的宏观经济分析与行业分析落实到对具体企业的分析上。对拟投资对象的背景资料、业务资料、财务资料进行分析，从整体上，多角度地了解企业，从而选择最适合的投资对象，以期获得最高的投资收益。

（一）公司基本分析

1. 公司行业地位分析

公司行业地位分析的目的是判断公司在所处行业中的竞争地位，如是否为领导企业、在价格上是否具有影响力、是否有竞争优势等。在大多数行业中，无论其行业平均盈利能力如何，总有一些企业比其他企业具有更强的获利能力。企业的行业地位决定了其盈利能力是高于还是低于行业平均水平，以及其在行业内的竞争地位。衡量公司行业地位的主要指标有以下几个。

（1）年销售额及其增长率。一般来说，年销售额越大，表明公司的竞争地位越高。销售额在整个行业中占前几名的公司，通常被称为主导型公司。主管部门和新闻媒体一般每年都要按公司销售额或营业额对企业排列名次，如全球 500 家大公司排名、全国最大的 500 家工业企业、全国最大的 100 家商业企业等。投资者可通过对公司排名情况的了解确定主导型公司。

销售额年增长率是个相对指标，只有具有相当规模又能长期保持销售额迅速增长的公司才能长期保持在本行业中的主导地位，才是真正具有竞争实力的公司。投资者可将其与同行业的其他公司相比较，或是与整个行业的平均增长率相比较，或是与国民生产总值、国内生产总值、国民收入、人均收入等国民经济指标的增长率相比，来判断是否属于成长型公司和具有发展潜力的公司。

（2）市场占有率。市场占有率说明公司在行业中所处的地位。市场占有率越高，公司对市场的影响力越大，公司竞争能力越强。同时，市场占有率的变化动态地反映了公司竞争能力的强弱。市场占有率提高，说明公司的竞争优势增强；相反，市场占有率降低，说明公司的竞争优势削弱。此外，在分析市场占有率时，应结合年销售额分析。例如，当整个行业处于衰退期时，产品需求降低，年销售额锐减，不少公司陆续退出该行业，这时市场占有率的提高就变得毫无意义了。

（3）盈利能力及其增长性分析。一般而言，在其他条件不变的前提下，随着销售额的上升，公司盈利也会增加；如果销售额是既定的，则成本费用的下降也会引起公司盈利增加，只有具有较强盈利能力的公司才能具有较强的竞争能力。在分析盈利能力时，应剔除影响公司盈利的偶然因素和临时因素，尽可能准确地衡量公司在正常情况下的盈利能力，并据此来预测公司未来盈利的变动趋势。

2. 公司产品分析

（1）产品的竞争能力。①成本优势。成本优势是指公司的产品依靠低成本获得高于同行业其他企业的盈利能力。在很多行业中，成本优势是决定竞争优势的关键因素，理想的成本优势往往成为同行业价格竞争的抑制力。成本优势的来源各不相同，并取决于行业结构。一般来讲，产品的成本优势可以通过规模效益、专有技术、优惠的原材料、低廉的劳动力、科学的管理、发达的营销网络等实现。其中，由资本的集中程度决定的规模效益是决定产品生产成本的基本因素。当公司达到一定的资本投入或生产能力时，根据规模经济的理论，公司生产成本和管理费用将会得到有效降低。②技术优势。技术优势是指公司拥有的比同行业其他竞争对手更强的技术实力及其研究与开发新产品的能力。这种能力主要体现在生产的技术水平和产品的技术含量上，在现代经济中，公司研究与开发新产品的能力是决定公司竞争成败的关键因素，因此，公司一般都需要确定占有销售额一定比例的用于研究与开发的费用。这一比例的高低往往能决定公司的新产品开发能力。③质量优势。质量优势是指公司的产品质量高于其他公司同类产品的质量，从而取得竞争优势。由于公司技术能力及管理等诸多因素的差别，不同公司相同产品的质量是有差别的。消费者在进行购买选择时，产品的质量始终是影响他们购买倾向的一个重要因素。

（2）产品的市场占有情况。产品的市场占有情况在衡量公司产品竞争力方面占有重要地位，通常可以从两个方面进行考察：其一，公司产品销售市场的地域分布情况。从这一角度可将公司的销售市场划分为地区型、全国型和世界范围型。市场地域的范围能估计一个公司的经营能力和实力。其二，公司产品在同类产品市场上的占有率。市场占有率是对公司实力和经营能力较精确的估计。市场占有率是指一个公司产品销售量占该类产品整个市场销售总量的比例。市场占有率越高，表示公司经营能力和竞争力越强，公司销售和利润水平越高、越稳定。

（3）产品的品牌战略。品牌是一个商品名称和商标的总称，可以用来辨别卖方货物或劳务，以便和竞争者的产品相区别。一个品牌不仅是一种产品的标识，而且是产品质量、性能、满足消费者效用、可靠程度的综合体现。品牌竞争是产品竞争的深化和延伸，当产业发展进入成熟阶段，产业间竞争充分展开时，品牌就成为产品及企业竞争力的一个越来越重要的因素。

3. 公司成长性分析

（1）经营战略分析。经营战略是企业面对激烈的市场竞争环境，为求得长期生存和不断发展而对企业从事的经营范围、成长方向和竞争对策进行的总体性谋划，它是企业战略思想的集中体现，是在符合和保证实现企业使命的条件下，在充分利用环境中存在的各种机会和创新机会的基础上，确定企业同环境的关系。经营战略具有全局性、长远性和纲领性的特征，从宏观上确定了公司的成长方向、成长速度及其显现方式。

（2）公司规模变动特征及扩张潜力分析。公司规模变动特征和扩张潜力一般与其所处的行业发展阶段、市场结构、经营战略密切相关，它们从微观方面具体考察公司的成长性，可以从以下几个方面进行分析：①分析公司规模扩张的动力，是由供给推动还是由市场需求拉动，是依靠技术进步还是依靠其他生产要素等，以此找出企业发展的内在规律；②纵向比较公司历年的销售、利润、资产、规模等数据，把握公司的发展趋势是加速发展、稳步扩展，还是停滞不前；③分析公司的财务状况以及公司的投资和筹资能力。

思政课堂 2-6

用高质量发展践行上市公司使命担当

党的二十大报告中指出："高质量发展是全面建设社会主义现代化国家的首要任务"，"推动经济实现质的有效提升和量的合理增长"。这为所有上市公司未来的改革发展指明了努力方向、提供了根本遵循。

对于广大上市公司来说，市场已为企业提供了足够的发展空间、成长后劲和众多机遇，既要努力成长为"大国重器"，更要成为"专精特新""隐形冠军"。作为所处行业的龙头上市公司，要不断发挥引领示范作用，弘扬工匠精神，充分认识市场、敬畏市场，按资本市场的规律办事，做到有所为有所不为，使改革发展与风控能力相匹配，奋力成为并持续担当"大国重器"。在上市公司中占比较大的中小上市公司，无论是处在产业链、价值链、供应链的哪一个环节，都应该坚持稳健经营，不片面追求经营规模最大，坚持深耕细分领域，通过一系列创新创造，为客户、为市场、为社会提供多元化、高品质的产品和专业化、个性化的服务，推动实现质的有效提升和量的合理增长，成为具有核心竞争力的"专精特新"企业，勇夺细分领域的"隐形冠军"。

来自中国上市公司协会的数据显示，2022 年前三季度，中国境内市场上市公司共实现营业收入 52.37 万亿元，同比增长 8.51%，占同期中国 GDP 的 60% 左右。可以说，目前上市公司贡献了社会财富的"半壁江山"，作为实体经济"基本盘"的地位更加巩固，做到了不负股东重托，实现了价值创造。

资料来源：用高质量发展践行上市公司使命担当［EB/OL］. （2023 - 01 - 03）. https：//www.cs.com.cn/ssgs/gsxl/202301/t20230103_ 6316785.html.

思政感悟：上市公司质量是支撑资本市场发展的支柱和基石，上市公司发展稳健向好，才会有投资价值，资本市场才能更活跃。上市公司如何用持续稳健的高质量发展落实中央要求，践行自己的使命担当，是推进中国式现代化的时代课题。

（二）公司财务分析

公司分析中最重要的是财务分析。财务分析是指以财务报表和其他资料为依据和起点，采用专门的方法，系统地分析和评价企业过去和现在的经营成果、财务状况及其变动，将大量的报表数据转换成对特定决策有用的信息，以降低决策的不确定性。

1. 财务报表分析

上市公司必须遵守财务公开的原则，定期公开自己的财务状况，提供有关财务资料，便于投资者查询。上市公司公布的财务资料，主要是一些财务报表。在这些财务报表中，最为重要的有资产负债表、利润表和现金流量表。

（1）资产负债表。资产负债表是反映企业在某一特定日期（月末、季末或年末）财务状况的会计报表，它全面反映了企业在某一时点上所持有的资产、所负的债务和所有者对净资产的要求权。

（2）利润表。利润表是反映企业在一定会计期间（如月度、季度、半年度或年度）生产经营成果的会计报表。企业在一定会计期间的经营成果既可能表现为盈利，也可能表现为亏损，因此，利润表也被称为损益表。它全面揭示了企业在某特定时期实现的各种收入、发生的各种费用或成本，以及企业实现的利润或发生的亏损情况。

（3）现金流量表。现金流量表是反映一定时期内（如月度、季度或年度）企业经营活动、投资活动和筹资活动对其现金及现金等价物所产生影响的财务报表。它详细描述了由公司的经营活动、投资活动与筹资活动所产生的现金流量。

2. 财务比率分析

财务比率是指同一张财务报表的不同项目之间、不同类别之间及同一年度不同财务报表的有关项目之间，各会计要素的相互关系。财务比率分析涉及公司管理的各个方面，比率指标也特别多，大致可归为以下几大类：变现能力分析、营运能力分析、长期偿债能力分析、盈利能力分析、投资收益分析等。

（1）变现能力分析。变现能力是公司产生现金的能力，它取决于可以在近期转变为现金的流动资产的多少，是考察公司短期偿债能力的关键。反映变现能力的财务比率主要有流动比率和速动比率。

①流动比率。流动比率是流动资产与流动负债的比值。其计算公式为

$$流动比率 = 流动资产/流动负债 \times 100\%$$

流动比率可以反映短期偿债能力。公司能否偿还短期债务，要看有多少债务，以及有多少可变现偿债的资产。流动资产越多，短期债务越少，则偿债能力越强。如果用流动资产偿还全部流动负债，公司剩余的是营运资金（流动资产－流动负债＝营运资金）。营运资金越多，说明不能偿还的风险越小。因此，营运资金的多

少可以反映偿还短期债务的能力。但是，营运资金是流动资产与流动负债之差，是个绝对数，如果公司之间规模相差很大，绝对数相比的意义很有限。而流动比率是流动资产与流动负债的比值，是个相对数，排除了公司规模不同的影响，更适合公司间以及同一公司不同历史时期的比较。一般认为，生产型公司合理的最低流动比率是2。这是因为处在流动资产中变现能力最差的存货金额，约占流动资产总额的一半，剩下的流动性较大的流动资产至少要等于流动负债，公司的短期偿债能力才会有保证。但这种认识未能从理论上得到证明，还不能成为一个统一标准。计算出来的流动比率，只有与同行业平均流动比率、本公司历史的流动比率进行比较，才能知道其是高还是低。

②速动比率。流动比率虽然可以用来评价流动资产总体的变现能力，但人们（特别是短期债权人）还希望获得比流动比率更进一步的有关变现能力的比率指标。这个指标被称为速动比率。速动比率是从流动资产中扣除存货部分，再除以流动负债。速动比率的计算公式为

$$速动比率 =（流动资产 - 存货）／流动负债 \times 100\%$$

通常认为正常的速动比率为1，低于1的速动比率被认为是短期偿债能力偏低，但这也仅是一般的看法，因为不同行业速动比率会有很大差别，没有统一标准的速动比率。例如，采用大量现金销售的商店，几乎没有应收账款，大大低于1的速动比率是很正常的。相反，一些应收账款较多的公司，速动比率可能要大于1。影响速动比率可信度的重要因素是应收账款的变现能力。账面上的应收账款不一定都能变成现金，实际坏账可能比计提的准备金要多；季节性的变化可能使报表的应收账款数额不能反映平均水平。对于这些情况，财务报表的外部使用人不易了解，而财务人员却有可能作出估计。

（2）营运能力分析。营运能力是指公司经营管理中利用资金运营的能力，主要表现为资产管理及资产利用的效率，主要包括存货周转率（存货周转天数）、应收账款周转率（应收账款周转天数）、流动资产周转率和总资产周转率等。

①存货周转率和存货周转天数。在流动资产中，存货所占的比重较大。存货的流动性将直接影响公司的流动比率，因此，必须特别重视对存货的管理分析。存货的流动性一般用存货的周转速度指标来反映，即存货周转率或存货周转天数。

存货周转率是营业成本除以平均存货得到的比率，即存货的周转次数。它是衡量和评价公司购入存货、投入生产、销售收回等各环节管理状况的综合性指标。用时间表示的存货周转率就是存货周转天数。其计算公式分别为

$$存货周转率 = 营业成本／平均存货 \times 100\%$$

$$存货周转天数 = 360/存货周转率$$

公式中的"营业成本"数据来自利润表,"平均存货"数据是资产负债表中的存货期初数与期末数的平均数。

一般来讲,存货周转速度越快,存货的占用水平越低,流动性越强,存货转换为现金或应收账款的速度越快。提高存货周转率可以提高公司的变现能力。存货周转速度越慢则变现能力越差。存货周转率(存货周转天数)指标的好坏反映存货管理水平,它不仅影响公司的短期偿债能力,也是整个公司管理的重要内容。

②应收账款周转率和应收账款周转天数。应收账款周转率是营业收入与平均应收账款的比值。它反映年度内应收账款转为现金的平均次数,说明应收账款流动的速度。应收账款周转天数也称应收账款回收期或平均收现期。它表示公司从取得应收账款的权利到收回款项转换为现金所需要的时间,是用时间表示的应收账款周转速度。

应收账款和存货一样,在流动资产中有着举足轻重的地位。及时收回应收账款,不仅能增强公司的短期偿债能力,也能反映公司管理应收账款的效率。应收账款周转率和应收账款周转天数的计算公式分别为

$$应收账款周转率 = 营业收入/平均应收账款 \times 100\%$$

$$应收账款周转天数 = 360/应收账款周转率$$

公式中的"营业收入"数据来自利润表。"平均应收账款"是指未扣除坏账准备的应收账款金额,是资产负债表中的应收账款期初数与期末数及对应坏账准备的平均数。

一般来说,应收账款周转率越高,平均收账期越短,说明应收账款的收回越快;否则,公司的营运资金会过多地滞留在应收账款上,影响正常的资金周转。影响该指标的因素有季节性经营、大量使用分期付款结算方式、大量使用现金结算的销售、年末销售的大幅度增加或下降。

这些因素都会对该指标计算结果产生较大的影响。投资者可以将计算出的指标与该公司前期、行业平均水平或其他类似公司相比较,判断该指标的高低,但仅根据指标的高低分析不出上述各种影响因素及其影响程度。

③流动资产周转率。流动资产周转率是营业收入与平均流动资产总额的比值。其计算公式为

$$流动资产周转率 = 营业收入/平均流动资产总额 \times 100\%$$

公式中的"平均流动资产总额"是流动资产总额的期初数与期末数的平均值。

流动资产周转率反映流动资产的周转速度。周转速度快,会相对节约流动资产,

等于相对扩大资产投入，增强公司盈利能力；而延缓周转速度，需要补充流动资产参加周转，形成资金浪费，降低公司盈利能力。

④总资产周转率。总资产周转率是营业收入与平均资产总额的比值。其计算公式为

$$总资产周转率 = 营业收入/平均资产总额 \times 100\%$$

公式中的"平均资产总额"是总资产的期初数与期末数的平均值。

该项指标反映资产总额的周转速度。周转越快，反映销售能力越强。公司可以通过薄利多销的方法，加速资产的周转，使利润绝对额增加。

总之，各项资产的周转指标用于衡量公司运用资产赚取收入的能力，经常和反映盈利能力的指标结合在一起使用，以全面评价公司的盈利能力。

（3）长期偿债能力分析。长期偿债能力是指公司偿付到期长期债务的能力，通常以反映债务与资产、净资产的关系的负债比率来衡量。负债比率主要包括资产负债率、产权比率、已获利息倍数等。

①资产负债率。资产负债率是负债总额除以资产总额的百分比，也就是负债总额与资产总额的比例关系。它反映在总资产中有多大比例是通过借债来筹资的，也可以衡量公司在清算时保护债权人利益的程度。其计算公式为

$$资产负债率 = 负债总额/资产总额 \times 100\%$$

公式中的"负债总额"不仅包括长期负债，还包括短期负债。这是因为，从总体上看，公司总是长期性占用短期负债，其可以视同长期性资本来源的一部分。

资产负债率反映公司偿还债务的综合能力，这个比例越高，公司偿还债务的能力越差；反之，公司偿还债务的能力越强。资产负债率为多少才合适，并没有一个确定的标准，不同行业、不同类型的公司之间有较大的差异。

从投资者的角度看，由于公司通过举债筹措的资金与股东提供的资金在经营中发挥同样的作用，所以，股东所关心的是全部资本利润率是否超过借入款项的利率，即借入资本的代价高低。在公司全部资本利润率超过因借款而支付的利息率时，股东所得到的利润就会增加；相反，如果运用全部资本所得的利润率低于借款利息率，则对股东不利，因为借入资本的多余利息要用股东所得的利润份额来弥补。因此，从股东的立场看，在全部资本利润率高于借款利息率时，负债比例越大越好；否则相反。

从债权人的角度看，他们最关心的是贷给企业的款项的安全程度。如果股东提供的资本与企业资本总额相比只占较小的比例，则企业的风险将主要由债权人负担，这对债权人是不利的。因此，他们希望债务比例越低越好，企业偿债有保证，贷款

不会有太大的风险。

不同行业的资产负债率差异很大,所以,计算结果只能与同行业的平均水平相比较。

②产权比率。产权比率是负债总额与股东权益之间的比率,也称债务股权比率。其计算公式为

$$产权比率 = 负债总额/股东权益 \times 100\%$$

该项指标反映由债权人提供的资本与股东提供的资本的相对关系,反映公司基本财务结构是否稳定。一般来说,股东资本大于借入资本较好,但也不能一概而论。例如,从股东来看,在通货膨胀加剧时期,公司多借债可以把损失和风险转嫁给债权人;在经济繁荣时期,公司多借债可以获得额外的利润;在经济萎缩时期,少借债可以降低利息负担和财务风险。产权比率高,是高风险、高报酬的财务结构;产权比率低,是低风险、低报酬的财务结构。资产负债率与产权比率具有相同的经济意义,两个指标可以相互补充。

③已获利息倍数。已获利息倍数是指公司经营业务收益与利息费用的比率,用以衡量偿付借款利息的能力,也称利息保障倍数。其计算公式为

$$已获利息倍数 = 息税前利润/利息费用$$

公式中的"息税前利润"是指利润表中未扣除利息费用和所得税的利润。它可以用利润总额加利息费用来测算。"利息费用"是指本期发生的全部应付利息,不仅包括财务费用中的利息费用,还包括计入固定资产成本的资本化利息。

要合理评价公司的已获利息倍数,不仅需要与其他公司,特别是本行业平均水平进行比较,还要从稳健性角度出发,分析、比较本公司连续几年的该项指标水平,并选择指标最低年度的数据作为标准。这是因为公司在经营好的年度要偿债,而在经营不好的年度也要偿还大约等量的债务。某一个年度利润很高,已获利息倍数就会很高,但未必能年年如此。采用指标最低年度的数据可保证最低的偿债能力。

(4)盈利能力分析。盈利能力就是公司赚取利润的能力。反映公司盈利能力的指标很多,通常使用的主要有营业净利率、营业毛利率、资产净利率、净资产收益率等。

①营业净利率。营业净利率是指净利润占营业收入的百分比。其计算公式为

$$营业净利率 = 净利润/营业收入 \times 100\%$$

该指标反映每1元营业收入带来的净利润是多少,表示营业收入的收益水平,从营业净利率的指标关系看,净利润额与营业净利率呈正比关系,而营业收入额与

营业净利率呈反比关系。

公司在增加营业收入额的同时，必须相应获得更多的净利润，才能使营业净利率保持不变或有所提高，通过分析营业净利率的升降变动，可以促使公司在扩大营业业务收入的同时，注意改进经营管理，提高盈利水平。

②营业毛利率。营业毛利率是毛利占营业收入的比率，其中，毛利是营业收入与营业成本的差。其计算公式为

$$营业毛利率 = （营业收入 - 营业成本）/营业收入 \times 100\%$$

营业毛利率表示每1元营业收入扣除营业成本后，有多少钱可以用于各项期间费用和形成盈利。营业毛利率是公司营业净利率的基础，没有足够大的毛利率便不能盈利。

③资产净利率。资产净利率是公司净利润与平均资产总额的比率。其计算公式为

$$资产净利率 = 净利润/平均资产总额 \times 100\%$$

把公司一定期间的净利润与公司的总资产相比较，可表明公司资产利用的综合效果。指标越高，表明资产的利用效率越高，说明公司在增加收入和节约资金使用等方面取得了良好的效果；否则相反。资产净利率是一个综合指标，公司的资产是由投资人投资或举债形成的，净利润的多少与公司资产总量、资产结构、经营管理水平有着密切的关系。为了正确评价公司经济效益的高低、挖掘公司提高利润水平的潜力，投资者可用该项指标与本公司前期、计划、行业平均水平和先进公司进行对比，分析形成差异的原因。影响资产净利率高低的因素主要有产品价格、单位成本、产品产量和销售数量、资金占用量的大小等。

④净资产收益率。净资产收益率是净利润与平均净资产的百分比，也称净值报酬率或权益报酬率。其计算公式为

$$净资产收益率 = 净利润/平均净资产 \times 100\%$$

净资产收益率反映公司所有者权益的投资报酬率，作为判断上市公司盈利能力的一项重要指标，一直受到证券市场参与各方的极大关注，具有很强的综合性。

（5）投资收益分析。截至2023年5月，我国上市公司总数为5 330家。投资人要想从中选出满意的股票，进行投资收益分析十分重要。投资收益分析中最重要的财务指标是每股收益、每股净资产和市盈率，证券信息机构定期公布按照这三项指标高低排序的上市公司排行榜，可见其重要性。可用来分析投资收益的指标包括下面几项。

①每股收益。每股收益是净利润与发行在外的普通股股数的比值。其计算公

式为

$$每股收益 = 净利润/发行在外的普通股股数$$

每股收益是衡量上市公司盈利能力最重要的财务指标，它反映普通股的获利水平。在分析时，可以进行公司间的比较，以评价该公司相对的盈利能力；可以进行不同时期的比较，了解该公司盈利能力的变化趋势；可以进行经营实绩和盈利预测的比较，掌握该公司的管理能力。

②每股净资产。每股净资产是股东权益与发行在外的股票总数的比值，也称为每股账面价值或每股权益。其计算公式为

$$每股净资产 = 股东权益/发行在外的股票总数$$

该指标反映发行在外的每股普通股所代表的净资产成本，即账面权益。投资分析时，只能有限地使用这个指标，因其是用历史成本计量的，既不反映净资产的变现价值，也不反映净资产的产出能力。每股净资产在理论上提供了股票的最低价值。

③市盈率。市盈率是普通股每股市价与每股收益的比率，亦称本益比。其计算公式为

$$市盈率 = 每股市价/每股收益$$

该指标反映投资者对每1元净利润所愿支付的价格，可以用来估计公司股票的投资报酬和风险，是市场对公司的共同期望指标。一般来说，市盈率越高，表明市场对公司的未来越看好。在市价确定的情况下，每股收益越高，市盈率越低，投资风险越小；反之亦然。在每股收益确定的情况下，市价越高，市盈率越高，风险越大；反之亦然。仅从市盈率高低的横向比较看，高市盈率说明公司能够获得社会信赖，具有良好的前景。在证券价格相对稳定的情况下，提高公司盈利能力，可有效降低市盈率。当然也可通过证券价格下降来降低市盈率，释放风险。

知识拓展2-6

由于多数投资者的期望报酬率为5%～20%，所以正常的市盈率为5～20倍。通常投资者要结合其他有关信息，才能运用市盈率判断股票投资价值。

④股利支付率。股利支付率是普通股净收益中股利所占的比重。它反映了公司的股利分配政策和支付股利的能力。其计算公式为

$$股利支付率 = 普通股每股股利/普通股每股净收益 \times 100\%$$

虽然低股利支付率政策有利于公司对收益的留存，有助于公司扩大投资规模，保持发展，但在资本市场上对投资者的吸引力会大大降低，进而影响公司未来的增资扩股；而高股利支付率政策有利于增强公司股票的吸引力，有助于公司在公开市

场上筹措资金，但留存收益的减少，又会给公司资金周转带来影响，加重公司财务负担。

思政课堂 2-7

中国证监会对上海 A 公司技术欺诈发行违法行为作出行政处罚

2024 年 2 月，中国证监会对上海 A 技术股份有限公司（以下简称"A 公司"）申请科创板首发上市过程中欺诈发行违法行为作出行政处罚。该案系新《证券法》实施以来，发行人在提交申报材料后、未获注册前，中国证监会查办的首例欺诈发行案件。

A 公司于 2021 年 8 月提交科创板首发上市申请。作为首发信息披露质量抽查企业，中国证监会于 2021 年 12 月对其实施现场检查，发现公司涉嫌存在虚增收入等违法违规事项。2022 年 7 月，A 公司撤回发行上市申请。中国证监会对其涉嫌欺诈发行行为进行了立案调查和审理。经查，A 公司在公告的证券发行文件中编造重大虚假内容，其《招股说明书》第六节"业务与技术"、第八节"财务会计信息与管理层分析"涉及财务数据存在虚假记载，2020 年虚增营业收入合计 1 536.72 万元，占当年度营业收入的 11.55%，虚增利润总额合计 1 246.17 万元，占当年度利润总额的 118.48%。中国证监会依法决定：对 A 公司处以 400 万元罚款；对时任 A 公司董事长黄某，时任 A 公司董事、首席执行官、总经理 T 某分别处以 300 万元罚款；对时任 A 公司董事、资深副总裁林某，时任 A 公司董事、资深副总裁、董事会秘书熊某分别处以 200 万元罚款；对时任 A 公司首席财务官黎某处以 150 万元罚款；对时任 A 公司监事会主席杨某处以 100 万元罚款。

资料来源：证监会对上海思尔芯技术欺诈发行违法行为作出行政处罚［EB/OL］. (2024 - 02 - 09). http：//www. csrc. gov. cn/csrc/c100028/ c7462911/content. shtml.

思政感悟：实行注册制，强调以信息披露为核心，发行上市条件更加多元包容，发行上市全过程更加规范、透明、可预期。但实行注册制，绝不意味着放松质量要求，在把选择权交给市场，强化市场约束的同时，审核把关和法治约束也将更加严格。坚持"申报即担责"，对于涉嫌存在重大违法违规行为的，发行人和中介机构即使撤回发行上市申请，也要一查到底。对财务造假、欺诈发行等违法违规行为，中国证监会将以"零容忍"的态度坚决予以严厉打击，切实维护市场秩序，保护投资者合法权益。

即测即练

任务2-4

技能训练

1. 登录国家统计局网站、国家统计局信息中心网站等相关网站，获得我国主要宏观经济指标近3年的数值，完成表2-11的填写。

表2-11 主要宏观经济指标

指标类别	具体指标	年份		
国民经济总体指标	国内生产总值			
	失业率			
	通货膨胀率			
金融指标	一年期存款基准利率			
	一年期贷款基准利率			
	外汇储备			
财政指标	财政收入			
	财政支出			
	赤字或结余			

2. 上网查询获得近5年我国GDP年增长率（％）数据，对比上证综指和深证成指年增长率（本年末收盘点位比上一年收盘点位的增长率），填写表2-12。以此表为依据，对近年来上证综指和深证成指走势进行点评与研判，并画出增长率对比图。

表2-12 GDP增长率与上证综指和深证成指增速对比表

年份									
GDP比上年增长率									
上证综指年增长率									

续表

年份									
深证成指年增长率									

3. 收集有关资料，分析近年来我国财政政策与货币政策对证券市场的影响。（提示：可以到财政部网站、人民银行网站、国研网、中宏网等网站去查询有关资料。）

4. 根据本任务学习的基本分析方法，选择一只股票买入，并运用基本分析方法分析股票的投资价值。

（1）运用宏观经济分析方法，分析国家经济政策、经济周期等因素对所买入的股票市场价格的影响。

（2）运用行业分析方法，分析所买入的股票所在上市公司行业发展的现状及前景。

（3）运用公司分析方法，分析买入股票上市公司主要财务指标，预测企业主要发展前景。

任务2-5　掌握股票投资技术分析

情境导入

股票投资技术分析是一种重要的投资决策方法，可以帮助投资者更好地把握市场机会和风险。技术分析基于历史价格与交易量的数据，预测未来股票价格变动。它关注股价、交易量的变化和市场趋势，通过图表、指标等工具来预测未来走势，帮助投资者判断买卖时机。

通过对历史价格和交易量的深入研究，投资者可以更好地理解市场行为、趋势和转折点，从而提高决策的准确性和营利性。

知识目标

1. 描述技术分析的概念和理论依据。

2. 理解技术分析的各类理论。

3. 掌握各种技术分析方法。

能力目标

1. 能应用技术分析的各类理论分析买卖点。
2. 能利用技术分析的各种方法预研判后市。
3. 能利用所学的股票投资的基本理论、基本方法和基本技能，进行股票模拟交易。

思政目标

1. 培养学生勇于探索、实践创新的工作态度。
2. 锻炼和培养学生的动手能力、分析问题和解决问题的能力。
3. 培养学生敬畏市场、信守承诺的职业素养和职业道德。

建议学时

16 学时。

知识储备

一、认知技术分析

技术分析是股票分析的重要方法，作为证券市场最古老的分析方法，其理论是众多股票投资者在进行股票投资的实践中总结出来的，是经过无数次验证的。它对于提高投资者的判断能力有很大的帮助，可以帮助投资人预测市场未来发展变化趋势，避免明显的错误。对技术分析的掌握和运用程度，有时会直接影响到投资人的切身利益。

（一）技术分析的含义和作用

技术分析是以股票市场过去和现在的市场行为为分析对象，应用数学和逻辑的方法，探索出一些典型变化规律，并据此预测证券市场未来变化趋势的分析方法。它凭借图表和各种指标来解释、预测市场的未来走势，强调心理因素对证券价格走势的影响。利用技术分析做买卖决策的时候，投资者不需要花费时间、精力去做谨慎周密的宏观分析和行业、公司研究，甚至无须知道公司的名称，其只要坐在电脑前面，研究该股票价格走势和价格所表现的各种指标和图表，就能够从中把握买卖的时机。

技术分析的理论有多种，主要有道氏理论、波浪理论、K线理论、切线理论、形态理论、均线理论和技术指标理论。技术分析深受股票、期货市场投资者的青睐，其作用如下。

（1）技术分析所采用的原始数据，如价格、成交量等可以反映市场变动的内在原因，不论是基本的供求关系、政治因素、市场心理因素，最终都反映在市场价格和成交量的变动上。

（2）技术分析可以从市场行为的历史中推演出市场趋势未来的发展轨迹，从而使投资者能顺势投资。

（3）投资者可以充分利用技术分析提供的精确的买卖时机信号，若使用得当，可以获益不少。

（二）技术分析的理论基础

技术分析在 19 世纪末产生，初期，纯粹是人们的一种经验总结，但随着技术分析的不断普及和研究的不断深入，其方法不断得到充实、完善和发展，并逐步形成了一套颇为复杂的体系。一般来说，技术分析作为一种理论体系是建立在以下三大假设基础上的，即市场行为包含一切信息、价格沿趋势运动并保持趋势和历史会重演。

1. 市场行为包含一切信息

该假设是进行技术分析的基础。其主要思想是：任何一个影响股票市场的因素，包括经济的、政治的、心理的和信息的，最终都必然体现在股票价格变动上。因此，投资者只需关心这些因素对市场行为的影响结果，而不必去分析影响证券价格变动的所有因素，从而可节省时间和精力。

2. 价格沿趋势运动并保持趋势

该假设是进行技术分析的最根本、最核心的因素。其主要思想是：股票价格的变动是有一定规律的，即保持原来运动方向的惯性，在市场力量没有根本性、质变逆转的时候不要轻言趋势已经结束，盲目断言市场的顶部或底部，从而反向逆势操作。这也是技术分析专家最为看重的投资原则——"顺势而为"的理论依据。

3. 历史会重演

该假设是从交易者的心理因素方面考虑的。市场中进行具体买卖的是人，是由人决定最终的操作行为。由于人类心理行为模式具有遗传性特征，因此，在市场具备相似情况和波动趋势时，投资者倾向于采取相同的心理和行为进行应对，从而使市场的各种现象表现出与历史现象类似的重演特征。具体到股票市场上，一个人在某种情况下按照一种方法进行操作取得成功，那么以后遇到相同或相似的情况，就会按同一方法进行操作；如果失败了，以后就不会按前一次的方法操作。证券市场的某个市场行为给投资者留下的阴影或快乐是会长期存在的。

（三）技术分析的四要素

技术分析主要研究股票的市场行为，即价格、成交量、时间、空间。这几个要素的具体情况和相互关系是进行正确分析的基础。

1. 价格和成交量是市场行为最基本的表现

市场行为最基本的表现就是成交量和成交价，量和价是两个最基本的要素。量，指的是一只股票单位时间的成交量，有日成交量、周成交量、月成交量等；价，指的是一只股票的价格，一般指收盘价，还有开盘价、最高价、最低价等。过去和现在的成交量、成交价涵盖了过去和现在的市场行为。

一只股票价格的涨跌与其成交量大小之间存在一定的内在关系。一般来说，买卖双方对价格的认同程度通过成交量的大小得到确认。认同程度低、分歧大，成交量小；认同程度高、分歧小，成交量大。

由此看出，在某一时点上的量和价反映的是买卖双方在这一时点上共同的市场行为，是双方暂时的均衡点，随着时间的变化，均衡会被不断地打破和重新建立，这就是量价关系的变化。投资者可通过分析此关系，判断趋势，买卖股票。

2. 时间和空间是市场潜在能量的表现

这里的时间是指完成某个过程所经历的时间长短，通常指一个波段或一个升降周期所经过的时间。而空间是指价格的升降所能达到的程度。时间指出"价格有可能在何时出现上升或下降"，空间指出"价格有可能上升或下降到什么地方"。投资者对市场的分析，其关注点都集中在这两个因素上。

（四）量价关系

量指的是成交量，价指的是价格。图 2-6 显示了股票量价变化的 8 种常见形态。

量价关系是指成交量和价格的同步或背离的关系，量价同步是指成交量和股票价格产生相同趋势变动。比如量增价升、量减价跌；量价背离是指成交量和股票价格产生相反趋势变动，比如量增价平、量平价升、量减价升、量减价平、量平价跌、量增价跌。量价关系的八阶规律分别表示了八种买卖逻辑：①量增价平→主力进场。②量增价升→买入信号。③量平价升→续买多单。④量减价升→持多待变。⑤量减价平→警戒信号。⑥量减价跌→卖出信号。⑦量平价跌→卖出放空。⑧量增价跌→持空待变。

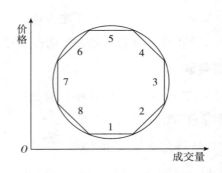

图 2 - 6　量价变化八阶规律

量价关系在技术分析中是较难把握的因素，在操盘实践中，投资者重点掌握几种重要的量价变化规律还是非常有必要的。在这里讲几个重要的量价关系。

1. 价升量增、价跌量减

当股价从底部启动时，部分先知先觉的投资者捕捉到这一信号开始提前进入，从而使得股价形成向上趋势，一旦趋势形成，势必吸引更多的投资者跟进，从而表现为价格进一步抬高、成交量进一步放大。相反，当股价由上升转为下降时，投资者的心态变得悲观，从而多数采取观望的态度，表现到市场行为上即价跌量减。在这一规律中，价升量增更具有普遍性，而价跌量减则有时不太明显。

2. 价升量不增、行情难长久

这条规律是上条规律的自然结果，成交量是股价上升的动力，如果股价上升而成交量没有有效放大，即多方量能不足，那么这种升势肯定不能持续多久。

3. 高位放量、行情到顶

随着股价的上升，市场多空双方的力量对比不断地发生变化，多方买入的动力越来越小，同时持股者卖出股票的动力越来越大，当股价到达一定高度，持股者会集中卖出获利，那么这种价格处于高位的大成交量也就意味着一次行情的结束，故高位放量、行情到顶。

4. 低位放量、行情启动

股价经过长时间的下跌到达一定低位后，空方动能消耗殆尽，而多方的动能开始积聚，表现在成交量上有一个温和的放大过程，所以，低位放量往往意味着一个新行情的开始。

总之，价、量作为市场行为最基本的表现，两者之间的对应关系存在着一定的规律，如图 2 - 7 所示。

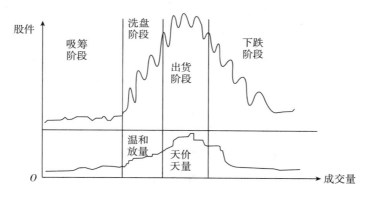

图 2-7 股价区间与成交量分析

当然，价和量之间还存在着其他类型的规律性关系。技术分析者非常重视成交量，认为成交量是价格的先行指标，当成交量放大时，价格迟早会跟上来；当价格上升而成交量不放大时，价格迟早会回落。从这个意义上来说，"价是虚的，只有量才是真实的"。

阅读延伸 2-5

涨跌停板制度下量价逻辑

由于涨跌停板制度限制股票一天的涨跌幅度，多空的能量得不到彻底的宣泄，容易形成单边市。很多投资者存在追涨杀跌的意愿，而涨跌停板制度下的涨跌幅度比较明确，在股票接近涨幅或跌幅限制时，很多投资者可能经不起诱惑，挺身追高或杀跌，形成涨时助涨、跌时助跌的趋势。而且，涨跌停板的幅度越小，这种现象就越明显。目前，在沪、深证券市场中 ST 板块的涨幅度由于限制在 5%，因而它的投机性也是非常高的，涨时助涨、跌时助跌的现象最为明显。

在实际涨跌停板制度下，大涨（涨停）和大跌（跌停）的趋势继续下去，是以成交量大幅萎缩为条件的。拿涨停板时的成交量来说，在以前，看到价升量增，我们会认为价量配合好，涨势形成或会继续，可以追涨或继续持股；如上涨时成交量不能有效配合放大，说明追高意愿不强，涨势难以持续，应不买或抛出手中个股。但在涨跌停板的制度下，如果某只股票在涨跌停板时没有成交量，那是卖主目标更高，想今后卖出好价，因而不愿意以此价抛出，买方买不到，所以才没有成交量。第二天，买方会继续追买，因而会出现续涨。然而，当出现涨停后中途打开，而成交量放大，说明想卖出的投资者增加，买卖力量发生变化，下跌有望。

另外，如价跌缩量说明空方惜售，抛压较轻，后市可看好；价跌量增，则表示跌势形成或继续，应观望或卖出手中筹码。但在涨跌停板制度下，若跌停，买方寄希望于明天以更低价买入，因而缩手，结果在缺少买盘的情况下成交量小，跌势反而不止；相反，如果收盘仍为跌，但中途曾被打开，成交量放大，说明有主动性买盘介入，跌势有望止住，盘升有望。

在涨跌停板制度下，量价分析基本判定如下：

（1）涨停量小，将继续上扬；跌停量小，将继续下跌。

（2）涨停中途被打开次数越多、时间越久、成交量越大，反转下跌的可能性越大；同样，跌停中途被打开次数越多、时间越久、成交量越大，则反转上升的可能性越大。

（3）涨停关门时间越早，次日涨势可能性越大；跌停关门时间越早，次日跌势可能越大。

（4）封住涨停的买盘数量大小和封住跌停板时卖盘数量大小说明买卖盘力量大小。这个数量越大，继续当前走势概率越大，后续涨跌幅度也越大。

不过要注意庄家借涨停板反向操作。比如，他想卖，先以巨量买单挂在涨停位，因买盘量大集中，抛盘措手不及而惜售，股价少量成交后收涨停。自然，原先想抛的就不抛了，而这时有些投资者以涨停价追买，此时庄家撤走买单，填卖单，自然成交了。当买盘消耗差不多时，庄家又填买单接涨停价位处，以进一步诱多；当散户又追入时，他又撤买单再填卖单。如此反复操作，以达到高挂买单虚张声势诱多，在不知不觉中悄悄高位出货。相反，庄家想买，他先以巨量在跌停价位处挂卖单，吓出大量抛盘时，他先悄悄撤除原先卖单，然后填上买单，吸纳抛盘。当抛盘吸纳将尽时，他又抛巨量在跌停板价位处，再恐吓持筹者，以便吸筹。如此反复。所以，在这种场合，巨额买卖单多是虚的，不足以作为判定后市继续先前态势的依据。判断虚实的根据是，是否存在频繁挂单、撤单行为，涨跌停是否经常被打开，当日成交量是否很大。若是，则这些量必为虚，反之，则为实，从而可依先前标准作出判断结论。

知识拓展2-7

（五）技术分析的局限性

技术分析所采用的信息都是已经发生的，滞后于行情发展，预测现实走势存在一定的时间差距，由此分析得到的买入卖出信号存在超前或滞后的可能，因此技术分析无法指导投资者进行长期投资。有时候，技术分析会失灵，其数据、图形得出的结论与实际情况不相符，投资者如果照此操作，就会步入陷阱。一般通过与基本分析结合使用，或是多种技术分析方法综合研判等来减小技术分析的偏差。

二、道氏理论

道氏理论是技术分析的基础理论，产生于19世纪末20世纪初的美国证券市场，后来的许多技术分析方法的基本思想都来自道氏理论。该理论的创始人是美国人查尔斯·亨利·道（charles Henry Dow）。为了反映市场总体趋势，他与爱德华·琼斯（Edward Jones）创立了著名的道琼斯平均指数。作为一名华尔街的财经记者，他在《华尔街日报》上发表了数百篇有关证券市场的文章，后经人们整理成道氏理论。

（一）市场的三个变动趋势

道氏理论认为，虽然市场中的起伏形态各异，但是最终可以将它们划分为三种不同的趋势类型，即主要趋势、次要趋势和短暂趋势。主要趋势像大潮，次要趋势像波浪，短暂趋势则如波纹。在这三种趋势中，道氏理论比较注重主要趋势和次要趋势。

1. 主要趋势

主要趋势是指股价出现长期上涨或者长期下跌趋势，这种单边走势一般持续一段时间，通常为1~4年，其涨跌幅度至少超过20%。道氏理论把主要趋势分为牛市和熊市。股票市场呈现长期涨势时就是牛市，也称为多头市场。在牛市中，股票市场价格平均数的新波峰比前一个波峰高。股票市场呈现长期跌势时就是熊市，也称空头市场。在熊市里，股票市场平均价格的新波谷比前一个低。

2. 次要趋势

次要趋势是指在股价上升趋势中发生的急剧下降或者在股价下降趋势中出现的迅速上升，它是在发生主要趋势过程中进行的调整。在主要趋势中，经常会有些中期性波动对主要趋势发生干扰，称之为"中期性调整"。

在牛市中，可能出现较大幅度的回落现象，导致市场的短期性低点低于上次的低点。但改变不了股市长期上升的趋势。这次下跌的幅度通常在上次升幅的1/3至2/3之间，在调整后，股市仍然恢复到原来的上升趋势。

在熊市中，可能出现较大幅度的回升现象，其短期性高点高于上次的高点，但是其长期下跌趋势没有遭到破坏。这次回升的幅度通常是上次跌幅的1/3至2/3，反弹之后，股市将继续下跌。

一般来说，一个多头市场或者空头市场会出现多个次要趋势，持续时间在3周以上1年以内。次要趋势属于一种正常的市场自我调节，是对以往市场行为的一种修正，常常出现在过度卖出和买入之后。

3. 短暂趋势

短暂趋势是指时间持续几个小时到几天，波动幅度大小不确定的变动趋势，这种变动一般是由消息的好坏及其他技术因素的影响所致，如公司盈利的增加或减少、政治影响等。短暂趋势本身没有意义，只不过许多个短暂趋势就构成了股市的次要趋势，它的随机性很大，无法预测其变动幅度。

道氏理论的三种变化趋势如图 2 – 8 所示（其中 A – C 为主要趋势，B – C 为调整趋势；A – F、F – G、B – E 为小趋势；A – B、B – C、C – D 为中等趋势）。

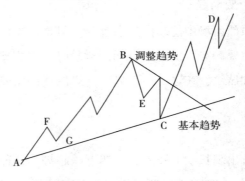

图 2 – 8　道氏理论图解

（二）道氏理论的其他重要观点

（1）市场价格指数可以解释和反映市场的大部分行为，这是道氏理论对证券市场的重大贡献。道氏理论认为收盘价是最重要的价格，并利用收盘价计算平均价格指数。目前，世界上所有的证券交易所计算价格指数的方法大同小异，都源于道氏理论。此外，它还提出平均价格涵盖一切信息的假设。目前，这仍是技术分析的一个基本假设。

（2）趋势必须得到交易量的确认。在确定趋势时，交易量是重要的附加信息，交易量应在主要趋势的方向上放大。

（3）盘局可以代替中级趋势。

（4）在反转趋势出现之前，主要趋势仍将发挥影响。

课堂练习 2 – 4

根据你的理解，找出一段时间上证指数或深证指数价格变化图，试画出道氏理论的三种变化趋势并上传。

知识拓展2-8

三、波浪理论

（一）波浪理论的基本形态

波浪理论由美国人艾略特（Elliott）在 1938 年提出，为了纪念这位伟大的创立者，将该理论称为"艾略特波浪理论"。波浪理论的核心是一个由 8 个波浪构成的股价变动的循环，每个周期都是由上升（或下降）的 5 个浪和下降（或上升）的 3 个浪组成，如图 2－9 所示。

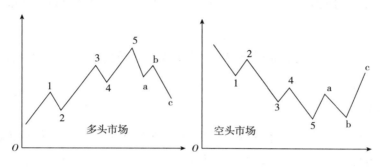

图 2－9　波浪的基本结构

在多头市场中，五浪上升紧随三浪下跌（1、3、5 为上升浪、2、4 为调整浪、a、c 为下跌浪，b 为调整浪）；在空头市场中，五浪下跌紧随三浪上涨（1、3、5 为下跌浪、2、4 为调整浪，a、c 为反弹浪，b 为调整浪）。上升及下降的 8 浪形成一个完整的波浪周期，这样的周期将反复持续。

（二）波浪形态说明

1. 第 1 浪

几乎半数以上的第 1 浪，是属于营造底部形态的第一部分，第 1 浪是循环的开始，由于这段行情的上升出现在空头市场跌势后的反弹和反转，买方力量并不强大，加上空头继续存在卖压，因此，在此类第 1 浪上升之后出现第 2 浪调整回落时，其回档的幅度往往很深；另外半数的第 1 浪，出现在长期盘整完成之后，在这类第 1 浪中，其行情上升幅度较大，经验看来，第 1 浪的涨幅通常是 5 浪中最短的行情。

2. 第 2 浪

这一浪是下跌浪，由于市场人士误以为熊市尚未结束，其调整下跌的幅度相当大，几乎吃掉第 1 浪的升幅，当行情在此浪中跌至接近底部（第 1 浪起点），市场出现惜售心理，抛售压力逐渐衰竭，成交量也逐渐缩小时，第 2 浪调整才会宣告结束，在此浪中经常出现图表中的转向形态，如头底、双底等。

3. 第 3 浪

第 3 浪的涨势往往最大，是最有爆发力的上升浪，这段行情持续的时间，经常是最长的，市场投资者信心恢复，成交量大幅上升，常出现传统图表中的突破信号，例如跳升缺口等。这段行情走势非常激烈，一些图形上的关卡，非常轻易地被穿破，尤其在突破第 1 浪的高点时，是最强烈的买进信号，由于第 3 浪涨势激烈，经常出现"延长波浪"的现象。第 3 浪永远不允许是第 1～5 浪中最短的一个浪。

4. 第 4 浪

第 4 浪是行情大幅劲升后调整浪，通常以较复杂的形态出现，经常出现"倾斜三角形"的走势。

5. 第 5 浪

第 5 浪的涨势通常小于第 3 浪，且经常出现失败的情况，在第 5 浪中，二、三类股通常是市场内的主导力量，其涨幅常常大于一类股，即投资人士常说的"鸡犬升天"，此期市场情绪表现相当乐观。

6. 第 a 浪

在 a 浪中，市场投资人士大多数认为上升行情尚未逆转，此时仅为一个暂时的回档现象，实际上，a 浪的下跌，在第 5 浪中通常已有警告信号，如成交量与价格走势背离或技术指标上的背离等，但由于此时市场仍较为乐观，a 浪有时出现平势调整或者"之"字形态运行。

7. 第 b 浪

b 浪表现经常是成交量不大，一般而言是多头的逃命线，然而由于是一段上升行情，很容易让投资者误以为是另一波段的涨势，形成"多头陷阱"，许多人士在此期惨遭套牢。

8. 第 c 浪

c 浪是一段破坏力较强的下跌浪，跌势较为强劲，跌幅大，持续的时间较长久，而且出现全面性下跌。

从以上看来，波浪理论似乎颇为简单和容易运用，实际上，由于其每一个上升和下跌的完整过程中均包含一个 8 浪循环，大循环中有小循环，小循环中有更小的循环，即大浪中有小浪，小浪中有细浪，因此，波浪变得相当繁杂和难以把握，再加上其推动浪和调整浪经常出现延伸浪等变化形态和复杂形态，使得对浪的准确划分更加难以界定，这两点构成了波浪理论实际运用的最大难点。

（三）波浪理论基本要点

（1）股价指数的上升和下跌将会交替进行，一个运动之后必有相反运动发生。

（2）推动浪和调整浪是价格波动的两个最基本形态，推动浪与主趋势方向相同，通常可分为更低一级的5个浪，即1、2、3、4、5浪。调整浪与主趋势方向相反，通常可分为更低一级的3个浪，即a、b、c3个小浪。

（3）8个浪运动构成一个循环，自然形成波动的两个分支。波浪可分为高一级的浪，也可以再分割为低一级的小浪。

（4）1、3、5三个浪中，第3浪不可以是最短的一个波浪。

（5）调整浪通常以3个浪的形态运行。

（6）黄金分割神奇数字组合是波浪理论的基础。

（7）经常遇见的回吐比率为0.382、0.5、0.618。

（8）第4浪的底不可以低于第1浪的顶。

课堂练习2-5

根据你的理解，找出一段时间上证指数或深证指数价格变化图，试画出波浪理论的形态并上传。

知识拓展2-9

四、K线理论

（一）K线概述

K线是记录证券过去和现在市场行为的工具。K线又称日本线或是蜡烛线，起源于200多年前日本的米市。经过上百年的运用和演变，目前已经形成了一整套K线分析理论，在实践中得到了广泛的应用，受到了证券市场、外汇市场以及期货市场等各类市场投资者的喜爱。

K线的主要功能在于记录股价过去和现在的走势，可以为其他技术方法提供依据。除此之外，K线分析也能帮助投资者判断多空双方的力量，从而对股价未来行情进行预测。

（二）K线的画法

K线是一条柱状的线条，由实体和上、下影线组成，中间的长方形是实体，影线在实体上方的部分叫上影线，下方的部分叫下影线，实体分阳线和阴线两种，当天收盘价高于开盘价的称为阳线，在股价 K 线图中显示为红色；收盘价低于开盘价的称为阴线，在股价 K 线图中显示为蓝色或绿色。K 线画法如图 2 – 10 所示。

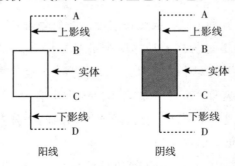

图 2 – 10　K 线画法

1. 阳线

在股价一天的分时走势图中，阳线画法如图 2 – 11 所示。其中，A 点为当日最高价、B 点为收盘价、C 点为开盘价、D 点为当日最低价。AB 为上影线、CD 为下影线。

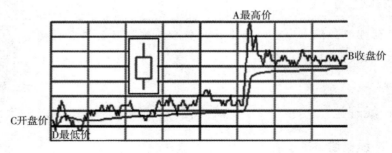

图 2 – 11　阳线画法

2. 阴线

在股价一天的分时走势图中，阴线画法如图 2 – 12 所示。其中，A 点为当日最高价、B 点为开盘价、C 点为收盘价、D 点为当日最低价。AB 为上影线、CD 为下影线。

最常见的 K 线有日 K 线，也有周 K 线、月 K 线，甚至 60 分钟 K 线等不同种类，我们以日 K 线为例来说明其画法，其他不同时间周期的 K 线画法与日 K 线几乎完全一样，区别只在四个价格时间参数的选择上。周 K 线和月 K 线的优点是反映趋势和周期比较清晰。

一条 K 线记录的是某只股票一天的价格变动情况。将每天的 K 线按时间顺序排列在一起，就可反映该股票自上市以来的每天的价格变动情况，这就叫日 K 线图。

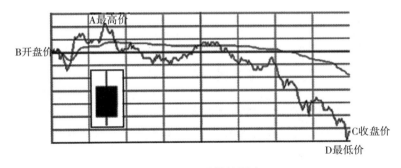

图 2－12　阴线的画法

　　画日 K 线图时需要四个价格，即交易日的开盘价、收盘价、最高价和最低价。日开盘价是指每个交易日的第一笔成交价格，日收盘价是指每个交易日的最后一笔成交价格，日最高价和日最低价是每个交易日股票的最高成交价格和最低成交价格。四个价格中，收盘价是最重要的，很多技术分析方法只关心收盘价，而不理会其余三个价格。人们在说到目前某只股票的价格时，说的往往是收盘价。

课堂练习 2－6

　　根据表 2－13 卓然股份（688121）行情（2024 年 1 月 6—8 日），绘制其日 K 线并上传至作业页面。

表 2－13　卓然股份（688121）行情　　　　　　　　　　　元

日期	开盘价	最高价	最低价	收盘价
2024 年 2 月 6 日	13.13	14.55	12.10	13.78
2024 年 2 月 7 日	13.98	14.13	12.85	13.25
2024 年 2 月 8 日	12.80	15.59	12.80	15.42

　　具体做法如下。

　　做法一：①画坐标轴，选择合适的刻度。②手工描点，逐一将开盘价、最高价、最低价和收盘价在坐标轴中做记号。③将开盘价、收盘价之间连接成实体，若开盘价高即为阴实体，反之为阳实体；将最高价用直线向下连接到实体上端，最低价用直线向上连接到实体下端。

　　做法二：如果采用 Excel 或者 WPS 表格绘制，则仅需要按照日期，依次将开盘价、最高价、最低价和收盘价横向录入表格，然后单击"插入图表—图表类型—股价图"，计算机可自动绘制。

阅读延伸 2 – 6

看 K 线的几个技巧

（1）看 K 线的阴阳和数量，阴阳代表多空双方的对比。阴线越多，表示市场上空方的力量越强，股价下跌的可能性越大；阳线越多，表明市场上多方的主导地位越强势，股价上涨的动力越足。

（2）看实体的大小和影线，实体大小代表行情发展的内在动力。实体越大，上涨或下跌的趋势越明显。影线代表可能的转折信号，向一个方向的影线越长，股价向反方向转折的可能性越大。

（3）配合成交量来看 K 线图，成交量代表多空双方博弈力量的大小和激烈程度，而 K 线图是斗争之后的结果。

（三）K 线的主要形状

由于四个价格的不同取值，还会产生其他形状的 K 线。

1. 光头光脚的 K 线

这种 K 线既没有上影线也没有下影线。当开盘价和收盘价分别与最高价和最低价中的一个相等时，就会出现这种 K 线。光头光脚的阳线和阴线如图 2 – 13 所示。

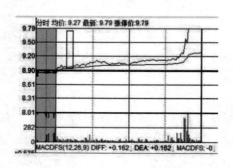
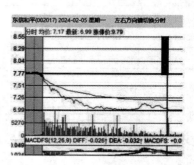

图 2 – 13　光头光脚的阳线和阴线

（1）光头光脚的阳线。没有上下影线，开盘价为最低价，收盘价为最高价，常见于牛市之中。光头光脚的阳线表示多方已经牢固控制盘面，逐浪上攻，步步逼空，涨势强烈，若出现在低价区，第二天高开的可能性较大。

（2）光头光脚的阴线。没有上下影线，开盘价为最高价，收盘价为最低价，常见于跌势之中。光头光脚的阴线表明空方已占尽优势，多方无力抵抗，股价被逐步打低，后市看淡。如果出现在高价区，要坚决卖出手中股票，第二天低开的可能性较大。

找出某只股票分时走势图，试画出光头光脚的阳线和阴线并上传至作业页面。

2. 带上影线的 K 线

这是没有下影线的 K 线。当开盘价或收盘价正好与最低价相等时会出现这种 K 线。带上影线的阳线和阴线如图 2-14 所示。

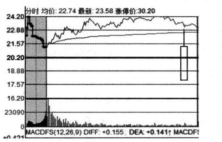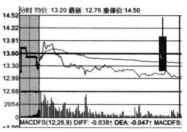

图 2-14 带上影线的阳线和阴线

（1）带上影线的阳线。带上影线的阳线又叫光脚阳线，没有下影线，以最低价开盘，多方一路上攻，表示上升势头很强。但在最高价位处，多空双方有分歧，股价上涨遇到压力，以次高点收盘，形成上影线。上影线越长，表示空方打压的力量越强，购买时应谨慎。

（2）带上影线的阴线。带上影线的阴线又叫光脚阴线，没有下影线，股价高开高走，盘中冲高但遇阻回落，当日以最低价收盘，表示股价虽有反弹，但上升抛压严重，空方打压使股价以阴线报收，并形成上影线。上影线越长，表示空方打压的力量越强。光脚阴线如果发生在股价顶部位置，一般认为股价在顶部做最后的冲锋后，可能会逐渐下跌。

找出某只股票分时走势图，试画出带上影线的阳线和阴线并上传至作业页面。

3. 带下影线的 K 线

这是没有上影线的 K 线。当收盘价或开盘价正好与最高价相等时，就会出现这种 K 线。带下影线的阳线和阴线如图 2 - 15 所示。

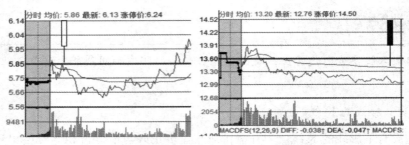

图 2 - 15 带下影线的阳线和阴线

（1）带下影线的阳线。带下影线的阳线又叫光头阳线，没有上影线，盘中空方一度打压到最低点，被多方反扑并以最高价收盘，表示上涨势头强劲，并形成下影线，下影线越长，表示多方进攻的力量越强。光头阳线如果发生在股价底部位置，一般认为股价在夯实底部后开始重新上涨。

（2）带下影线的阴线。带下影线的阴线又叫光头阴线，没有上影线，开盘价为最高价，高开低走，空方打压到最低价，但遇到多方下跌抵抗形成下影线，下影线越长表示多方进攻抵抗的力量越强。光头阴线如果发生在股价底部位置，一般认为股价在底部做最后的冲刺后将会逐渐下跌。

课堂练习 2 - 9

找出某只股票分时走势图，试画出带下影线的阳线和阴线并上传至作业页面。

4. 带上下影线的 K 线

这是一种最常见的 K 线。带上下影线的阳线和阴线如图 2 - 16 所示。

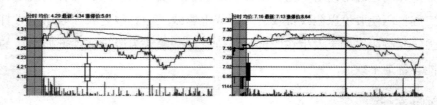

图 2 - 16 带上下影线的阳线和阴线

（1）带上下影线的阳线，表示开盘后股价下跌遇多方支撑，双方争斗之后多方增强，价格一路上推，临收盘前部分持股者获利回吐，在最高价之下收盘，这是一种反转信号。如在大涨之后出现，表示高档有振荡，如成交量大增，后市可能会下跌，如在大跌后出现，后市可能会反弹。

（2）带上下影线的阴线，表示开盘后股价上涨遇空方抛压，双方争斗之后空方增强，价格一路下跌，临收盘前部分持币者买入股票，在最低价之上收盘，这是一种反转信号。如在大跌之后出现且成交量大增，表示股价在低档有承接，后市会上涨。如在大涨后出现，后市可能会转跌。

课堂练习 2−10

找出某只股票分时走势图，试画出带上下影线的阳线和阴线并上传至作业页面。

5. 其他类型的 K 线

（1）锤形线，实体很小，上影线或下影线则较长，一般至少是实体长度的 2 ~ 3 倍。小实体可以是阳线，也可以是阴线。小实体在 K 线顶部为正锤形，小实体在 K 线底部为倒锤形。锤形线多出现在股价运行的底部位置或顶部位置更具有反转意义。锤形线如图 2 − 17 所示。

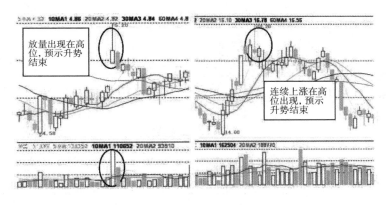

图 2 −17 锤形线

（2）T 形线，也叫上吊线，有正 T 形和倒 T 形之分。正 T 形是开盘价、收盘价与最高价非常接近或在同一价位，盘中价格急剧下跌，但后又被拉起，以当天最高价收盘，表示多方力量强，形成很长的下影线，常见于市场的底部，后市看涨。倒 T 形是开盘价、收盘价与最低价在同一价位，股价上涨，但在最高位遇阻后回落，以当天最低价收盘，表示空方力量强，形成很长的上影线，常见于市场的顶部，后市看跌。T 形线如图 2 − 18 所示。

（3）十字线，也叫十字星，是一种只有上下影线，没有实体的 K 线图，开盘价即收盘价，表示在交易中股价出现高于或低于开盘价成交，但收盘价与开盘价相等。其中，上影线越长表示卖压越重，下影线越长表示买盘旺盛。通常在股价高位或低

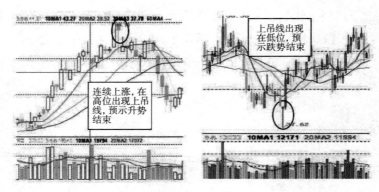

图 2 – 18　T 形线

位出现的十字线可称为转机线，意味着出现反转。十字线如图 2 – 19 所示。

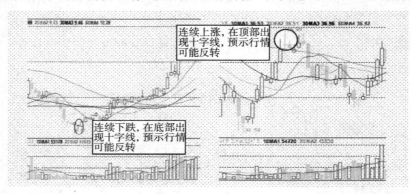

图 2 – 19　十字线

（4）一字线，当日开盘价、收盘价、最高价、最低价均为同一价位，说明该股成交量少，常见一开盘就涨停或跌停的个股，而且由于极度看涨或极度看跌，单边买盘或卖盘几乎找不到成交对手。一字线如图 2 – 20 所示。

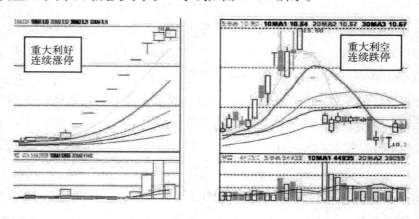

图 2 – 20　一字线

课堂练习 2-11

知识拓展2-10

请同学们分析图 2-21 某股票 K 线图，说明分别是哪种 K 线，并分析多空双方力量对比情况。

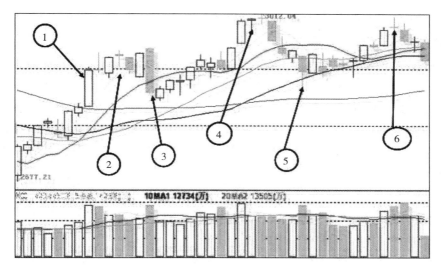

图 2-21　某股票 K 线图

（四）K 线分析

K 线图反映的是一段时间以来买卖双方实际战斗的结果。从中可以看到买卖双方争斗中力量的增减、风向的转变等。因此，熟悉这些 K 线及其组合，对市场走势的分析至关重要。

1. 单根 K 线分析

应用单根 K 线研判行情，主要从实体的长短、阴阳、上下影线的长短以及实体的长短与上下影线长短之间的关系等几个方面进行。由于 K 线的类型很多，这里仅就单根 K 线的各个组成部分进行分析，分析要点如下。

（1）收盘价是多空双方在一天交战中最后的均衡点，如果当天的收盘价高于前一天的收盘价，表明多方占优；反之，则空方占优。

（2）上影线由多方推动股价上升，再被空方从上向下打压而形成，是空方从多方抢得的失地。因此，上影线代表了空方的能量，是股价上升的阻力。

（3）下影线由空方推动股价下降，再被多方从下向上攻击而形成，是多方从空方抢得的失地。因此，下影线代表了多方的能量，是股价下降的阻力。

（4）实体表示多空双方中优势一方的优势大小，实体越长，其代表的优势一方的优势越大。股价的短期波动有较大的偶然性，因而，分析单根 K 线不具备太大的技术分析意义。我们应该关注关键位置的 K 线，最典型的关键位置出现的 K 线包括两种：①股价持续下降后出现的大阳线或者有较长下影线的中阳线，显示多方力量的集中爆发以及其在低位的强大支撑；②股价持续上升后出现的大阴线或者有较长上影线的中阴线，显示空方力量的集中爆发以及其在高位的强大压力。

课堂练习 2－12

请同学们分析图 2－22 伟测科技（688372）K 线图（2023 年 6 月 25 日—9 月 4 日），指出图中哪几处存在小阳星、小阴星、小阳线、小阴线的形态，并分析多空双方力量对比情况。

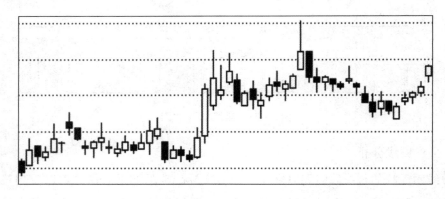

图 2－22　伟测科技 K 线图

2. K 线组合分析

K 线组合情况非常多，只要掌握了单根 K 线的分析要领，就可以举一反三。在此，以两根 K 线的组合为例进行分析。

（1）空方抵抗型。多方在第一天拉中阳或长阳，表明多方实力较强劲，第二天空方不甘心失败，于是发力打压，但由于其实力不敌多方，故只能将股价向下打压一点点，总体来看多方占优，后市上涨。空方抵抗型如图 2－23 所示。

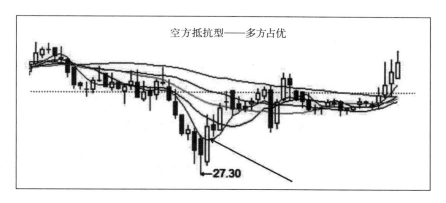

图 2 - 23　空方抵抗型

找出某只股票某段时间 K 线图，试画出"空方抵抗型"组合并上传至作业页面。

（2）多方抵抗型。空方在第一天拉长阴，表明空方实力较强劲，第二天多方不甘心失败，于是发力上攻，但由于其实力不敌空方，故只能将股价向上攻击一点点，总体来看空方占优，后市下跌。多方抵抗型如图 2 - 24 所示。

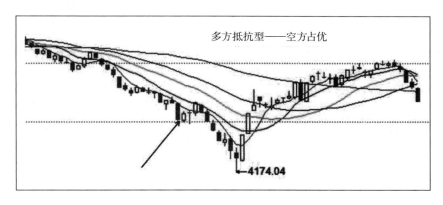

图 2 - 24　多方抵抗型

找出某只股票某段时间 K 线图，试画出"多方抵抗型"组合并上传至作业页面。

（3）阴吃阳型。多方在第一天拉中阳，表明多方实力较强劲，第二天空方不甘心失败，于是发力打压，一根大阴线吃掉了第一天的中阳线，总体来看空方占优，后市下跌。阴吃阳型如图 2-25 所示。

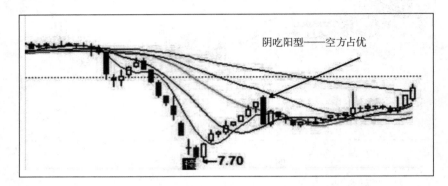

图 2-25　阴吃阳型

课堂练习 2-15

找出某只股票某段时间 K 线图，试画出"阴吃阳型"组合并上传至作业页面。

（4）阳吃阴型。空方在第一天拉中阴，表明空方实力较强劲，第二天多方不甘心失败，于是发力上攻，一根大阳线吃掉了第一天的中阴线，总体来看多方占优，后市上涨。阳吃阴型如图 2-26 所示。

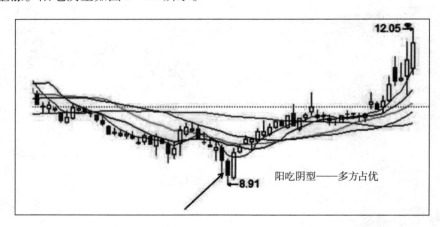

图 2-26　阳吃阴型

课堂练习 2-16

找出某只股票某段时间 K 线图，试画出"阳吃阴型"组合并上传至作业页面。

以上是以两根 K 线为例进行的简单分析，三根或是更多的 K 线分析也基本与之类似。但总的来说，K 线作为一种较为短期的分析方法，其对于较长时期的分析是不太有效的，这一点投资者应该充分地认识到。

课堂练习 2 – 17

请同学们分析图 2 – 27 昆药集团（600422）K 线图（2023 年 8 月 21 日—10 月 28 日行情），根据前面所学，你能找出哪些形态的 K 线？对于相似形态但处于不同位置的 K 线，其后面的走势有何不同？试解释其原因。

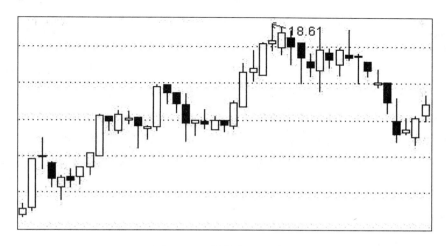

图 2 – 27　昆药集团 K 线图

（五）应用 K 线组合应注意的问题

无论是一根 K 线，还是两根、三根乃至更多根 K 线，都是对多空双方争斗的描述，由它们的组合得到的结论都是相对的，不是绝对的。对股票投资者而言，结论只是起一种建议作用。

在应用时，不同种类的组合有时会得到不同的结论。有时应用一种组合得到明天会下跌的结论，但是次日股价没有下跌，反而上涨。这时的一个重要原则是尽量使用根数多的 K 线组合的结论，并将新的 K 线加进来重新进行分析判断。一般来说，多根 K 线组合得到的结果不大容易与事实相反。

阅读延伸 2－7

买盘与卖盘

买卖双方的报价与数量申报构成盘口中的买盘和卖盘，市场投资者能够直接看到的是"买三"和"卖三"的买卖委托申报以及"内盘""外盘"和"委比""量比"等。这几项都是表示目前盘中多、空力量对比的指标。

如果即时的成交价是以"委卖价"成交的，说明买方即多方愿以卖方的报价成交，"委卖价"成交的量越多，说明市场中的"买气"即多头气氛越浓。以"委卖价"实现的成交量称为"外盘"，俗称"主动买盘"。相反，以"委买价"实现的成交量称为"内盘"，也称"主动卖盘"。当"外盘"大于"内盘"时，反映了场中买盘承接力量较强，走势向好；"内盘"大于"外盘"时，则反映场内卖盘力量大于买盘，走势偏弱。由于"内盘""外盘"显示的是开市后至现时以"委卖价"和"委买价"各自成交的累计量，所以对我们判断目前的走势强弱有帮助。

如果"委卖价"与"委买价"相差很大，说明买方追高意愿不强，同时卖方也有较强的惜售心理，多空双方处于僵持状态。

五、切线理论

在证券市场中，"顺势而为"是众多投资者广泛认同的投资原则。"势"，简单地说就是市场的"趋势"，具体而言，是指给定的时间周期内市场多空对比的主导力量。"顺势而为"就是顺着市场环境下的主导力量方进行交易。

（一）趋势

1. 趋势的含义

趋势是指股票价格的波动方向。若确定了一段上升或下降的趋势，则股价的波动必然朝着这个方向。上升行情中有时有下降，但不影响上升的大方向。同样，下降行情中也可能有上升，但不断出现的新低使得下降趋势不变。一般来说，市场变动不是朝一个方向直来直去，中间肯定要有曲折，从图形上看，就是一条曲折蜿蜒的折线，每个折点处就形成一个峰或谷，由这些峰和谷的相对高度可以看出趋势的方向。

2. 趋势的方向

趋势有上升趋势、水平趋势和下降趋势三种，如图 2－28 所示。

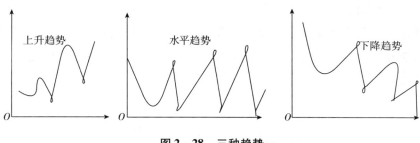

图 2 - 28 三种趋势

（1）上升趋势。股价波动中，后面的峰顶与谷底都高于前面的峰顶与谷底，则表明趋势是上升的。

（2）水平趋势。股价波动中，后面的峰顶与谷底和前面的峰顶与谷底相比，没有明显的高低之分，几乎呈水平延伸状态，则表明趋势是水平的。

（3）下降趋势。股价波动中，后面的峰顶与谷底都低于前面的峰顶与谷底，则表明趋势是下降的。

3. 趋势的类型

按道氏理论的分类，趋势有长期趋势、中期趋势和短期趋势三种类型。

（1）长期趋势。长期趋势是股价变动的大方向，一般持续时间很长，可达半年甚至几年。对于投资者而言，只有了解并掌握了长期趋势，才能做到"顺势而为"。

（2）中期趋势。中期趋势是股价在长期趋势运行过程中进行的调整，它一般不会改变长期趋势的发展方向，是总运动中的局部反方向运动，也就是常说的调整和反弹，时间跨度较短。

（3）短期趋势。短期趋势是股价在短时间内的变动趋势，是相对于中期趋势而言的，是对中期趋势的调整，时间一般很短，短则数小时，长则数天。

证券市场行情的趋势不是简单地上升或下降，上升过程中包含下降，下降过程中包含上升。这给投资者在预测行情趋势方面带来了很多麻烦。切线理论就是帮助投资者识别主要趋势的较为实用的方法。在此，我们主要介绍切线理论中的支撑线、压力线、趋势线、轨道线。

（二）支撑线和压力线

1. 支撑线和压力线的含义

支撑线又称抵抗线，是指当股价下跌到某个价位附近时，会出现买方增加、卖方减少的情况，从而使股价停止下跌，甚至有可能回升。支撑线起到阻止股价继续下跌的作用。这个起着阻止股价继续下跌作用的价位就是支撑线所在的位置。

压力线又称阻力线，是指当股价上涨到某价位附近时，会出现卖方增加、买方减少的情况，股价会停止上涨，甚至回落。压力线起到阻止股价继续上升的作用。这个起着阻止股价继续上升作用的价位就是压力线所在的位置。支撑线和压力线如图 2-29 所示。

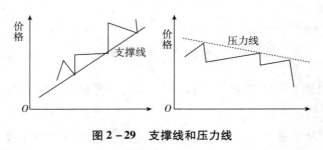

图 2-29　支撑线和压力线

2. 支撑线和压力线的作用

支撑线和压力线的作用是阻止或暂时阻止股价朝一个方向继续运动。由于股价的变动是有趋势的，要维持这种趋势，保持原来的变动方向，就必须冲破阻止其继续向前的障碍。比如说，要维持下跌行情，就必须突破支撑线的阻力和干扰，创造出新的低点；要维持上升行情，就必须突破上升压力线的阻力和干扰，创造出新的高点。由此可见，支撑线和压力线有被突破的可能，它们不足以长久地阻止股价保持原来的变动方向，只不过是暂时停顿而已。

投资者只要在一定时间段内从价格趋势图中正确找到支撑线和压力线的位置，就能成功地在下跌的支撑点买入，在上升的压力点卖出。但是，支撑线和压力线有时候又有彻底阻止股价按原方向变动的可能。当一个趋势终结了，它就不可能创出新的低价或新的高价，这时的支撑线和压力线就显得异常重要，投资者必须加以关注，乘机"逃顶"和"抄底"。

在上升趋势中，如果下一次没有创出股价的新高，也就是说没有突破压力线，表明这个上升趋势已经处于关键位置了。如果以后的价格下跌并且突破了上升趋势的支撑线，就发出了一个趋势有变的提示，一般意味着这一轮上升趋势已经结束，后市将是下降趋势。同理，在一个下降趋势中，如果下一次没有创出股价的新低，即没有突破支撑线，也表明这个下降趋势已经处于关键位置了。如果以后的价格上涨并且突破了下降趋势中的压力线，就产生了一个趋势有变的提示，预示着下降趋势已经结束，后市将是上升趋势。

课堂练习2－18

试在牧原股份股价走势图（图2－30）中画出支撑线和压力线。

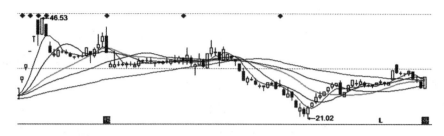

图2－30 牧原股份股价走势图

3. 支撑线和压力线的相互转化

支撑线和压力线之所以能起支撑和压力作用，两者之间之所以能相互转化，很大程度上是因为心理因素方面的影响，这也是支撑线和压力线理论上的依据。支撑线和压力线的相互转化如图2－31所示。

图2－31 支撑线和压力线的相互转化

证券市场中主要有三种投资者：多头、空头和旁观者。旁观者又可分为持股者和持币者。假设股价在一个区域停留了一段时间后突破压力区域开始向上移动，在此区域买入股票的多头们肯定认为自己对了，并对自己没有多买入些股票而感到后悔。在该区域卖出股票的空头们这时也认识到自己弄错了，他们希望股价再跌回他们卖出的区域时，将他们原来卖出的股票补回来。而旁观者中的持股者的心情和多头相似，持币者的心情同空头相似。无论哪一种投资者，都有买入股票成为多头的愿望。这样，原来的压力线就转化为支撑线。正是由于上述投资者准备在下一个回调的时机买入，所以股价稍一回落就会受到大家的关心，他们或早或晚地买入股票，造成价格还未下降到原来的支撑位，就被这四种人抬高了。在该支撑区发生的交易越多，就说明越多的投资者在这个支撑区有切身利益，这个支撑区就越重要、越有力。如果股价在一个支撑区域停留了一段时间后开始向下移动，多头会认为自己判断失误，空头则认为自己抛售股票的判断是正确的。投资者在这个时候都有抛售股票的念头，一旦价格有所回升，还没有达到原来的支撑位，人们就会纷纷抛售持有的股票，从而使股价被压低。

同理，压力线的分析过程也是如此，结论与支撑线的正好相反。

从上述分析中，可以看出支撑线和压力线的相互转化过程。一条支撑线如果被突破，那么这条支撑线将变成压力线；一条压力线如果被突破，那么这条压力线将变成支撑线。这些表明，支撑线和压力线的位置不是一成不变的，而是可以变化的，其变化前提就是它能够被有效的、足够强大的股价变动突破。突破就是指股价对于已有的支撑位和压力位的穿透。

支撑线和压力线相互转化的重要依据是被突破。证券价格波动的新形态是伴随着突破重要的支撑线和压力线出现的。这种突破表明：支撑线和压力线过去形成的力量平衡已经被打破，市场将寻找新的平衡点。突破有着重要的技术分析意义。一般来讲，股价突破压力位将会看高一线，而股价突破支撑位则会看低一线，这对于投资者的投资行为具有重大影响，但股价运动过程中经常会出现一些假的突破，因此，如何判断一次有效的突破就显得非常重要。

课堂练习 2 – 19

试在国药现代 K 线图（图 2 – 32）中画出支撑线和压力线的转化。

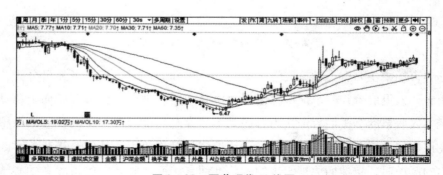

图 2 – 32　国药现代 K 线图

一般来说，判断突破有效与否有三条原则。

（1）收盘价原则。突破必须是收盘价的突破，并且必须超过一定幅度。通常有 3%、5% 和 10% 三种幅度，3% 偏重短线的支撑和压力区域，10% 偏重长线的支撑和压力区域，5% 则介于两者之间。此外，股价指数的幅度可以小点，而个股的幅度应该大点。

（2）成交量原则。向上突破应该有成交量的放大作为配合，而向下突破则不一定需要大成交量的配合。

（3）时间窗原则。突破行情的维持时间至少为 3 天。

对于这三条原则，投资者在应用时应该本着确认和背离的原则，即一次突破符合的原则（互相确认）越多则越可能有效；相反，如果在一次突破中，这几条原则相反（互相背离），则假突破的可能性较大。一般来说，向上突破是买入的最好时机，向下突破则应该立即卖出。

4. 支撑线和压力线的重要性判断和修正

如前所述，每一条支撑线和压力线的确认都是人为进行的，主要是根据股价变动所画出的图表，具有一定的主观性，并且因人而异。一般来说，一条支撑线或压力线对当前影响的重要性有三个方面的考虑：①股价在这个区域停留时间的长短；②股价在这个区域伴随的成交量大小；③这个支撑区域或压力区域发生的时间距离当前这个时期的远近。很显然，股价停留的时间越长，伴随的成交量越大，离现在越近，则这个支撑区域或压力区域对当前的影响越大；反之就越小。

有时，由于股价的变动，会发现原来确认的支撑线或压力线可能不真正具有支撑或压力的作用，如不完全符合上面所述的三条原则，这时就有一个对支撑线和压力线进行调整的问题，这就是支撑线和压力线的修正。对支撑线和压力线的修正过程其实是对现有各个支撑线和压力线重要性的确认。

5. 常见的支撑线和压力线的位置

正确判断支撑线和压力线的位置，不仅可以使投资者在一段时间内选择合适的买卖时机，还可以帮助投资者把握股价变动的方向。常见的支撑线和压力线位有成交密集区、缺口、颈线、历史最高点和最低点。

（1）成交密集区。成交密集区是指过去成交量大、交易比较活跃的价格区域，这里堆积了大量的资金筹码。如果价格波动在成交密集区之上，则成交密集区将成为日后价格下跌时较强的支撑区域；如果价格波动在其下，则成交密集区会成为以后价格上升时较强的压力区域。

（2）缺口。缺口是指价格向某个方向急速运动却没有成交量的一段真空区域，其具体内容在缺口理论中有详细说明。不同类型的缺口对价格波动表现出来的支撑和压力效果不同，突破缺口和持续缺口表现较强，而普通缺口和衰竭缺口表现较弱。

（3）颈线。颈线是形态理论中的重要概念。颈线在价格波动中具有较强的支撑和压力作用。

（4）历史最高点和最低点。历史最高点和最低点反映了长期以来价格波动趋势中的波峰和波谷，所以它们是价格波动中最具有影响力的价位，对投资者有较强的心理影响力。当价格接近最高点，人们就会抛售股票；当价格接近最低点，人们会积极买进股票。因此，历史最高点和最低点处常常会出现具有极强支撑和压力效果的支撑线和压力线。

（三）趋势线

1. 趋势线的含义

趋势线是描述价格趋势的直线，由趋势的方向可看出价格的趋势。价格的趋势有两种，即上升趋势和下降趋势，因此趋势线也有两种，即上升趋势线和下降趋势线。趋势线如图 2 – 33 所示。

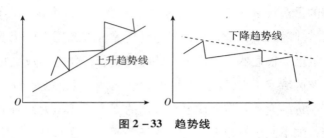

图 2 – 33 趋势线

连接一段时间内价格波动的高点或低点可画出一条趋势线。在上升趋势中，将两个低点连成一条直线，就得到上升趋势线；在下降趋势中，将两个高点连成一条直线，就得到下降趋势线。标准的趋势线必须由两个以上的高点或低点连接而成。

上升趋势线起支撑作用，是支撑线的一种；下降趋势线起压力作用，是压力线的一种。

课堂练习 2 – 20

试在湘油泵股价走势图（图 2 – 34）中画出趋势线。

图 2 – 34 湘油泵股价走势图

虽然我们很容易画出趋势线，但这并不意味着趋势线已经被我们掌握了。画出一条直线后，有很多问题需要解答，最关键的问题是正确确定趋势线的高点或低点。然而，正确判断趋势线的高点或低点并不是一件简单的事情，它需要对过去价格波动的形态进行分析研究。

根据两点决定一条直线的基本原理，画任何趋势线必然选择两个有决定意义的高点或低点。一般来说，上升趋势线的两个低点，应是两个反转低点，即下跌至某一低点开始回升，再下跌没有跌破前一低点又开始上升，则这两个低点就是两个反转低点。同理，决定下跌趋势线也需要两个反转高点，即上升至某一高点后开始下跌，回升未达前一高点又开始回跌，则这两个高点就是反转高点。股价波动有时候会超出原有趋势线的范围，使原有的趋势线失去作用，这时，就必须根据股价的实际波动情况重新画趋势线，这叫作趋势线的修正。在若干条上升趋势线和下跌趋势线中，最重要的是原始上升趋势线或原始下跌趋势线。其决定了价格波动的基本发展趋势，有着极其重要的意义。

原始趋势的最低点是由下跌行情转为上升行情之最低点，至少在1年中此价位没有再出现。原始趋势的最高点是由上升行情转为下跌行情之最高点，同样至少在1年中此价位没有再出现。

课堂练习 2-21

试找出最近一年上证指数和深证成指的股价走势图，画出变化趋势并上传。

2. 趋势线的确认及其作用

一条真正起作用的趋势线，要经多方面的验证才能最终确认，不符合条件的一般应删除。首先，必须确认有趋势存在。也就是说，在上升趋势中，必须确认出两个依次上升的低点；在下降趋势中，必须确认两个依次下降的高点，才能确认趋势的存在。其次，画出直线后，得到第三个点的验证，才能确认这条趋势线是有效的。一般来说，所画出的直线被触及的次数越多，其作为趋势线的有效性越能得到确认，用它进行预测越准确有效。另外，这条直线延续的时间越长，越有效。

一般来说，趋势线具有两种作用。

（1）对价格今后的变动起约束作用，使价格总保持在这条趋势线的上方（上升趋势线）或下方（下降趋势线）。实际上，就是起支撑和压力的作用。

（2）趋势线被突破，就说明股价下一步的走势将要反转。越重要、越有效的趋势线被突破，其转势的信号越强烈。被突破的趋势线原来所起的支撑和压力作用，现在将相互交换角色。

鉴于价格波动经常变化，可能由升转跌，也可能由跌转升，甚至在上升或下跌途中转换方向，因此，反映价格变动的趋势线不可能一成不变，而是要随着价格波动的实际情况进行调整。

换句话说，价格不论是上升还是下跌，在任一发展方向上的趋势线都并非只有一条，而是若干条。不同的趋势线反映了不同时期价格波动的实际走向，研究这些趋势线的变化方向和变化特征，就能把握住价格波动的方向和特征。

（四）轨道线

轨道线又称通道线或管道线，是基于趋势线的一种方法。在得到了趋势线后，通过第一个峰或谷可以画出这条趋势线的平行线，这条平行线就是轨道线。轨道线如图 2 – 35 所示。

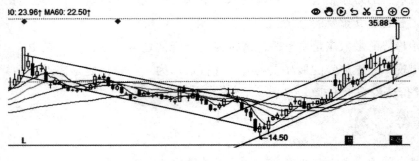

图 2 – 35　轨道线

两条平行线组成的一个轨道，就是常说的上升和下降轨道。轨道的作用是限制股价的变动范围，让它不能变得太离谱。一个轨道一旦得到确认，那么价格将在这个通道里变动。对上面或下面的直线的突破意味着行情将有一个大的变化。

与突破趋势线不同，对轨道线的突破并不是趋势反转的开始，而是趋势加速的开始，即原来的趋势线的斜率将会增大，趋势线将会更加陡峭。

课堂练习 2 – 22

试在牧原股份走势图（图 2 – 36）中画出轨道线。

轨道线也有一个被确认的问题。一般而言，轨道线被触及的次数越多、延续的时间越长，其被认可的程度和重要性越高。

轨道线的另一个作用是提出趋势转向的警报。如果在一次波动中未触及轨道线，

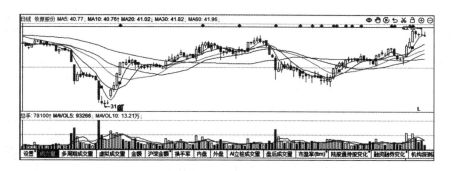

图 2 – 36　牧原股份走势图

离得很远就开始掉头，这往往是趋势将要改变的信号。这说明市场已经没有力量维持原有的上升或下降的趋势了。

轨道线和趋势线是相互合作的一对。很显然，先有趋势线，后有轨道线。趋势线比轨道线重要。趋势线可以单独存在，而轨道线则不能单独存在。

六、形态理论

（一）形态分析概述

股价运动有按趋势发展的规律，并且类似情况会重复出现，可以通过过去和现在的股价资料分析预测股价的变动方向。其中重要的方法之一是将过去和现在的股价变动数据标在以时间为横轴、以股价为纵轴的平面直角坐标系上，以股价图形的形态分析未来趋势，这即形态分析。

分析股价趋势时，可以取一个固定的时间段（如一天、一周、一月、一年或五分钟、一小时等），以这个时间段结束时的股价作为这个时间段股价的代表进行研究和绘图。如果以一天为单位时间，就以当天的收盘价为代表；以一周为单位时间，就以一周最后一个交易日收盘价为代表，分别标在平面直角坐标系中，按时间顺序连成收盘价曲线图。以此类推，分别构成股价的日线图、周线图、月线图、年线图和分时图，进一步细致分析，还可以取每一个单位时间内的开盘价、最高价、最低价和收盘价，以这 4 个数据作为每个单位时间内股价变化的代表，更充分地表示股价变化。

根据股价运动的规律，股价的移动主要是打破平衡的反转突破和保持平衡的持续整理这两种过程，这样，可把股价曲线的形态分成反转突破形态和持续整理形态。反转突破形态是指股价趋势逆转所形成的图形，是股价由原来的上升行情转变为下跌行情或由原来的下跌行情转变为上升行情的信号。重要的反转突破形态有头肩形和双重形等形态。持续整理形态是指股价经过一段时间的快速变动后，不再继续原趋势，而在一定区域内上下窄幅变动，等时机成熟后再继续以往的趋势。持续整理形态主要有三角形、旗形等。

（二）反转突破形态

1. 头肩形

头肩形包括头肩顶和头肩底两种形态，如图 2–37 所示。头肩形是价格形态中最基本的反转形态，头肩顶是顶部反转形态，而头肩底是底部反转形态。头肩形态中一共出现三个顶或底，即出现三个局部的高点或低点。中间的高点（或低点）比另外两个局部高点都高（低）称为头，左、右两个相对较低（或高）的高点（低点）称为肩。下面重点以头肩顶为例，对头肩形进行介绍。

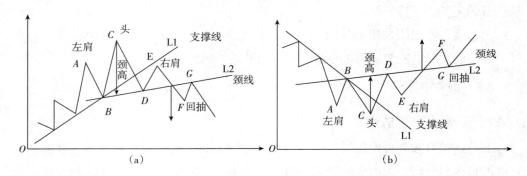

图 2–37　头肩形

（**a**）头肩顶；（**b**）头肩底

（1）头肩顶的形成。在一轮上升行情中，市场投资热情高涨，交易量也随着股价的上涨而不断放大，在股价创出新高 A 点后的回档过程中，出现缩量调整，这时头肩顶的左肩悄然形成。股价在回档之后又重回升势，在冲破前期高点后又创出新高 C 点，价位超过左肩但成交量却有所减少，头部形成。股价第三次上升至 E 点，价位达不到左肩的高度即回跌，成交量显著下降。

当股价第三次下跌时，右肩的底部穿过经由左肩和头部之间的底部以及头部和右肩之间底部的延长线，也就是通常所说的颈线［图 2–37（a）中的 L2］，再回升时股价仅能达到颈线附近，然后成为下跌趋势，头肩顶形态完成。头肩顶是重要的头部反转形态，完成的时间至少要 4 周，形成五次局部的反向运动，即至少应有三个高点和两个低点，完成后的跌幅至少维持 3 浪的下跌，包含"左肩—头—右肩—跌破—回抽"五个步骤。

（2）头肩顶的特征。一般来说，左肩与右肩高点大致相等，有时右肩较左肩低，即颈线向下倾斜。就成交量而言，左肩最大，头部次之，而右肩成交量最小，即呈梯状递减。突破颈线不一定需要大成交量配合，但日后继续下跌时，成交量会显著增加。头肩顶的下跌幅度是可以度量的，理论上股价向下有效突破颈线时，下跌的最小幅度是颈线到头的垂直距离，又称为形态高度。

（3）头肩底的形成与意义。头肩底与头肩顶从形态上看正好相反，其指示意义也完全相反。当头肩底颈线突破时，便是股价上涨的信号，值得注意的是，头肩底形态向上突破颈线［图2-37（b）中的L2］时，必须要伴随着成交量的急剧增加，否则，可靠性将大为降低，甚至可能出现假的头肩底形态。这一点是头肩底和头肩顶最大的区别，头肩顶形态完成后，向下突破颈线时，成交量不一定放大。头肩底也是重要反转形态，完成的时间至少要4周，完成后的涨幅至少维持3浪的上涨，包含"左肩—头—右肩— 突破—回抽"五个步骤。

2. 双重形

双重形又分为双重顶和双重底，如图2-38所示。双重形就是市场上众所周知的M头和W底，这种形态在实际中出现得非常多。下面重点以双重顶为例，对双重形进行介绍。

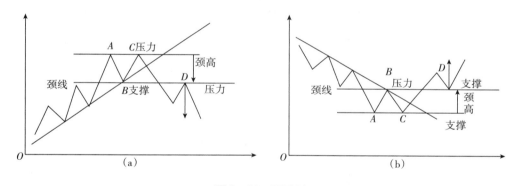

图2-38 双重形

（a）双重顶；（b）双重底

（1）双重顶的形成。如图2-38（a）所示，在上升趋势中，当股价上升至第一个峰顶（A点）时，出现很大的成交量，同时股价上升遇到相当大的阻力，回跌（B点），成交量随之下降。接着股价继续上升，又升至与第一个几乎相等的顶点（C点），成交量再增加却不能达到前一个峰顶的成交量，随后又出现第二次下跌，这样就形成双重顶。过B点做平行于A、C连线的平行线，就得到一条非常重要的直线，即颈线。A、C连线是压力线，颈线是与这条压力线相对应的一条直线，这条颈线在这里起支撑作用。

（2）双重顶的应用。双重顶是一个转向形态。当出现双头时，即表示股价的升势已经终结，可以肯定，双头的最高点就是该股价的顶点；当双头颈线跌破，就是一个可靠的出货信号。在运用双重顶进行趋势判断时，应注意以下几点：①双头的两个最高点并不一定在同一水平线上，两者相差少于3%是可接受的。②双头最小跌幅的量度方法是：由颈线计起，从双头最高点至颈线的垂直距离。③双头形成后不一定都是反转信号，有时也会是整理形态，这要视两个波峰的时间差而定，通常两个高点形成的时间相隔超过一个月的情况较为常见。两峰之间的时间跨度越大，未来股价反转涨跌的幅度越大。④双头的两个波峰都有明显的高成交量，但第二个头部的成交量显著较第一个头部小，其越小反转的力度越大，反映出市场的购买力量已在转弱。

（3）双重底。双重底是双重顶的相反形态，其指示意义与双重顶相反。它与双重顶的最大区别在于，股价从下向上突破颈线时必须有成交量放大配合，否则它的有效性就会降低。

3. 圆弧形

圆弧形包括圆弧顶和圆弧底，如图2－39所示。圆弧顶和圆弧底在实际中出现的机会较少。下面重点以圆弧顶为例，对圆弧形进行介绍。

（a） （b）

图 2－39 圆弧形
（a）圆弧顶；（b）圆弧底

（1）圆弧顶的形成。圆弧顶形态是指股价开始时从低位持续上扬，成交量也明显增加。但随着股价的攀升，获利盘增加，多头开始遇到阻力，股价上升速度放缓，成交量也逐渐萎缩。当股价逐步上推到顶点后，多头力不从心，慢慢由主动转变为被动，最后多头完全失去信心，股价便开始快速回落，从而形成一个向下弯曲的弧形，如图2－39（a）所示。

就成交量而言，在形成圆弧顶过程中往往会两头大、中间小，即在股价拉升后期圆弧顶形成之初，成交量会急剧放大，随后慢慢递减，而到达顶部时成交量达到最少。圆弧顶形态在向下反转时成交量又会放大，但比圆弧顶形成之初时的量要少。

（2）圆弧顶的应用。第一，在识别圆弧顶形态时，成交量显得非常重要。在它的形成过程中，成交量两头大、中间小。越靠近顶成交量越小，达到顶时成交量最小，而突破后的一段，都有相当大的成交量。第二，圆弧形态的最终形成要经过较长时间，特别是在顶部的横向盘整，投资者要仔细观察，不可贸然进出。但圆弧顶一经形成，应立即果断卖出。圆弧形态形成所持续的时间越长，潜在的能量越大，日后反转的力度就越强。第三，有时当圆弧顶形成后，股价并不会马上下降，只反复横向发展形成徘徊区域，这个徘徊区域称作碗柄。一般来说，这个碗柄很快便会突破，股价继续朝着预期中的下跌趋势发展。第四，圆弧顶的跌幅一般不太好测量，但下跌的最小幅度往往是从圆弧顶到圆弧两端连线的垂直距离。

（3）圆弧底。圆弧底与圆弧顶正好相反，它是一个反转向上的形态，如图2-39（b）所示。圆弧底形态是随着股价慢慢下跌，成交量也逐渐萎缩，直至股价和成交量都达到无法再下降的水平，股价又渐渐上升，成交量也伴随增加。一般情况下，圆弧底形态中成交量会形成与股价大致相似的圆弧形。

（三）持续整理形态

股价走势在上升或下降过程中，有时需要休整，在图形上就形成了整理形态，但这种整理形态并不改变原来股价走势的方向，由于力量的变化不同，整理形态会形成各种不同的形态。

1. 三角形

（1）对称三角形。对称三角形是由一系列的价格变动所组成的，其变动幅度逐渐减小，也就是说，价格上升的高点逐渐降低，下跌的最低点逐渐升高，且上升幅度和下跌幅度大致相当。如果把这些高点和低点分别以直线连接起来，就可以形成一个上下相对称的三角形形态，如图2-40（a）所示。

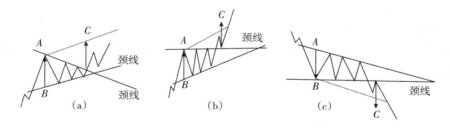

图2-40 三角形

（a）对称三角形；（b）上升三角形；（c）下降三角形

对称三角形大多发生在一个大趋势进行的途中，它表示原有的趋势暂时处于休整阶段，之后股价会继续沿原来的趋势运动。由此可见，对称三角形形成后的走向最大的可能是原有的趋势。

只有在股价朝其中一方明显突破后，才可以采取相应的买卖行动。如果原来是上升趋势，股价于三角形底边 1/2 至 3/4 处冲破阻力且得到大成交量的配合，则表明股价已脱离盘局，即将展开新一轮上升趋势，这是一个短期买入信号。相反，如果原来是下跌趋势，股价于三角形底边 1/2 至 3/4 处在低成交量的情况下往下跌破，且跌后不久成交量随之放大，则表明股价还将继续下跌，这是一个短期卖出信号。如果股价盘整至超过三角形底边 3/4 处还未突破，则表示股价还将盘整。

（2）上升三角形。上升三角形是对称三角形的变形。当股价走势的低点一个比一个高，并伴随着一条水平阻力线的制约、股价波幅日渐收窄，这时将股价的高点连成一条水平线，将股价低点连成上倾直线，便形成上升三角形，如图 2 – 40（b）所示。

与对称三角形相比，由于在上升三角形形成的过程中压力呈水平状态，始终一样、没有变化，而支撑却越来越高，所以，上升三角形有更强烈的上升意识，多方比空方更为积极。通常以三角形的向上突破作为这个持续过程终止的标志。上升三角形在突破顶部水平的压力线并伴有大成交量时，便是一个短期买入信号，后市十分看好。

（3）下降三角形。下降三角形与上升三角形相反，是看跌的形态。股价走势的高点一个比一个低，连接成一条向下的斜线，下方则是一条水平支撑线，两线相连便形成下降三角形。成交量在形态形成的过程中不断减少，但因价格变动与上升三角形相反，因此空方将逐渐占据上风，一旦股价跌破下部水平压力线，便是一个短期卖出信号，后市不容乐观，如图 2 – 40（c）所示。

2. 旗形

旗形就是在股价变动中，出现的形如旗帜的狭窄而且倾斜的平行四边形，股价急速上升、下跌的前段变动过程形成旗杆。旗形走势可分为上升旗形与下降旗形，如图 2 – 41 所示。

图 2 – 41　旗形

（a）下降旗形；（b）上升旗形

（1）旗形的形成。在上升趋势中，股价经过快速大幅上升，成交量逐渐增加，最后达到一个短期最高纪录。先介入的投资者获利卖出，上升趋势受阻，股价开始下跌调整，形成旗形。但由于大部分投资者对后市充满信心，股价回落幅度不大，成交量不断减少，经过一段时间整理后，到旗形末端时，成交量突然放大，股价向上有效突破旗形整理的上沿界线，又恢复原来的上升趋势，上升旗形形态完成。

在下跌趋势中，股价经过快速大幅下跌，成交量增加达到一个高点，然后遇支撑反弹，不过反弹幅度不大，成交量小，股价小幅上升，形成旗形，经过一段时间整理，到达旗形末端，股价突然下跌，成交量大增，便形成下降旗形。

（2）旗形的应用。①旗形形态必须在急速上升或下跌之后出现，其趋势与原来的趋势相反。②旗形形成之前和被突破之后，成交量都很大。在旗形的形成过程中成交量显著减少。当上升旗形往上突破时，必须有成交量激增的配合；当下降旗形向下跌破时，成交量也是大量增加的。③在形态形成中，若股价趋势形成旗形而其成交量为不规则或很多又非渐次减少的情况，则下一步将很快反转，而不是整理，即上升旗形往下突破，而下降旗形则向上突破。换言之，高成交量的旗形形态趋势可能出现逆转。因此，成交量的变化在旗形走势中是十分重要的，它是观察和判断形态真伪的唯一方法。

课堂练习 2 – 23

找出某只股票 K 线图，试画出某种反转突破形态图并截屏上传。

课堂练习 2 – 24

找出某只股票 K 线图，试画出三角形持续整理形态图并截屏上传。

七、均线理论

（一）均线理论概述

移动平均线（move average，MA），简称均线，是指用统计分析的方法，将一定时期内的证券价格（指数）加以平均，并把不同时间的平均值连接成连续的线，用以观察证券价格变动趋势的一种技术指标。

均线理论是投资大师约瑟夫·E. 葛兰维尔（Joseph E. Granville）的得意杰作，也是现有技术分析方法中最重要、最有效和最具有可操作性的分析工具之一，其核心思想是通过移动平均的方法来消除股价变动的偶然性因素，以发现股价变动的必然性因素。

根据对数据处理方法的不同，移动平均线可分为算术移动平均线、加权移动平均线和指数平滑移动平均线三种。在实际应用中，常使用的是算术移动平均线。计算移动平均线所涉及的数据就一个，即证券的收盘价；参数只有一个，即天数。10日移动平均线就记作 MA（10），依次类推。

（二）均线的分类

根据计算期的长短，MA 可分为短期移动平均线、中期移动平均线和长期移动平均线。通常以 5 日、10 日、20 日线观察证券市场的短期走势，称为短期移动平均线；以 30 日、60 日线观察中期走势，称为中期移动平均线；以 120 日、250 日线观察长期趋势，称为长期移动平均线。120 日线实际是半年线，250 日线为年线。半年线在技术分析中很受重视，被视为牛、熊分界线，也称为股市生命线。由于短期移动平均线较长期移动平均线更易于反映行情价格的涨跌，所以一般又把短期移动平均线称为快速 MA，长期移动平均线则称为慢速 MA。

（三）均线的实质

（1）均线方向代表了计算期内股票价格的运动趋势。平均的基本作用在于消除偶然性因素而留下必然性因素，从这个角度来讲，均线的运动方向即为股价的运动趋势。

（2）均线代表了计算期内市场投资者的平均成本。

（3）均线代表了计算期内多空双方力量的均衡点。道氏理论认为收盘价是一个交易日内多空双方的均衡点，均线值是收盘价的平均值，自然就代表了多空双方在计算期内的均衡点。当日收盘价在均线位上方时，说明多方占优，之后的股价上涨概率大；当日收盘价在均线位下方时，说明空方占优，之后的股价下跌概率大。

（四）均线的功能

1. 追踪趋势功能

移动平均线的构造原理决定了它具有反映价格运动趋势的特性，它追随股价的趋势方向，不受小的反向波动的影响，这是原始数据价格图表不可能具备的作用。值得注意的是，不同计算周期均线追踪趋势的功能不尽相同，太短了不能消除全部的偶然性，太长了又会显得过于滞后，通常认为 30 日至 120 日的均线比较适宜追踪趋势。

2. 助涨与助跌功能

当股价在均线上方运动，股价远离均线时短期获利盘会使股价朝着均线运动，但当股价跌至均线位时，追涨投资者便会买入（因为在股价上升过程中按市场平均成本买入股票是最节省资金的），因而股价会止跌回升，即均线产生了助涨功能。

相反，当股价在均线下方运动，股价远离均线时补仓盘会使股价向着均线运动，当股价升至均线位时，解套投资者便会卖出（因为在股价下跌过程中按市场平均成本卖出是损失最小的），即均线产生了助跌功能。

3. 支撑线和压力线功能

均线的助涨和助跌功能即决定均线扮演了支撑线和压力线的角色，技术分析者将均线位作为一种重要的支撑与压力来看待。

移动平均线的不足之处是它的滞后性。由于移动平均线的变动不是一天的变动，而是几天的变动，因此，移动平均线相对于价格的变化来说是滞后的。当价格趋势已经出现变化的时候，移动平均线会按照惯性再维持原有的趋势方向运行一段时间，而不是立即改变运行方向。

（五）均线的研判与应用

1. 葛兰维尔八大法则

葛兰维尔买卖法则如图2－42所示。

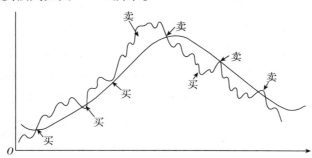

图2－42　葛兰维尔买卖法则

（1）第一买入点。均线从下降转为盘局或上升，股价从均线下方向上突破均线，买入。理由是均线向上说明股价有向上的趋势，股价也向上运动并突破均线，二者相互确认。

（2）第二买入点。股价跌破均线，但立刻回升到均线以上，而均线仍持续上升，买入。理由是均线持续上升说明股价的趋势依然向上。

（3）第三买入点。股价跌至均线附近立即回升，均线依然向上，买入。理由是均线产生了支撑作用且股价运动趋势依然向上。

（4）第四买入点。股价急跌，远离均线，买入。理由是被套牢的投资者有买入股票降低加权成本的要求，抢反弹的投资者也有买入要求，但补仓对于股价向上的推动力不大，因此，这是一个短期买入点。

（5）第一卖出点。均线从上升转为盘局或下跌，股价向下跌破均线，卖出。理由是股价趋势向下，且股价也向下跌破均线，两者互相确认。

（6）第二卖出点。股价向上突破均线，但立即回跌至均线以下，均线仍持续下跌，卖出。理由是股价运动趋势向下。

（7）第三卖出点。股价走在均线下方，股价上升至均线附近时立即下跌，卖出。理由是均线对股价产生压力作用，同时股价趋势依然向下。

（8）第四卖出点。股价急涨，突破均线且远离均线，卖出。理由是短期获利盘对股价造成向下压力，因而短期获利了结。

课堂练习 2 - 25

试找出一只股票的走势图，利用葛兰维尔买卖法则，判断其买点和卖点。

2. 均线的组合运用

尽管均线通过平均计算可以消除股价变动的偶然性因素，但是为了保险起见，通常还将不同时期的均线结合起来组合使用，如将 10 日、20 日和 60 日三条均线（短、中、长组合）放在一起使用，这样做的目的是降低均线分析出错的概率。

（1）黄金交叉和多头排列。短期均线上穿中、长期均线，上穿的位置即为黄金交叉点，这一点是重要的买入信号。在此之后，如果短、中、长三条均线依次从上到下排列，就称为多头排列。这种组合的操作策略是在黄金交叉点买入，一直持有直到股价向下突破长期均线。黄金交叉图如图 2 - 43 所示。

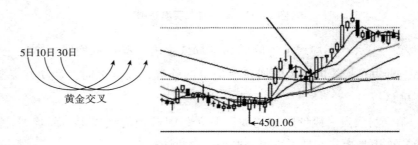

图 2 - 43　黄金交叉图

（2）死亡交叉和空头排列。短期均线下穿中、长期均线，下穿的位置即死亡交叉点，这一点是重要的卖出信号。在此之后，如果长、中、短三条均线依次从上到下排列，就称为空头排列。这种组合的操作策略是在死亡交叉点卖出，直至股价从下方上穿长期均线方可回补。死亡交叉图如图 2 - 44 所示。

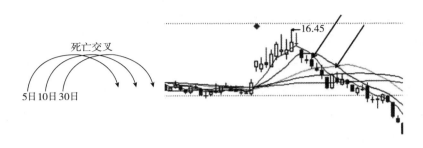

图 2 – 44　死亡交叉图

（3）均线的失效。均线系统即使作为一种非常有效和广泛使用的技术分析方法，也有其不足和缺陷。当股价进行横盘整理时，均线会和股价交织在一起，此时，均线系统会经常发出买入和卖出信号，显然这时发出的买入和卖出信号是不可信的，此时均线失效。

八、技术指标理论

（一）指标分析法

运用一定的数学公式，对股票交易中的原始数据进行处理，得出相应的技术分析指标，将该指标的值绘成图表，用定量的方法对股价走势进行预测，就是股票技术分析中的指标分析方法。股票交易中的原始数据就是股票的开盘价、最高价、最低价、收盘价、成交量和成交金额等。

（二）常用技术指标

一般情况下，在股票交易中，常用的技术指标有 MACD 指标、KDJ 指标、RSI 指标、VR 指标等。

1. MACD 指标

MACD 指标全称为平滑异同移动平均线，又称均线集中分叉，是最为简单同时又最为可靠的指标之一。其设计原理是通过两条不同速度的指数平滑移动平均线（一条为短期的移动平均线，速度变化较快，另一条为长期的移动平均线，速度变化较慢）来计算两者的差离状况作为研判行情的基础，然后再求取其差离状况之 9 日平滑移动平均线，即 MACD 线。一般来说，当 DIF（表示短期的 MACD 趋势）线向上突破 MACD 线，即为趋势确认之点，也就是买入信号。相反，当 DIF 线向下跌破 MACD 线时，即为跌势确认之点，也就是卖出信号。

2. KDJ 指标

KDJ 指标又称随机指标，是由美国乔治·莱恩（George Lane）博士最早提出的，是一种相当实用的技术分析指标，它起先用于期货市场的分析，后被广泛用于股市的中短期趋势分析，是期货和股票市场上最常用的技术分析工具。以最高价、最低价及收盘价为基本数据进行计算，得出的 K 值、D 值和 J 值分别在指标的坐标上形成一个点，连接无数个这样的点位，就形成一个完整的、能反映价格波动趋势的 KDJ 指标。它主要是利用价格的真实波幅来反映价格走势的强弱和超买超卖现象，在价格上升或下降之前发出买卖信号的一种技术工具。

3. RSI 指标

RSI 指标又称相对强弱指标，是目前最流行、使用最广泛的技术分析工具之一。其依据在于市场的价格走势取决于供需双方的力量对比。当市场上对某一证券的需求大于供给时，价格上扬；当需求小于供给时，价格下降；当供求基本平衡时，价格稳定。相对强弱指标以某一时间内整个股市或某一股票的涨跌平均值作为衡量供需双方力量对比的尺度，并将此作为预测未来股价变动的依据。当 RSI 值为 50 时，表示买卖双方势均力敌，供求平衡；RSI 值在 40～60 这一区间波动的概率最大，表明市场行情正处于盘整阶段；RSI 值在 50 以上，表示涨势强于跌势；RSI 值上升至 70 或 80 以上，表示已有超买现象，继续上升则表示已进入严重超买警戒区，暗示股价极有可能在短期内反转下跌；RSI 值在 50 以下时为弱势市场；RSI 值下跌至 30 或 20 以下表示已有超卖现象，继续下跌则表示已进入严重超卖警戒区，股价有可能止跌回升。

4. VR 指标

VR 指标称为容量比率，又称成交量变异率。它是利用某个期间股价上升日的交易金额总计与股价下降日的交易金额总计的比值统计得到的。VR 值能表现股市买卖的气势，进而掌握股价可能之走向趋势。

一般来说，VR ＞450，市场成交过热，应反向卖出。VR ＜40，市场成交低迷，人心看淡之际，应反向买进。

阅读延伸 2 –8

投机、投资与赌博

"华尔街价值投资教父"本杰明·格雷厄姆（Benjamin Graham）在《证券分析》一书中指出，表面和眼前的现象是金融世界的梦幻泡影与无底深渊。他认为："投资是一种通过认真分析研究，有望保本并能获得满意收益的行为，必须以事实和透彻的数量分析作为基础。不满足这些条件的行为被称为投机，投机往往是奇思异想和猜测。"

投机关注的重点是投资中不确定性较高的机会，也就是高风险收益、潜在收益。对投机者来说，获利的关键是，将来有人愿意为潜在收益支付比自己成本更高的价钱。

赌博是零和博弈，主要比的是运气，而运气完全是随机的，没有任何稳定性和可复制性。零和博弈是指参与博弈的各方，在严格竞争下，一方的收益必然意味着另一方的损失，博弈各方的收益和损失相加总和永远为"零"，双方不存在合作的可能。所以说，赌博干的是损人利己的事，一个人靠赌博赚钱越多，他对社会的危害越大。

投资并不是零和博弈，往往比的是一个人的信息收集、信息筛选、信息分析等能力，能力越强就越容易成功。能力具有稳定性、可复制性，一个人靠投资赚钱越多，他对社会的贡献往往越大，投资行为通常能增加社会总财富。

即测即练

任务2-5

技能训练

1. 辨认下列 K 线，普通 K 线如图 2-45 所示，特殊 K 线如图 2-46 所示，单根阳线如图 2-47 所示，单根阴线如图 2-48 所示，分别写出其名称和多空双方力量对比。

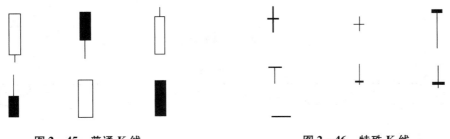

图 2-45　普通 K 线　　　　　　　　图 2-46　特殊 K 线

图2-47 单根阳线 　　　　　　　　　　　　图2-48 单根阴线

2. 根据表2-14，在坐标轴里分别画出各交易时间的日K线图。

表2-14 某股票价格变化表 　　　　　　　　　　　元

交易日期	12月5日	12月6日	12月7日	12月8日	12月9日
开盘价	10.52	11.00	11.70	11.20	10.50
收盘价	10.84	11.80	12.20	11.00	10.10
最高价	11.65	12.00	12.50	11.40	10.80
最低价	10.00	10.84	11.50	10.80	10.00

3. 观察图2-49，说出各K线组合的名称。分析买卖双方力量对比，并判断其后市走势，把结果填在表2-15中。

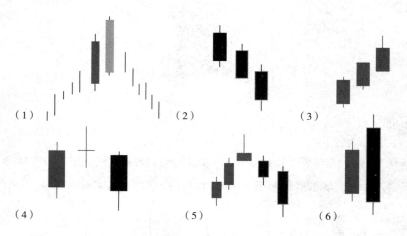

图2-49 K线组合名称表

表2-15 K线组合名称表

序号	组合名称	买卖双方力量对比	后市走势
(1)			
(2)			
(3)			
(4)			

续表

序号	组合名称	买卖双方力量对比	后市走势
(5)			
(6)			

4. 分析上证指数近期 K 线走势，并预测其未来走势。（分组交流）

5. 选择两个股价指数和两只个股，以 20 日均线为支撑（压力）线，各找出一处真、假突破，填表 2—16，并说明理由。

表 2—16　真、假突破说明表

股票名称	真/假突破	突破时间	认定其为真/假突破的理由

6. 运用葛兰维尔八大法则，在浪潮信息股价走势图（图 2—50）中找出所有买入点和卖出点，并分析在该点买入（卖出）的理由。

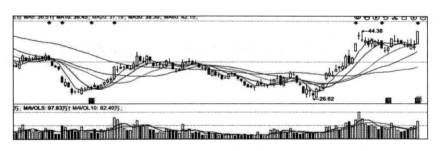

图 2—50　浪潮信息股价走势图

7. 在华体科技股价走势图（图 2—51）和朝阳科技股价走势图（图 2—52）中标出黄金（死亡）交叉点、多头（空头）排列，并分析其未来走势。

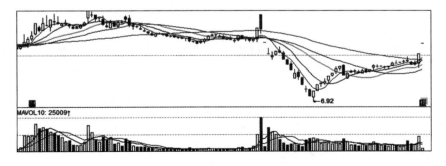

图 2—51　华体科技股价走势图

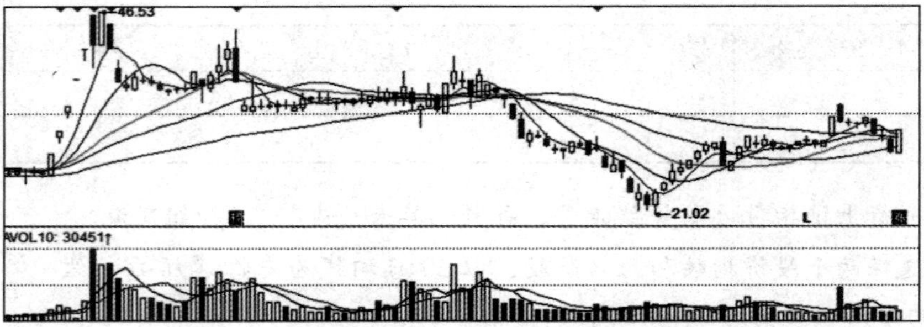

图 2 - 52   朝阳科技股价走势图

8. 利用所学证券投资技术分析知识，通过模拟交易买入、卖出股票，掌握证券投资技术分析的理论和技术分析方法的应用，增强股票交易分析能力，实现课程教学中理论与实践的有机统一。(模拟交易时间约为两个月)

(1) 运用技术分析方法的趋势线，分析你买入或卖出某只股票的理由。

(2) 运用技术分析方法的 K 线理论，分析你买入或卖出某只股票的理由。

(3) 运用支撑线、压力线理论，分析你所模拟交易的股票的买入、卖出时机。

(4) 运用形态理论分析股票价格走势以及你所模拟交易的股票的买入、卖出时机。

（5）运用均线理论分析你买入或卖出某只股票的理由。

9. 根据以上技能训练任务完成表2-17的填写。（可附页）

表2-17 实训报告

股票模拟交易实训报告

实训目标：

实训任务：

任务完成过程记录：
一、我的成交记录（截屏上传）

二、分析个股
上市公司分析（公司情况、买入点等）
公司基本面

盈利能力

板块分析

热点分析

技术分析综合

三、卖出情况记录（截屏上传）和分析

实训体会、总结

自评分数	小组测评分数	教师综合评分	总成绩	备注

10. 成果汇报，说明交易过程及思路，展示最终收益率（PPT 演示、图片或文档资料）。

项目3　掌握债券投资

导语

　　随着我国资本市场的逐渐成熟，投资理财产品越来越丰富，如今，股票、债券、基金已经成为普通老百姓的理财产品，其中，债券投资风险相对较小，因此成为追求本金安全的谨慎投资者的首选产品，本项目主要学习债券相关知识，为投资者进行债券投资提供知识储备。

项目提要

　　本项目分三个任务，首先分析债券投资价值，从债券定价、债券的理论价格、债券投资收益率方面进行；其次，熟悉债券的发行方式和交易流程；最后掌握债券投资基本分析，分析宏观经济环境对债券市场的影响，为投资者投资债券提供价值判断依据。

项目思维导图

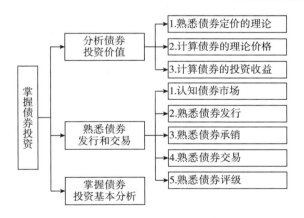

建议学时

　　10学时。

任务 3-1 分析债券投资价值

情境导入

债券作为一种投资工具，具有收益稳定、风险低的特点。但通过看行情软件，发现债券种类繁多，不同类型的债券收益不同，风险也不同，有些创新型的债券产品在还本付息的基础上还有其他收益。那么，选择哪些债券进行投资，如何向不同风险偏好的投资者推荐合适的债券品种，是本任务需要学习的内容。

知识目标

1. 理解债券定价的理论基础。
2. 掌握债券的理论价格的计算原理。
3. 掌握计算债券收益率的原理。

能力目标

1. 能计算债券的理论价格。
2. 能计算债券投资的收益率。
3. 能分析债券的投资价值。

思政目标

1. 践行社会主义核心价值观，树立我国资本市场制度自信。
2. 遵守投资行业职业道德，经世济民、诚信服务。

建议学时

4 学时。

知识储备

一、债券定价的理论基础

债券投资的目的在于投资者在未来某个时点可以取得一笔已发生增值的货币收入，即未来实现的现金收入流量大于今天投资的价值。因此，债券的价格可表达为投资者为取得这笔收入目前愿意投入的资金。

在进行债券投资分析时，应当考虑货币的时间价值。货币的时间价值表现为同一数量的货币在不同时点上的价值量差额。从量的规定性来看，通常情况下，货币的时间价值相当于没有风险和没有通货膨胀条件下的社会平均资金利润率。货币的时间价值，主要有两种表达方式：终值与现值。

（一）终值

终值，又称将来值或本利和，是指今天的一笔投资在未来某个时点的价值。终值应采用复利来计算。终值的计算公式为

$$p_n = p_0 (1 + i)^n$$

式中，n 为时期数；p_n 为从现在开始 n 个时期的未来价值，即终值；p_0 为初始的本金；i 为每个时期的利率；代数表达式 $(1 + i)^n$ 表示今天投入一个单位货币，按照复合利率 i 在 n 个时期后的价值。

课堂练习 3 – 1

每年支付一次利息的 5 年期国债，年利率为 3.97%，面值为 100 元，那么这张债券 5 年后的终值应该为多少？

（二）现值

现值也称折现值、在用价值，是终值计算的逆运算。投资者进行投资决策，在很多时候都需要在现在的货币和未来的货币之间作出选择，也就是将来所获得现金流量折现与目前的投资额相比较来测算盈亏。现值的计算公式为

$$p_0 = \frac{p_n}{(1 + i)^n}$$

式中，i 为贴现率。

课堂练习 3 – 2

投资者出售 10 年前购入的债券，出售价格为 99.8 元，收益率为 10%，那么债券的购买价格是多少？

二、债券的理论价格

债券的理论价格就是指投资者为获得债券在未来一定时期内的利息收入而在理论上应支付的价格。它受债券期值、债券期限和利率水平三个变量的影响。

（一）债券期值

债券期值是债券的未来价值或到期价值，是债券持有者到债券到期日时能够获得的全部金额，包括债券的本金和利息两个部分。

（二）债券期限

对投资者来说，债券期限有两种：一是有效期限，指债券发行日起到最终偿还日止的时间；二是待偿还期限，指债券进入交易市场后由本次交易日起到最终偿还日止这段时间。债券的有效期限，一般用于债券发行价格的计算，而债券的待偿还期限，则用于计算债券的交易价格。

（三）利率水平

利率水平指债券市场上绝大多数买卖双方都能接受的债券收益水平。

对任何一种债券，只要已知上述三个变量就可以计算出其理论价格，但由于债券有各种计息方式和不同的付息次数，其现值也会出现各种不同的结果，因此，对不同情况应分别对待。

思政课堂 3-1

中国债券市场开新篇

中国债券市场循着支持实体经济的主线，走出了一条在改革、创新、开放推动下的大发展之路。从 2012 年不及 30 万亿元，到 2022 年逾 139 万亿元规模，中国债券市场已化身为直接融资的中流砥柱，更是中国金融市场对外开放的主阵地。

在中国金融市场的发展中，债券市场堪称浓墨重彩的一笔。奔流着服务实体经济的"活水"，中国债券市场的深刻变革，是我国社会融资结构变化的写照，更是推动中国经济高质量发展的有机组成。

自 2016 年起，我国就已成为世界第二大债券市场。截至 2022 年 5 月末，我国债券市场总规模达 139 万亿元人民币，较 2012 年末增长了 4.3 倍，稳居世界第二。其中，公司信用类债券规模为 32 万亿元人民币，是仅次于信贷的实体经济融资第二大渠道。

市场体量实现飞跃的同时，债券品种也呼应着实体需求与时代大势，创新不断。

近几年，民营企业债券融资支持工具、小微企业债券、绿色债券、扶贫债券、"一带一路"债券等品种相继问世，成为化解民营小微企业融资困境、推动绿色发展、助力脱贫攻坚、支持"一带一路"建设的有力支撑。

自"债券通"开通以来，境外机构持债规模年均增速达34.7%。"熊猫债"发行规模持续提升，截至2022年5月，中国债券市场"熊猫债"累计发行金额约5 800亿元。截至2022年5月末，进入银行间市场的境外机构有1 038家，覆盖了美国、加拿大、英国、法国、德国、意大利、日本、新加坡、澳大利亚等60多个国家和地区。

2016年5月，银行间市场结算代理人服务境外机构实施细则发布；2017年7月，"债券通"落地，率先启动的"北向通"为境外中小投资者补充了间接进入中国债券市场投资的途径；2020年5月，人民银行、外汇管理局联合宣布取消QFII投资收益汇出时间和比例的限制，进一步打消境外投资者对资金"易进难出"的顾虑。

一系列改革举措，指向明确——通过理顺多个市场、改善分散格局，以更大程度地便利投资者入市，更好地支持实体经济融资。

资料来源：服务实体经济"活水"奔流，中国债券市场在开放中大发展［N］. 上海证券报，2022－10－10（1）.

思政感悟：中国债券市场新篇启航，彰显了金融开放的决心与成效。它不仅促进了资本流动，更推动了经济高质量发展。金融市场的繁荣需以规范为基、创新为翼，服务实体经济，助力国家发展大局。

三、债券的投资收益

债券投资的目的是在到期收回本金的同时得到固定的利息。衡量债券投资收益水平的指标为债券收益率。债券的收益率是指一定时期内得到收益与投入本金的比率。为了便于分析，债券的收益率一般以年利率为单位计算。

（一）债券投资收益的来源

债券投资的收益包含两个方面的内容：一是债券的利息收入，这是债券发行时就决定的，除了保值贴补债券和浮动利率债券，债券的利息收入不会改变，投资者在购买债券前就可得知；二是资本利得，是指债券买入价与卖出价或偿还额之间的差额。由于证券买卖价格受到市场利率、供求关系等因素的影响，资本利得很难在投资决策前准确预测，这也就是债券投资的风险所在。

1. 利息收入

债券的利息收入取决于债券的票面利率和付息方式。债券的票面利率是指1年的利息占票面金额的比例。票面利率的高低直接影响到债券发行人的筹资成本和投资者的投资收益，一般由债券发行人根据债券本身的性质和对市场条件的分析决定。

首先要考虑投资者的接受程度。发行人往往是参照了其他相似条件债券的利率水平之后，在多数投资者能够接受的限度内，以最低利率来发行债券。其次，债券的信用评级是影响债券票面利率的重要因素。再次，利息的支付方式和计息方式也是决定票面利率要考虑的因素。最后，还要考虑证券主管部门的管理和指导。一旦债券的票面利率被确定，在债券的有效期限内，无论市场上发生什么变化，发行人都必须按确定的票面利率向债券投资人支付利息。

2. 资本利得

债券投资的资本利得如同股票一样，可正可负；当卖出价或偿还额大于买入价时，资本利得为正，此时可称为资本收益；当卖出价或偿还额小于买入价时，资本利得为负，此时可称为资本损失。投资者可以在债券到期时将所持债券兑现，或是利用债券市场价格的变动低买高卖从中取得资本收益，当然，也有可能遭受资本损失。

（二）债券收益率的计算

债券收益率有票面收益率、直接收益率、持有期收益率、到期收益率等。这些收益率分别反映投资者在不同买卖价格和持有年限下的实际收益水平。

1. 票面收益率

票面收益率又称名义收益率或息票率，是指债券的票面利率，即年利息收入与债券面值之比。投资者如果将按票面金额发行的债券持有到期，则所获得的投资收益率与票面收益率是一致的。其计算公式为

$$Y_n = \frac{C}{V} \times 100\%$$

式中，Y_n 为票面收益率；C 为债券年利息；V 为债券面值。

票面收益率只适用于投资者按票面金额买入债券直至期满并按票面金额偿还本金这种情况，它没有反映债券发行价格与票面金额不一致的可能，也没有考虑投资者中途卖出债券的可能。

2. 直接收益率

直接收益率又称本期收益率、当前收益率，指债券的年利息收入与债券的买入价之比。债券的买入价可以是发行价，也可以是在流通市场上的交易价格，它可能等于债券面值，也可能高于或者低于债券面值。其计算公式为

$$Y_d = \frac{C}{P_0} \times 100\%$$

式中，Y_d 为直接收益率；C 为债券年利息；P_0 为债券买入价。

课堂练习 3-3

某债券面值为 100 元，3 年期，票面利率为 5%，现以 95 元的发行价发行，则投资者在认购债券后到持至期满时，可获得的直接收益率为多少？

直接收益率反映了投资者的投资成本带来的收益。在课堂练习 3-3 中，投资者购买债券的价格低于债券面值，所以收益率高于票面利率。直接收益率对那些每年从债券投资中获得一定利息作为现金收入的投资者来说更有意义。

直接收益率也有不足之处，它和票面收益率一样，不能全面地反映投资者的实际收益，因为它忽略了资本损益，既没有计算投资者买入价格与持有债券到期满按面额偿还本金之间的差额，也没有反映买入价格与到期前出售或赎回价格之间的差额。

3. 持有期收益率

持有期收益率是指买入债券后持有一段时间，又在债券到期前将其出售而得到的收益率。它包括持有债券期间的利息收入和资本收益。

（1）息票债券持有期收益率。息票债券持有期收益率计算公式为

$$Y_h = \frac{C + (P_1 - P_0) \div n}{P_0} \times 100\%$$

式中，Y_h 为持有期收益率；C 为债券年利息；P_1 为债券卖出价；P_0 为债券买入价；n 为持有周期数。

课堂练习 3-4

某面值 1 000 元的 5 年期息票债券，票面利率为 5%，投资者以 950 元的发行价购买，持有到第 3 年末，以 995 元的市场价格出售。求该投资者的持有期收益率。

（2）一次性还本付息债券持有期收益率。一次性还本付息债券持有期收益率计算公式为

$$Y_h = \frac{(P_1 - P_0) \div n}{P_0} \times 100\%$$

式中，Y_h 为持有期收益率；P_1 为债券卖出价；P_0 为债券买入价；n 为持有周期数。

课堂练习 3 - 5

某面值 1 000 元的 5 年期一次性还本付息债券，票面利率为 5%，投资者以 950 元的发行价购买，持有到第 3 年末，以 1 010 元的市场价格出售。求该投资者的持有期收益率。

4. 到期收益率

到期收益率又称最终收益率，一般的债券到期都按面值偿还本金，所以，随着到期日的临近，债券的市场价格会越来越接近面值。到期收益包括利息收入和资本损益。

（1）息票债券到期收益率。息票债券到期收益率计算公式为

$$Y_m = \frac{C + (V - P_0) \div n}{P_0} \times 100\%$$

式中，Y_m 为到期收益率；C 为债券年利息；V 为债券面值；P_0 为债券买入价。

课堂练习 3 - 6

某面值 1 000 元的 5 年期息票债券，票面利率为 5%，投资者以 950 元的发行价购买，并持有到期。求该投资者的到期收益率。

（2）一次性还本付息债券到期收益率。一次性还本付息债券到期收益率的计算公式为

$$Y_m = \frac{[V \times (1 + i \times n_1) - P_0] \div n_2}{P_0} \times 100\%$$

式中，Y_m 为到期收益率；V 为债券面值；P_0 为债券买入价；n_1 为债券的有效年限（从发行至期满）；n_2 为债券持有年限；i 为债券票面利率。

课堂练习 3 - 7

知识拓展3-1

某一次性还本付息债券面值 100 元，期限 3 年，票面利率 4%，投资者在该债券发行 1 年后以 105 元的市场价格买入并持有到期。求该投资者的到期收益率。

即测即练

任务3-1

技能训练

1. 计算债券的价值，据此为客户做债券投资分析。

（1）有一张面值为 1 000 元，10 年期 10% 息票的债券，假设其必要收益率为 12%，其价值应为多少？（提示：将未来每一年的现金流量值加总求和）

（2）每年支付一次利息的 8 年期国债年利率为 6%，面值为 1 000 元，那么这张债券 8 年后的终值应该是多少？

（3）某投资经理承诺在 5 年后向投资人支付 10 万元，同时此经理保证每年的投资收益率为 10%，那么，他现在向投资人要求的初始投资应为多少？

2. 分别计算以下债券的收益率。

（1）甲公司发行一种零息债券，债券面值为 1 000 元，期限 10 年，票面利率为 3.50%，若当前市场价格为 613.51 元，计算其到期收益率。

（2）乙公司发行的某债券，债券面值为 1 000 元，5 年期，票面利率为 2.35%，每年付息一次，期限为 5 年。若投资者以 980 元的价格购入该债券，计算其到期收益率。

（3）丙公司发行的某债券，面值为 1 000 元，票面利率为 2.32%，每年付息一次，期限为 5 年。若投资者以 1 050 元的价格购入该债券，并计划在持有 3 年后以 1 150 元的价格卖出，计算其持有期收益率。

案例分享 3 – 1

全国首例公司债券纠纷普通代表人诉讼案——五洋债案

2015 年 8 月，五洋公司获准向公众发行不超过 13.6 亿元公司债券，该债券评级为 AA 级，债券发行后，上交所、浙江证监局在随后的调查中发现，五洋公司在债券存续过程中存在募集资金使用管理不规范、公司未决诉讼披露不完整等诸多问题。

2017 年 8 月，中国证监会决定对五洋公司债券发行进行立案调查，随后发现，五洋公司在自身最近 3 年平均可分配利润明显不足以支付所发行公司债券一年的利息，不具备公司债券公开发行条件的情况下，在编制用于公开发行公司债券的 2012 年至 2014 年财务报表时，违反会计准则，通过将所承建工程项目应收账款和应付款项"对抵"等方式，同时虚减企业应收账款和应付账款，导致上述年度少计提坏账准备、多计利润，存在骗取公司债券公开发行许可的行为。随后，中国证监会认定五洋公司债券发行欺诈的事实成立，遂对五洋公司及其相关单位作出行政处罚决定。人民法院应投资者请求，通过公开征集，集中受理了 487 位投资者对五洋公司债券欺诈责任的索赔诉讼。

2021 年 9 月，五洋债案二审判决被告承担 487 位原告投资者合计 7.4 亿元赔偿责任。该案是首例公司债券欺诈发行适用普通代表人诉讼程序审理的案件，彰显了对于资本市场违法违规行为"零容忍"的态度，也将督促中介机构尽职履责，充分发挥"看门人"作用，规范资本市场发展生态。

资料来源：投资者保护典型案例（二）：全国首例公司债券纠纷普通代表人诉讼案——五洋债案［EB/OL］．（2022 – 09 – 23）．http：//www. csrc. gov. cn/csrc/ c100210/c5737477/content. shtml.

任务 3 – 2　熟悉债券发行和交易

情境导入

债券是一种债权债务凭证。满足哪些条件可以发行债券？怎样发行债券？债券到期能不能还本付息? 要想在债券市场上发行债券, 得符合一定的条件和要求, 只有保护了投资者的利益, 才能让债券发行人获得债权人的信任, 才能达到筹集资金的目的。

我们通过证券交易软件, 发现股票的价格波动较大, 但是债券价格走势不像股票那样波动大, 一天下来, 交易价格基本没有变化, 为什么会出现这样的情形? 债券是怎么交易的? 通过本任务的学习, 我们可以更深入地了解债券市场的运作机制。

知识目标

1. 了解我国的债券市场。
2. 掌握债券的发行方式和发行价格。
3. 熟悉债券上市交易的条件和交易流程。

能力目标

1. 能分析影响债券发行的因素。
2. 能说出债券上市交易的条件和交易流程。

思政目标

1. 培养学生诚实守信、守法合规、勤勉尽职的投资行业职业道德。
2. 帮助学生树立正确的投资观、价值观。
3. 培养学生的社会责任感和民族自豪感。

建议学时

4 学时。

知识储备

一、认知债券市场

从广义来看, 债券市场是债券发行、交易、托管、结算的场所, 是与债券相关的各类市场基础设施的总称。

从狭义来讲, 债券市场就是指债券的发行与交易场所。我国的债券市场分为场内市场和场外市场。场内市场是指交易所市场, 包括上交所和深交所; 场外市场则包括银行间债券市场、银行柜台市场和新成立的自贸区债券市场。其中, 银行间债券市场是我国债券市场的主体。

（一）银行间债券市场

银行间债券市场是指依托于中国外汇交易中心暨全国银行间同业拆借中心和中央国债登记结算有限责任公司（以下简称"中央结算公司"）、银行间市场清算所股份有限公司（上海清算所）的，包括商业银行、农村信用联社、保险公司、证券公司等金融机构进行债券买卖和回购的市场。可以说，这是一个大宗交易市场或批发市场，一般的个人投资者难以参与。

想要参与银行间债券市场投资债券的机构，首先需要按照人民银行的入市指导文件，准备相关的材料。央行在对材料进行形式审查，确认各类材料的真实性和完整性后，给该机构发布允许入市通知。该机构获得允许入市通知后，需要开立三个账户：①在中国外汇交易中心开立本币交易账户；②在中央结算公司以及上海清算所办理托管账户；③开立资金账户。

交易账户用来做买卖交易，中国外汇交易中心是交易的平台，帮助买卖双方达成交易。当债券买卖双方达成一致进行交易时，双方就需通过交易账户向中国外汇交易中心提交各类和交易相关的要素材料，然后中国外汇交易中心检查两个机构的券款是否足量，帮助两个机构达成交易。

托管账户用于债券的登记、托管，表明债券的所有权归属。现实中的债券交易和股票交易一样，用的基本都是电子凭证，没有像纸币一样的纸质凭证。

资金账户负责资金的划转和结算。

银行间债券市场交易主要有现券买卖、回购交易（质押式回购和买断式回购）、债券借贷和债券远期。

（二）交易所债券市场

和银行间债券市场不同，交易所债券市场是一个零售市场，进入门槛较低。所以交易所债券市场是以非银行金融机构和个人为主体的场内市场，该市场采用连续竞价方式交易，债券的托管与结算都在中国证券登记结算有限责任公司。

投资者参与交易所债券市场投资债券首先需要开设账户：①在证券公司开立证券账户。证券账户是由中国证券登记结算有限责任公司开立的，之后投资者在交易所债券市场上经过买卖持有的债券都由中国证券登记结算有限责任公司在这个账户上进行登记。②证券资金账户。这个账户专门用于证券的交易，投资者在买卖证券时发生的资金划入、转出均在这个账户进行。在开立完账户后，投资者就可以进入交易所债券市场进行债券交易了。

阅读延伸 3-1

绿色债券

"绿水青山就是金山银山"。推动可持续发展，应对环境保护和全球气候变化的挑战，是企业履行社会责任的重要体现。

根据《中国人民银行 发展改革委 证监会关于印发＜绿色债券支持项目目录（2021年版）＞的通知》，绿色债券是指将募集资金专门用于支持符合规定条件的绿色产业、绿色项目或绿色经济活动，依照法定程序发行并按约定还本付息的有价证券，包括但不限于绿色金融债券、绿色企业债券、绿色公司债券、绿色债务融资工具和绿色资产支持证券。

根据《中国证监会关于支持绿色债券发展的指导意见》，绿色公司债券是指符合《证券法》《公司法》《公司债券发行与交易管理办法》及其他相关法律法规的规定，遵循证券交易所相关业务规则的要求，募集资金用于支持绿色产业项目的公司债券。

绿色公司债券募集资金主要用于绿色产业项目建设、运营、收购或偿还绿色项目贷款等，募集资金确定用于绿色项目的金额应不低于募集资金总额的70%。绿色公司债券募集资金投向的绿色项目的识别和界定参考《绿色债券支持项目目录（2021年版）》，见表3-1。

表3-1 《绿色债券支持项目目录（2021年版）》

节能环保产业：	生态环境产业：
能效提升	绿色农业
可持续建筑	生态保护与建设
污染防治	基础设施绿色升级：
水资源节约和非常规水资源利用	能效提升
资源综合利用	可持续建筑
绿色交通	污染防治
清洁生产产业：	水资源节约和非常规水资源利用
污染防治	绿色交通
绿色农业	生态保护与建设
资源综合利用	绿色服务：
水资源节约和非常规水资源利用	咨询服务
清洁能源产业：	运营管理服务
能效提升	项目评估审计核查服务
清洁能源	监测检测服务
	技术产品认证和推广

资料来源：上交所。

二、债券发行

债券是除股票外另一类重要的证券投资工具，在现代经济社会中，其发行规模、数量和交易量都远远超过了其他证券。债券的发行是发行人以借贷资金为目的，依照法律规定的程序向投资人要约发行代表一定债权和兑付条件的债券的法律行为。

（一）债券发行的影响因素

债券发行的影响因素是债券发行人以债券形式筹集资金时必须考虑的有关因素，主要包括发行金额、期限、偿还方式、票面利率、付息方式、发行价格、发行方式、担保情况和发行费用等内容。这些因素直接影响发行人发行债券的收入和成本。

1. 发行金额

债券的发行金额由发行人所需资金数量、发行人偿债能力和信誉、资金市场承受能力、国家法定发行限额等来决定。如果发行额定得过高，会造成销售困难，发行后对债券的转让也会产生个别不良影响；发行额太小，又不能满足筹资的需求，增加单位资金的筹资成本。

2. 期限

从债券的发行日起到偿清本息为止的这段时间称为债券的期限。债券的期限根据发行人资金需求的性质、未来市场利率水平的发展趋势、流通市场的发达程度、物价的变动趋势、债券市场上其他债券的期限构成及投资者的投资偏好等因素来确定。一般而言，当资金需求量较大，债券流通市场较发达，利率有上升趋势时，可发行中长期债券，否则，应发行短期债券。

3. 偿还方式

债券偿还方式直接影响债券的收益高低和风险大小。在偿还方式中，要规定偿还金额、偿还日期、偿还形式等。按照债券偿还日期的不同，债券的偿还方式可分为期满偿还、期中偿还和延期偿还三种；按照债券偿还形式的不同，可分为以货币偿还、以债券偿还和以股票偿还三种。企业可根据自身实际情况和投资者的需求灵活决定。

4. 票面利率

票面利率可分为固定利率和浮动利率两种。企业应根据自身资信情况、公司承受能力、利率变化趋势、债券期限的长短等决定选择何种利率形式与确定利率的高低。如果发行人认为未来市场利率会提高，可能偏向于发行固定利率债券。用票面利率乘以债券面值，就可以得到利息额。

5. 付息方式

债券的付息方式是指发行人在债券的有效期间内，一次或按一定的时间间隔分次向债券持有人支付利息的方式。债券的付息方式一般分为一次性付息和分期付息两类，一次性付息又可分为利随本清方式和利息预扣方式两种。发行人在选择债券付息方式时，应将降低筹资成本与增强债券对投资者的吸引力结合起来，如对中长期债券可采取分期付息方式，按年、半年或季度付息等；对短期债券可以采取一次性付息方式等。

6. 发行价格

债券的发行价格即债券投资者认购新发行债券的价格。理论上，债券的发行价格为未来债券所能带来的现金流（包括本金与利息）的贴现值。由于债券发行从主管部门批准到实际出售往往有一个间隔期，报批时确定的债券票面利率往往与资本市场利率产生较大差异，影响到发行人的筹资成本，因此，需要测算债券发行价格，以使投资者得到的实际收益率与市场收益率相匹配。

债券的发行价格与债券的票面金额相比，可以有三种情况：平价发行、折价发行、溢价发行。

选择发行价格的主要考虑因素是使投资者得到的实际收益与市场收益率相近，企业可根据市场收益率和市场供求情况自行决定。一般当市场利率高于票面利率时选择折价发行，市场利率与票面利率相等时选择平价发行，市场利率低于票面利率时选择溢价发行。

7. 发行方式

企业可根据市场情况、自身信誉和销售能力等因素，选择采取向特定投资者发行的私募发行方式或者向社会公众发行的公募发行方式，公开招标发行方式或者与中介机构协商议价的非招标发行方式等。

8. 担保情况

债券的担保是债券发行的重要因素之一。一般而言，由信誉卓著的第三方担保或以企业自己的财产做抵押担保可以提高债券投资的安全性、降低投资风险、提高债券的吸引力。企业可以根据自身的资信状况决定是否以担保形式发行债券。

9. 发行费用

债券发行费用指发行人支付给有关债券发行中介机构和服务机构的费用，债券发行人应尽量减少发行费用。在保证发行成功和有关服务质量的前提下，选择发行费用较低的中介机构和服务机构。

阅读延伸 3 - 2

债券市场不断扩大高水平对外开放

2023 年以来，我国债券市场不断扩大双向开放，降低境外投资者门槛，便利境外投资者入市，不断优化入市机制与环境，在基础设施、产品服务、流程制度等方面持续发力。目前，境外投资者进入我国债券市场有三种模式：直接入市的"全球通"模式、间接入市的香港"债券通"模式、QFII/RQFII 模式。其中，QFII/RQFII模式通常也被归为"全球通"模式。"全球通"作为境外投资者进入我国债券市场主模式的特征非常明显。2023 年 5 月 22 日，首只人民币玉兰债发行，国际投资人可通过欧洲清算银行购买持有玉兰债。2023 年 9 月 19 日，中国银行间市场交易商协会发布《关于开展境外机构债券定价配售机制优化试点有关工作的通知》，对熊猫债规则不断进行优化调整，顺应熊猫债投资人和发行人诉求，发行金额与配售方式更加灵活。2023 年 9 月 28 日，中国人民银行、国家金融监督管理总局等部门与中国香港金融管理局、中国澳门金融管理局等进一步优化粤港澳大湾区"跨境理财通"业务试点，优化投资者准入条件、扩大参与机构范围、扩大"南向通""北向通"合格投资产品范围、进一步提高个人投资者额度。2023 年 10 月 17 日国家金融监督管理总局发布的《非银行金融机构行政许可事项实施办法》，进一步放宽了境外机构入股金融资产管理公司的准入条件。

资料来源：彭兴韵，周莉萍，孙雨萌，等. 我国债券市场回顾及展望［J］. 债券，2024（1）：24 - 29.

（二）债券发行的方式

1. 公募发行和私募发行

按发行对象不同，发行可分为公募发行和私募发行。一般发行量大、信用水平高的发行主体，如政府发行的国债及著名大公司发行的债券大都采用公募发行方式；知名度较低、不符合公募发行条件的企业则只能采用私募发行方式。目前，债券市场的发行以公募发行为主导，以该方式发行的债券占市场存量债券的比重超过90%。

2. 直接发行和间接发行

按是否借助中介机构，发行可分为直接发行和间接发行，间接发行进一步分为代销和包销。代销是指债券承销商代发行人发售债券，在承销期结束时，将未售出的债券全部退还给发行人的承销方式，承销机构不负承销剩余债券的责任，发行风险由发行公司自己承担。包销则是指债券承销商将发行人的债券按照协议全部购入，或者在承销期结束时将售后剩余债券全部自行购入的承销方式。包销方式可以使发行人不承担发行风险，但不利之处是发行费用较高。

3. 协议发行和招标发行

按发行条件，发行可分为协议发行和招标发行。

协议发行是发行人和承销商相互磋商确定承销资格和发行条件的发行方式，采取协议发行方式可以使双方通过充分的交流与合作设计出满意的发行方案，但它受人为因素（如双方的谈判能力）的影响较大，不利于得到公平的市场价格。

招标发行是通过竞拍招标方式来确定承销商和发行条件。其特点是采用竞争机制来确定价格。公开招标市场化程度更高，比较适合认购者众多、信用等级高、单次发行规模较大的国债、政策性银行债、大型企业发行的企业债等券种，因而有利于发行人以较低资金成本筹集资金。荷兰式招标和美国式招标是债券招标发行的两种主要方式。本书以地方债为例，介绍其招标发行流程，如图3-1所示。

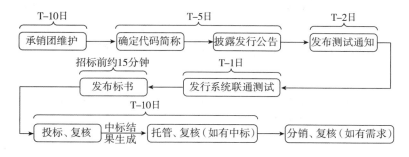

图3-1　地方债招标发行流程

阅读延伸3-3

荷兰式招标和美国式招标

荷兰式招标的特点是单一价格，是我国国债公开招标发行采用的主要方式。当标的为利率时，最高中标利率为当期国债的票面利率；标的为利差时，最高中标利差为当期国债的基本利差；标的为价格时，最低中标价格为当期国债的承销价格。

美国式招标的特点是多种价格。标的为利率时，全场加权平均中标利率为当期国债的票面利率，各中标机构依各自及全场加权平均中标利率折算承销价格；标的为价格时，各中标机构按各自加权平均中标价格承销当期国债。

荷兰式招标和美国式招标作为债券招标发行的两种主要方式，直接的区别在于中标价格的形成模式。进一步看，对中标的承销商而言，荷兰式招标则是单一价格招标，即所有中标人均以同一利率作为中标利率；美国式招标形成的是差异的中标价格，也称多重价格招标，即中标人以各自的投标利率为最终中标利率。两者的有效投标均以收益率由低到高的累加方式截止于招标发行量。

荷兰式招标和美国式招标，作为两种被广泛运用且最基本、最典型的招标方式，成为招标方式分析的主要选择类型。

一般认为，就引导投标人报价方面，荷兰式助低、美国式助高。实际情况往往比较复杂，荷兰式招标或美国式招标究竟在当前的招标发行中起到怎样的作用，必须具体分析。

三、债券的承销

债券发行的最后环节是将债券推销给投资者。发行人推销债券的方法有两种：一是自己销售，称为自销；二是委托他人代为销售，称为承销。一般情况下，公开发行以承销为主。债券承销是指承销商或投资银行接受客户的委托，按照客户的要求将债券销售到机构投资者和社会公众投资者手中，实现客户筹措资金目的的行为或过程。

按照发行风险的承担、所筹资金的划拨以及手续费的高低等因素，承销方式有包销和代销两种。该内容在项目2股票发行中已做详细介绍，在此不再赘述。本书以地方债为例，介绍其承销流程，如图3-2所示。

思政课堂 3-2

券商多路并进助力绿色金融发展

党的二十大报告指出，绿色低碳发展是中国式现代化的显著特征，推动经济社会发展绿色化、低碳化是实现高质量发展的关键环节。

在服务"双碳"目标的背景下，发行绿色债券成为践行该目标的重要组成部分。中诚信国际发布的数据显示，2023年，我国绿色债券发行规模继续扩大，全年

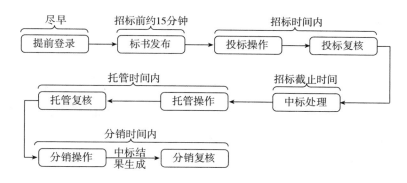

图 3 – 2　地方债承销流程

共发行 802 只绿色债券，发行规模达 1.12 万亿元，连续两年发行规模超过万亿元。

据中国证券业协会发布的数据，2023 年前三季度作为绿色公司债券主承销商或绿色资产证券化产品管理人的证券公司共 55 家，承销（或管理）129 只债券（或产品），合计金额为 1 275.34 亿元，其中资产证券化产品 51 只，合计金额为 794.59 亿元。

近年来，券商对绿色金融领域的布局也日渐丰富。中信证券与天津钢管制造有限公司达成了天津碳市场首笔碳排放配额回购交易，交易规模约 5 000 万元；东方证券发布了多项绿色研究成果，并推出"东方证券·碳中和指数"。

在债券发行与承销方面，中信建投证券 2023 年半年报披露，报告期内，公司主承销绿色债券 34 只，承销规模人民币 321.36 亿元，其中碳中和专项债 5 只，承销规模人民币 16.10 亿元。

发展绿色金融方面，东方证券在 2023 年半年报中披露，公司发行了可持续投资基金，完成多个绿色债券首单创新项目，并率先落地首单碳排放权交易，通过挂牌交易方式完成首笔碳配额交易，持续推进畅通"科技—产业—金融"的良性循环。

资料来源：李雨琪．券商积极参与 CCER 交易 多路并进助力绿色金融 [N]．上海证券报，2024 – 02 – 03.

知识拓展3-2

　　思政感悟：在未来的碳市场交易体系中，券商在主动履行社会责任的同时，可以连接碳交易所和散户，便利个人投资者参与碳交易。同时，券商广泛的业务有利于为投资者提供多样化的投资渠道，分散碳交易市场的风险，全面促进包括碳金融在内的绿色金融市场发展。

四、债券交易

(一) 债券的交易程序

我国债券交易市场分为场外市场和场内市场。场外市场包括银行间市场和银行柜台市场，前者的市场参与者限定为机构，属于场外债券批发市场；后者的市场参与者限定为个人，属于场外债券零售市场。场内市场包括上交所和深交所。交易程序包括场内债券交易程序和场外债券交易程序。

1. 场内债券交易程序

场内债券交易程序有以下步骤：开户、委托、成交、清算和交割。

（1）开户。债券投资者要进入证券交易所参与债券交易，首先必须选择一家可靠的证券经纪公司，在订立开户合同，明确双方权利义务、合同有效期后，就可以开立账户。上交所允许开立的账户包括资金账户和证券账户。资金账户只能用来买进债券，证券账户只能用来交割债券。投资者的资金要首先交存证券商，然后由证券商转存银行，由银行托管；投资者开立的证券账户，则由证券商免费代为保管债券。

（2）委托。投资者与所选择的证券公司确定委托关系后，就可以开始交易委托。委托方式可分为：买进委托和卖出委托；当日委托和多日委托；市价委托和限价委托；停止损失委托和授权委托；停止损失限价委托、立即撤销委托、撤销委托；整数委托和零数委托。

投资者办理委托可以采取当面委托或电话委托两种方式。委托单内容包括债券种类、数量、价格、交割方式等，委托单由证券公司及时送达其在交易所中的出市代表，由出市代表执行委托。

（3）成交。证券公司在接受投资客户委托并填写委托说明书后，就要由其出市代表在交易所内迅速执行委托，促使该种债券成交。

（4）清算和交割。交易成立后就必须进行券、款的交付，即债券的清算和交割，其方式与股票清算和交割类似。

2. 场外债券交易程序

场外债券交易就是在证券交易所以外的证券公司柜台所进行的债券交易，场外债券交易又包括自营买卖债券和代理买卖债券两种。

（1）自营买卖债券的程序。场外自营买卖债券就是由投资者个人作为债券买卖的一方，由证券公司作为债券买卖的另一方，其交易价格由证券公司自己挂牌。自营买卖债券的程序十分简单，具体包括：首先，投资者根据证券公司的挂牌价格，填写申请单。申请单上载明债券的种类，提出买入或卖出的数量。其次，证券公司按照投资者申请的券种和数量，根据挂牌价格开出成交单，成交单的内容包括：交易日期，成交债券的名称、单价、数量、总金额、票面金额，客户的姓名、地址，证券公司的名称、地址，经办人姓名，业务公章等。最后，证券公司按照成交单，向客户交付债券或现金，完成交易。

（2）代理买卖债券的程序。场外代理买卖债券就是投资者个人委托证券公司代其买卖债券，证券公司仅作为中介，不参与买卖业务，其交易价格由委托买卖双方分别挂牌，达成一致后成交。场外代理买卖债券的程序如下。

①委托人填写委托书。其内容包括：委托人的姓名和地址，委托买卖债券的种类、数量和价格，委托日期和期限等。委托卖方要交验身份证。委托人将填好的委托书交给委托的证券公司。其中，买方要交纳购买债券的保证金，卖方则要交出拟卖出的债券，证券公司为其开具临时收据。

②买卖。证券公司根据委托人的买入或卖出委托书上的基本要素，分别为买卖双方挂牌。如果买方、卖方均为一人，则通过双方讨价还价，促使债券成交；如果买方、卖方为多人，则根据价格优先、时间优先的原则办理交易。

③成交。债券成交后，证券公司填写具体的成交单。其内容包括：成交日期，买卖双方的姓名、地址及交易机构名称，经办人姓名，业务公章等。

④交割。买卖双方接到成交单后，分别交出价款和债券。证券公司收回临时收据，扣收代理手续费，办理清算、交割手续，完成交易过程。

阅读延伸 3－4

可转换公司债券的交易流程和规则

1. 可转债的申购和交易权限

投资者需要开立证券账户，并开通可转债权限才能进行可转债的购买。2022年6月17日，上交所和深交所发布了《关于可转换公司债券适当性管理相关事项的通知》，规定从6月18日起，个人投资者参与向不特定对象发行的可转债申购、交易的，应当同时符合下列条件：①申请权限开通前20个交易日证券账户及资金账户内的资产日均不低于人民币10万元（不包括该投资者通过融资融券融入的资金和证券）。②参与证券交易24个月以上。

2. 可转债的交易规则

（1）可转债的代码。12 开头的是深市可转债代码，11 开头的是沪市可转债代码。

（2）交易方式。可转债实行 T＋0 交易，即可以当天买当天卖。

（3）申报数量。债券面值每张 100 元，交易单位 1 手＝10 张＝1 000 元，最小变动单位 0.001 元。

（4）上市首日涨跌幅限制。设置 −43.3% 至 57.3% 的涨跌幅限制，并实施 20%、30% 两档临时停牌机制。盘中成交价格较发行价首次上涨或下跌达到或者超过 20% 的，临时停牌持续时间为 30 分钟；盘中成交价格较发行价首次上涨或下跌达到或者超过 30% 的，临时停牌时间持续至当日 14∶57；临时停牌时间跨越 14∶57 的，于当日 14∶57 复牌。

（5）上市次日起，日涨跌幅限制在 20%，并且取消临时停牌机制。

（6）采用匹配成交、协商成交等交易方式。向不特定对象发行的可转债采用匹配成交、协商成交等交易方式。匹配成交是指交易系统按价格优先、时间优先的原则，对向不特定对象发行的可转债交易申报自动匹配成交的交易方式。协商成交是指可转债投资者之间通过协商等方式达成可转债交易意向，并向交易系统申报，经交易系统确认成交的交易方式。

（7）交易时间。上交所每个交易日的 9∶15 至 9∶25 为集合匹配时间，9∶30 至 11∶30、13∶00 至 15∶00 为连续匹配时间。深交所每个交易日的 9∶15 至 9∶25 为开盘集合匹配时间，9∶30 至 11∶30、13∶00 至 14∶57 为连续匹配时间，14∶57 至 15∶00 为收盘集合匹配时间。每个交易日的 9∶20 至 9∶25、14∶57 至 15∶00，交易主机不接受参与匹配成交的撤销申报。

（8）相关字母的含义。向不特定对象发行的可转债，最后一个交易日证券简称首位字母为“Z”。首日新上的可转债证券简称首位字母为“N”。字母“P”表示即将到期。

（9）当日收盘后涨跌幅达到 15% 或当日振幅达 30% 的前五名可转债，收盘后公布其对应的龙虎榜，公布当日买入、卖出金额最大的 5 家会员证券营业部的名称及各自的买入、卖出金额。

符合以下条件之一的可转债交易所公开买入和卖出前五名交易席位：①新债上市首日，当日收盘价涨跌幅达到 ±15% 的前五只可转债；当日价格振幅达到 30% 的前五只可转债。②非首日上市的其他可转债交易，连续 3 个交易日内日收盘价格涨跌幅偏离值累计达到 ±30%。

（二）我国个人债券的交易方式

上市债券的交易方式大致有现券交易、回购交易、期货交易和远期交易四种。目前我国个人债券投资交易方式以现券交易为主，辅之以回购交易。

1. 现券交易

现券交易也被称为债券的即期交易，是指证券买卖双方在成交后就办理交收手续，买入者付出资金并得到证券，卖出者交付证券并得到资金的交易行为，也就是所谓二级市场的债券交易。

在证券交易所市场上，普通投资者只要持有上交所、深交所的证券账户就可以参与现券交易。只要注明买卖债券品种的代码、价格和数量，投资者就可以像买卖股票一样委托券商进行债券买卖。

2. 回购交易

回购交易是指买卖双方（资金融入方和资金融出方）在成交的同时约定于未来某一时间以某一约定价格再进行反向交易的行为。与现券交易不同，一笔回购交易涉及出券方和购券方两个交易主体，也涉及初始交易和回购期满时的逆回购交易两次交易以及相应的两次清算。

正回购是一方以一定规模债券做抵押融入资金，并承诺在日后再购回所抵押债券的交易行为。从交易发起人的角度出发，凡是抵押出债券、借入资金的交易就称为进行债券正回购；凡是主动借出资金、获取债券质押的交易就称为进行逆回购。这也是央行经常使用的公开市场操作手段之一，央行利用正回购操作可以达到从市场回笼资金的效果。逆回购为央行向一级交易商购买有价证券，并约定在未来特定日期将有价证券卖给一级交易商的交易行为。逆回购为央行向市场投放流动性的操作，逆回购到期则为央行从市场收回流动性的操作。

案例分享 3 - 2

上交所利率债发行情况

2023 年，地方政府债发行的省市有 26 个，发行次数为 73 次，发行数量为 1.77 万亿。2023 年，政策性金融债合计发行 110 亿元，其中，国开债共发行 4 次，累计规模 80 亿；农发债共发行 1 次，累计规模 30 亿。主要利率债品种要素对比见表 3 - 2。

表 3 – 2　主要利率债品种要素对比

比较内容	国债	地方债	政金债（以国开债为例）
发行主体	中央政府	省级及计划单列市人民政府	国家开发银行
监管机构	财政部	财政部	人民银行
发行场所	银行间、交易所	银行间、交易所	银行间、交易所
发行期限	贴现：3、6 个月；关键期限：1、2、3、5、7、10 年；超长期限：30、50 年	1、2、3、5、7、10、15、20、30 年	1、2、3、5、7、10、20 年
发行规模	可追加	不可追加	可追加
利率类型	固定利率、贴现债券	固定利率	固定利率、浮动利率
招标方式	混合式（10 年及以下）荷兰式（30、50 年）	荷兰式	荷兰式
缴款日	T + 1	T + 1	T + 2（可调整）
上市日	T + 3（可调整）	T + 3	T + 4（可调整）
交易场所	银行间、交易所	银行间、交易所	银行间、交易所
上交所交易平台	新债、固收	新债、固收新债	新债
上交所质押式回购折扣系数		0.98	

资料来源：上交所。

五、债券评级

债券评级是以企业或经济主体发行的有价债券为对象进行的信用评级。进行债券信用评级最主要的目的是方便投资者进行债券投资决策。投资者购买债券是要承担一定风险的，如果发行人到期不能偿还本息，投资者就会蒙受损失，这种风险称为信用风险。债券的信用风险因发行后债务人偿还能力不同而有所差异，对广大投资者尤其是中小投资者来说，事先了解债券的信用等级是非常重要的。由于受到时间、知识和信息的限制，投资者无法对众多债券进行分析和选择，因此需要专业机构对准备发行的债券的还本付息能力，进行客观、公正和权威的评定，也就是进行债券信用评级，以方便投资者决策。

目前国际上公认的最具权威性的信用评级机构，主要有美国标准普尔公司、穆迪投资服务公司和惠誉国际信用评级有限公司。上述三家公司负责评级的债券广泛，包括地方政府债券、公司债券、外国债券等。它们有详尽的资料，采用先进科学的分析技术,又有丰富的实践经验和大量专门人才,因此它们作出的信用评级具有很高的权威性。世界三大评级机构的长期债务信用评级划分见表 3 – 3。

表 3 – 3　世界三大评级机构的长期债务信用评级划分

穆迪	标准普尔	惠誉国际	含义
Aaa	AAA	AAA	最高评级
Aa1	AA +	AA +	高评级
Aa2	AA	AA	
Aa3	AA –	AA –	
A1	A +	A +	中高级
A2	A	A	
A3	A –	A –	
Baa1	BBB +	BBB +	中低级
Baa2	BBB	BBB	
Baa3	BBB –	BBB –	
Ba1	BB +	BB +	投机级
Ba2	BB	BB	
Ba3	BB –	BB –	
B1	B +	B +	高度投机级
B2	B	B	
B3	B –	B –	
Caa1	CCC +		有实质性风险
Caa2	CCC		极端投机级
Caa3	CCC –	CCC	大概率破产
Ca1	CC		
Ca2	C		
C	D	DDD	已破产

根据中国人民银行 2006 年 3 月 29 日发布的《中国人民银行信用评级管理指导意见》(银发〔2006〕95 号)以及 2006 年 11 月 21 日发布的《信贷市场和银行间债券市场信用评级规范》等文件的有关规定,银行间债券市场中长期债券信用等级划分三等九级,用符号表示为 AAA、AA、A、BBB、BB、B、CCC、CC、C。除 AAA 级和 CCC 级(含)以下等级外,每一个信用等级可用"+""–"符号进行微调,表示略高或略低于本等级。中国人民银行关于银行间债券市场中长期债券信用评级的划分见表 3 – 4。

表3-4 银行间债券市场中长期债券信用评级的划分

级别	含义
AAA	偿还债务的能力极强，基本不受不利经济环境的影响，违约风险极低
AA	偿还债务的能力很强，受不利经济环境的影响不大，违约风险很低
A	偿还债务能力较强，较易受不利经济环境的影响，违约风险较低
BBB	偿还债务能力一般，受不利经济环境影响较大，违约风险一般
BB	偿还债务能力较弱，受不利经济环境影响很大，违约风险较高
B	偿还债务的能力较大地依赖于良好的经济环境，违约风险很高
CCC	偿还债务的能力极度依赖于良好的经济环境，违约风险极高
CC	在破产或重组时可获得保护较小，基本不能保证偿还债务
C	不能偿还债务

即测即练

任务3-2

技能训练

1. 登录中国债券信息网，查询近期发行的国债、金融债券和公司债券的票面基本信息（债券期限、票面利率等），了解不同债券发行主体、发行方式、发行价格和承销方式。（分组完成任务，并用海报汇报，组间总结和点评）

2. 利用证券模拟交易账户，练习交易所国债的申购和委托交易，交易完成后，填写交易记录，见表3-5。

表3-5 交易记录

债券名称		债券名称	
申购代码		申购代码	
申购价格		申购价格	
价格最小变动档位		价格最小变动档位	
价格限制		价格限制	
申报上限		申报上限	

3. 登录上交所和深交所网站查找资料，了解我国沪、深两市债券上市交易的条

件和交易实施细则。（分小组完成，分别查询两家交易所的债券上市交易的条件和交易实施细则，并形成文档或海报，各小组推选一名成员展示学习成果，由教师进行评价和总结）

任务3-3 掌握债券投资基本分析

情境导入

债券投资不仅为投资者提供固定收益，还有助于降低整体投资组合的风险。债券投资基本分析，关键在于对利率变动、政府的金融政策、财政收支以及宏观经济环境等因素进行深入分析。并且随着市场环境的不断变化，投资者还需要灵活调整投资策略，以应对潜在风险并捕捉更多机会。只有深入了解市场动态，并持续提高分析能力，投资者才能在债券市场中获得相对稳定的收益。

知识目标

1. 理解影响债券价格变动的原因。
2. 掌握影响债券价格变动的各因素对债券价格的影响。

能力目标

1. 能利用所学知识分析债券行情。
2. 能判断债券的投资价值。

思政目标

1. 培养学生社会责任感。
2. 激励学生正视风险，坚守初心。

建议学时

2学时。

知识储备

债券是政府或企业筹措资金的重要手段，代表一定的债权债务关系，同时也是重要的有价证券投资品种，其投资价值受到各种因素的制约。一般来说，引起债券价格变动的原因有两个：市场利率和债券供求。

市场利率是债券利率的替代物，是投资于债券的机会成本。债券价格与市场利率呈反向变动关系。在市场总体利率水平上升时，债券的收益率水平也应上升，从而使债券的内在价值降低；反之，债券的内在价值则上升。债券供求是引起债券价格变动的另一个因素。当供不应求时价格上升，供过于求时价格下跌。

市场利率和债券供求是决定债券价格水平的基本因素，而影响债券价格的具体原因很多，因为一切能影响市场利率和债券供求的因素，同时也是影响债券价格的具体因素。债券价格变动的具体原因如下。

一、经济发展周期

当经济处于复苏、繁荣阶段时，企业会纷纷增加投资，其资金来源一是靠银行贷款，二是靠发行债券筹资。银行或者其他金融机构会因贷款增加而感到资金紧张，于是就会卖出手头债券从证券市场收回资金以弥补信贷资金不足。因此，市场上债券供应增加，需求减少，从而导致债券价格下跌。相反，在经济萧条或衰退时期，企业的资金需求会下降，金融机构也会从闲置资金转向债券投资。因此，债券需求增加，供给减少，债券价格趋于上升。

二、通货膨胀和汇率水平

通货膨胀的存在可能使投资者从债券投资中获得的收益不足以抵补由于通货膨胀而造成的购买力损失。当投资者投资于某种外币债券时，汇率的变化会使投资者的未来本币收入受到贬值损失。这些损失的可能性都必须在债券定价中得到体现，使债券的到期收益率增大，债券的内在价值降低。

三、政府的金融政策

一国政府为了实现货币政策目标，通常采用货币政策工具来控制社会信用总量，并且对金融市场产生巨大影响，从而影响债券的行市。例如，中央银行提高官方再贴现率会使市场利率相应提高，债券价格则朝相反方向变动。如果中央银行提高法定存款准备金率，社会货币供应量就会减少，银根趋紧，市场利率上升，债券价格则下降；反之，债券价格上升。中央银行的公开市场业务更是直接影响债券的价格，中央银行通过买卖债券影响市场供给，从而影响债券价格。

四、财政收支状况

财政收支状况对债券行市也有较大影响，如果财政资金比较宽松，出现暂时性的资金盈余，这不仅会增加银行存款，财政部门为了提高资金使用效益也可能购买债券，这就会推动债券行市上涨。相反，当财政资金紧张甚至出现赤字时，财政部门就会发行公债来筹集资金，影响债券市场的供求状况，促使债券行市下跌。

五、国内外市场利率的变化

对于开放的债券市场来说，国际利率也是影响债券行市的重要因素。因为，无论是本国居民对外国债券的投资，还是外国居民对本国债券的投资，都可以自由地进行。所以，投资者可以将国外市场的利率与本国市场的利率进行比较，从而将资金投向较为有利的市场。如果国外市场利率高，投资者就会卖出本国债券而购买外国债券，这时，债券供应量会增加，债券价格就会下降；反之，债券价格则上升。

案例分享 3-3

2023 年债券市场面临的利率环境

2023 年，国内经济在恢复常态化运行后，面临内生动力不强、内需不足等挑战，但长期向好的基本面没有改变。2023 年货币政策维持稳健的政策基调不变，政策协同性增强，实体融资成本稳中有降。2023 年除了两次降准、三次降息之外，中国人民银行还引导主要银行下调 1 年期及以上存款利率 10~25 个基点。同时，积极顺应房地产市场供求关系新态势，调降房贷利率，降低居民还贷压力。

自 2023 年 1 月以来，狭义货币供应量（M1）同比增速持续走低，从年初的 6.7% 降至 11 月的 1.3%。广义货币供应量（M2）增速维持高位。但自年初以来衡量货币流通速度的 GDP/M2 同比变动处于低位，资金活跃度不足。与此同时，M2 与 M1 增速之差增加。企业端活期存款增速下降成为 M1 同比增速最大拖累项：一方面，房地产市场遇冷，阻碍居民储蓄向企业活期存款的转换；另一方面，企业端短期内投资扩张意愿较弱，且在经营面临压力的情况下资金多用于偿还利息。

2023 年，我国信贷总量增长较快，结构持续优化。2023 年前三季度，金融机构贷款同比多增明显，贷款利率到达历史低位，金融机构对实体经济的支持力度不断加大。

资料来源：彭兴韵，周莉萍，孙雨萌，等. 我国债券市场回顾及展望［J］. 债券，2024（1）：24-29.

思政课堂 3 - 3

地方债国际化进程再进一步，离岸市场加速扩容创新

2023 年，我国内地地方债市场对外开放进程继续推进，离岸人民币地方债市场持续扩容创新，深圳、广东、海南再度发行离岸人民币地方债，规模合计 120 亿元，品种涵盖绿色债券、社会责任债券、可持续发展债券、蓝色债券，并首度发行生物多样性主题绿色债券。截至 2023 年末，我国内地已发行超 300 亿元离岸人民币地方债。离岸人民币地方债市场的扩容与创新，进一步拓宽了地方政府境外融资渠道，减轻相关基建领域资金压力；同时积极助力"推进金融高水平开放"，促进我国内地债券市场双向开放。此外，在香港发行离岸地方债也对落实中央金融工作会议"巩固提升香港国际金融中心地位"要求具有积极意义。

中央经济工作会议强调"积极的财政政策要适度加力、提质增效"，在稳增长需求下，2024 年地方债新增限额将保持一定强度。在到期及化债压力下，再融资债券发行规模或难大幅回落，仍将处于较高水平。在总量稳步扩容的同时，地方债投向领域应更加精准，围绕重大战略及发展需求优化投向并有序拓宽，持续提升对基建投资撬动能力。

知识拓展3-3

资料来源：袁海霞，汪苑晖，闫彦明. 稳步扩容规模创新高 需更加注重"质""量"平衡——2023 年中国地方政府债券发展分析及展望［EB/OL］.（2024 – 02 – 08）. https://finance. sina. com. cn/money/bond/market/2024 – 02 – 08/doc – inahiiwk4456092. shtml.

思政感悟：2023 年，我国内地离岸人民币地方债市场持续扩容创新，发行规模再创新高，发行品种多样化，拓宽了地方政府境外融资渠道，彰显了我国内地债券市场的国际化水平。

即测即练

任务3-3

技能训练

1. 打开任何一家证券公司的股票交易软件，都有关于债券市场的查询。一般选择左下方的"沪深债券"，就可以看到交易所交易的所有实时债券价格，或登录"中国债券信息网"查看，在表3-6中选择一只债券，解读其所有行情指标的内涵。

表3-6　债券行情表

代码	名称	利率/%	利息/元	涨幅/%	现价/元	总手/手	昨收/元	开盘/元	最高/元	最低/元
010107	21国（7）	4.26	0.292	+0.00	102.19	8 965	102.19	102.19	102.24	102.19
110031	航信转债	1.60	0.324	+0.61	112.97	2 353	112.50	112.50	113.20	112.5
143436	17海科01	7.50	5.14	−3.99	91.11	500	94.9	91.12	91.12	91.11
100303	国债0303	3.40	1.21	−0.05	101.901	204	101.952	101.988	101.988	101.200

2. 选择一只债券，研判其当天的即时行情，对照其K线走势和大盘走势，分析和预测其未来一两天的价格走势，并说明理由。

3. 选择一只债券做投资分析，先写选择该债券的理由，主要从该债券的基本情况入手，再说明该债券是否有投资价值。

项目4 掌握基金投资

导语

在金融市场中，证券投资基金因其专业的管理和多元的投资组合，已成为投资者追求资产增值的重要工具。证券投资基金是一种通过发售基金份额募集资金形成独立的基金财产，由基金管理人管理、基金托管人托管，以资产组合方式进行证券投资，主要投资股票、债券等有价证券，基金份额持有人按其所持份额享受收益和承担风险的一种投资工具。与股票、债券不同，证券投资基金是一种间接的投资方式，通过组合投资，可以起到分散风险的作用。本项目学习基金投资相关知识，为投资者基金投资进行知识储备。

项目提要

本项目包含三个方面的任务：熟悉基金的募集和交易，了解基金的募集流程、发行流程、交易过程；掌握基金的收入、费用和估值，学习基金的收入来源、费用构成、基金资产估值方法；识别和控制基金投资风险，学习识别基金投资风险和掌握基金风险控制方法。

项目思维导图

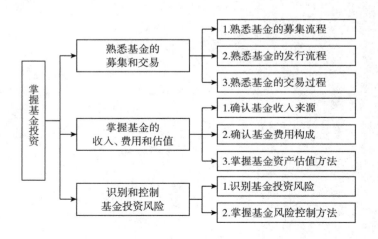

建议学时

10 学时。

任务 4-1 熟悉基金的募集和交易

情境导入

基金募集是基金生命周期的起点，涉及基金的发行和推广。在募集阶段，基金管理公司需要明确基金的投资目标、策略、风险收益特征等，并向公众进行宣传和推广。那么，各类基金怎么募集发行？采用哪些形式发行？设立基金需要哪些手续？发行人具备什么样的条件才可以发行？各类基金怎么交易？与股票、债券的发行和交易又有什么样的区别？让我们一起学习吧。

知识目标

1. 了解证券投资基金的募集和交易。
2. 熟悉证券投资基金发行条件和发行方式。
3. 掌握开放式基金和封闭式基金的交易程序。

能力目标

1. 能计算开放式基金的赎回份额。
2. 能进行基金申购、认购、赎回和基金转换的操作。

思政目标

1. 培养学生实事求是的精神。
2. 帮助学生树立良好的职业道德观念。

建议学时

4 学时。

知识储备

一、证券投资基金的募集

（一）公募基金的募集

公募基金的募集一般包括申请、注册、发售和基金合同生效四个步骤。

1. 申请

公开募集基金，由拟任基金管理人向国务院证券监督管理机构提交下列文件：①申请报告；②基金合同草案；③基金托管协议草案；④招募说明书草案；⑤律师事务所出具的法律意见书；⑥国务院证券监督管理机构规定提交的其他文件。

2. 注册

国务院证券监督管理机构应当自受理公开募集基金的募集注册申请之日起，6 个月内依照法律、行政法规及国务院证券监督管理机构的规定进行审查，作出注册或者不予注册的决定，并通知申请人；不予注册的，应当说明理由。

3. 发售

基金募集申请经注册后，方可发售基金份额。基金份额的发售，由基金管理人或者其委托的基金销售机构办理。

基金管理人应当在基金份额发售的 3 日前公布招募说明书、基金合同及其他有关文件。前款规定的文件应当真实、准确、完整。

基金管理人应当自收到准予注册文件之日起 6 个月内进行基金募集。超过 6 个月开始募集，原注册的事项未发生实质性变化的，应当报国务院证券监督管理机构备案；发生实质性变化的，应当向国务院证券监督管理机构重新提交注册申请。基金募集期限不得超过国务院证券监督管理机构准予注册的基金募集期限。基金募集期限自基金份额发售之日起计算。投资者在缴纳认购的基金份额的款项时，基金合同成立。

4. 基金合同生效

基金募集期限届满，封闭式基金募集的基金份额总额达到准予注册规模的 80%以上，开放式基金募集的基金份额总额超过准予注册的最低募集份额总额，并且基金份额持有人的人数符合国务院证券监督管理机构规定的人数，基金管理人应当自募集期限届满之日起 10 日内聘请法定验资机构验资，自收到验资报告之日起 10 日内，向国务院证券监督管理机构提交验资报告，办理基金备案手续，并予以公告。

基金募集期间募集的资金应当存入专门账户，在基金募集行为结束前，任何人不得动用。

投资人交纳认购的基金份额的款项时，基金合同成立；基金管理人依照《证券投资基金法》第58条的规定向国务院证券监督管理机构办理基金备案手续，基金合同生效。

基金募集期限届满，不能满足上述法律条款规定条件的，基金管理人应当承担下列责任：①以其固有财产承担因募集行为而产生的债务和费用。②在基金募集期限届满后30日内返还投资人已交纳的款项，并加计银行同期存款利息。

思政课堂 4-1

发展 FOF 基金 助力共同富裕

共同富裕是共同和富裕的结合。富裕是共同富裕的前提，也是共同富裕的最终目标。实现共同富裕，首先要强调经济的高质量发展，经济落后不可能实现共同富裕。

从居民收入端来看，无论是初次分配、再分配，还是三次分配，分配的财富都不可能无中生有，而只是把财富从一部分人手里转到另一部分人手里。只有实现了实体经济的高质量发展，才有可分配的财富，"三次分配"才能更好地发挥作用。从统计数据中也可以看到，平均而言，国内经济发展较好的地区也是收入差距较小的地区。

从居民资产配置角度，资本市场是居民共享经济发展成果的重要方向。鼓励居民配置金融资产，有助于人民群众共享经济发展的成果，实现共同富裕。根据央行《2019 年中国城镇居民家庭资产负债情况调查》的数据，金融资产仅占我国居民家庭总资产的 20.4% 左右，比美国低 22.1 个百分点。在金融资产的持有方面，贫富分化更为严重，将家庭总资产排序，总资产最高的 20% 家庭的风险金融资产的持有比例为 87.9%，最低的 20% 家庭的持有比例为 29.8%。较低的金融资产持有水平使得低收入家庭无法享受资产升值的红利，从而进一步加剧贫富差距。

公募基金已成为资本市场重要组成部分，是居民配置金融资产的最优选择之一。投资上市公司股权是一项高度专业化的工作，一般公众往往缺少足够的时间、精力、信息以及方法来选出真正优质的企业，且难以承受市场的大幅波动。公募基金从诞生以来就自带"普惠"基因，为老百姓提供了专业化投资渠道——1 元起投门槛的背后，是亿万个家庭的财富积累。根据中国证券投资基金业协会的数据，中小投资者是基民的主体，金融资产规模在 50 万元以下的比例超过 63%，小于 10 万元的占比在 25% 左右；收入方面，税后收入在 10 万元至 50 万元的基民最多（占比 55.4%），而 10 万元以下的客户占比 36%。公募基金走进千家万户的过程中，也将长期投资理念普及给每个普通投资者，使得居民的投资行为更加合理。

公募基金中的一类特殊的产品——FOF，指的是投资于基金的公募基金。它除了帮助投资者解决选基难、择时难、分散难的痛点，还具有在公募基金的基础上进一步分散风险、追求稳健收益的特性。目前，FOF 在保持组合收益率的同时，能较有效降低组合整体的信用风险。即使持仓的债券基金出现信用风险，例如其净值由于债券违约下跌 2%，那么假设该基金在 FOF 中占比小于 5%，则 FOF 净值的损失将小于 0.1%，对投资者而言相对更好接受一些。此外，过去居民比较喜欢的许多投资品种性价比正在慢慢下降，居民财富逐渐向金融市场搬家，机构化投资也已开始成为趋势。在这样一个资产荒时代，FOF 逐渐成为一类帮助投资者进行金融资产配置和机构配置、提升居民持基体验的重要工具。

资料来源：发展 FOF 基金 助力共同富裕［EB/OL］.（2021 – 09 – 27）. https：//finance. eastmoney. com/a2/202109272119844324. html.

思政感悟：公募基金要始终坚持努力做好投资者教育，分享科学的长期投资理念，不忘初心切实做好投资本职工作，不断开发丰富的、更适合普通投资者长期持有的基金产品，帮助广大投资者分享资本市场的增长红利，实现共同富裕。

（二）私募基金的募集

《私募投资基金募集行为管理办法》规定的募集流程如下。

1. 投资者身份认证

（1）自然人投资者提供身份证原件及复印件。

（2）机构投资者提供营业执照、金融业务许可证、经办人身份证等原件及复印件。

（3）金融产品提供产品登记备案证明、产品管理人营业执照、金融业务许可证或登记证明、经办人身份证等原件及复印件。

2. 了解投资信息以及合格投资者确认

（1）投资者填写对应的自然人、机构或产品《投资者基本信息表》《合格投资者承诺书》《税收居民身份声明文件》（自然人投资者必须由本人签字）。

（2）自然人投资者提供最近 20 个交易日金融资产均不低于人民币 300 万元，或者最近 3 年年均收入不低于人民币 50 万元的证明文件。机构投资者提供最近 3 个月月末资产均超过（含）人民币 1 000 万元的证明文件。产品投资者提供成立规模不低于（含）人民币 1 000 万元的证明文件。

3. **专业投资者申请**

除《证券期货投资者适当性管理办法》（以下简称《办法》）第 8 条第 1 款第（1）、第（2）、第（3）项规定的专业投资者外，符合《办法》第 8 条第 1 款第（4）、第（5）项规定的专业投资者条件的自然人、法人或其他组织，如果需要申请为专业投资者，需要填写《专业投资者申请书》，并提供相应的证明。

4. **投资者类型告知及确认**

（1）符合《办法》第 8 条第 1 款规定的专业投资者，需要向其提供《专业投资者告知及确认书》，并由投资者签章确认。

（2）专业投资者之外的投资者为普通投资者，需要继续执行下面的第 5 步、第 6 步操作。

5. **对普通投资者进行风险测评**

（1）普通投资者填写相应的《投资者风险测评问卷（个人版）》《投资者风险测评问卷（机构版）》。

（2）计算风险测评问卷分数并得出相应的风险承受能力等级。

6. **告知普通投资者适当性匹配意见**

向普通投资者提供《普通投资者适当性匹配意见告知及确认书》，并由投资者签章确认。

7. **向投资者进行私募基金宣传推介**

（1）在完成投资者适当性匹配后，可以向投资者进行基金宣传推介，向投资者提供《私募基金招募说明书》，但销售人员应当注意在基金销售过程中不得主动推介与投资者风险承受能力不匹配的基金产品。

（2）如果普通投资者购买的是 R5 高风险产品，则向普通投资者提供《普通投资者购买高风险等级产品风险警示及确认书》，并由普通投资者签章确认。

（3）如果普通投资者主动购买高于其风险承受能力的产品，则向普通投资者提供《普通投资者风险不匹配警示及确认书》，并由普通投资者签章确认。

8. **向全部投资者进行风险揭示**

（1）向投资者进行风险揭示，并与投资者签署《风险揭示书》，投资者应当对《风险揭示书》中"投资者声明"部分所列的 13 项声明逐项签字盖章确认。

（2）经金融监管部门批准设立的金融机构和《私募投资基金募集行为管理办

法》第 32 条第 1 款所列投资者可以不签署《风险揭示书》。

9. 签署基金合同/合伙协议并打款

（1）投资者在基金合同/合伙协议相应签署页上签字盖章，同时，应当要求已婚个人投资者签署《关于配偶同意认购私募基金的声明》。

（2）基金合同/合伙协议签署完毕后，要求投资者按照基金合同/合伙协议的约定或者缴款通知规定的时间，将认购款项汇至募集专户。

10. 投资冷静期及回访确认

按照基金合同/合伙协议相应约定，投资者享有 24 小时的投资冷静期（冷静期自打款后计算）；在投资冷静期届满后，安排从事销售推介业务以外的人员通过电子邮件向投资者发送《投资者冷静期回访确认书》，并告知投资者打印签字，扫描后回复至邮箱，原件请投资者安排寄回。

11. 募集结束

募集结束，资料归档，准备提交备案。

二、证券投资基金的发行

（一）投资基金发起人的条件

基金发起人是指发起设立基金的机构，它在基金的设立过程中起着重要作用。在我国，基金的主要发起人是按国家有关规定设立的证券公司、信托投资公司及基金管理公司，基金发起人的数目为两个以上。

就发起人的权利义务而言，这也是由基金法的立法目的决定的，基金立法的目的是"为了规范证券投资基金活动，保护投资人及相关当事人的合法权益，促进证券投资基金和资本市场的健康发展"，而投资者利益保护又是立法的重点。发起人的义务是发起人为保护投资者利益而应履行的职责，其权利则是保护其发起基金的积极性，促进基金业发展所必需的条件。

1. 基金发起人的主要职责

（1）制定有关法律文件并向主管机关提出设立基金的申请，筹建基金。

（2）认购或持有一定数量的基金单位。基金发起人须在募集基金时认购一定数量的基金单位，并在基金存续期内保持一定的持有比例，从而使基金发起人与基金持有人的利益结成一体，保证基金发起人以维护投资者的合法权益作为其行为准则，不从事有损于投资者利益的活动，以切实保护投资者的利益。

（3）基金不能成立时，基金发起人须承担基金募集费用，将已募集的资金并加计银行活期存款利息在规定时间内退还基金认购人。

由于基金发起人对基金的设立有重大影响，因此，一些国家和地区对发起人应具备的条件都有较为严格的要求。

2. 基金发起人必须具备的条件

（1）主要发起人是按照国家有关规定设立的证券公司、信托投资公司及基金管理公司。

（2）基金发起人必须拥有雄厚的资本实力，每个发起人的实收资本不少于3亿元人民币。

（3）基金的主要发起人有3年以上从事证券投资的经验及连续盈利的记录。

（4）基金发起人有健全的组织机构和管理制度，财务状况良好，经营行为规范。

（5）基金管理人、基金托管人拥有符合要求的营业场所、安全防范设施和与业务有关的其他措施。

（6）主管机关规定的其他条件。

（二）投资基金的发行方式

基金发行可选择的方式很多，但主要有以下三种方式。

1. 直接销售

直接销售是指发行人将基金单位直接面向投资者销售，是最简单的一种发行方式。在这种方式中，投资基金按净资产价值出售，出价和报价相同，即所谓的不收费基金。

2. 包销

包销是指投资基金的大部分份额是通过经纪人包销然后销售给投资者的发行方式。在这种方式中，经纪人按照净资产的价值购买投资基金，然后以公开销售价格卖给投资者，以赚取差价。

3. 集团销售

集团销售是指部分包销人组成一个或数个销售集团，每个销售集团又由一定数量的经纪人组成，各经纪人分别代理包销人销售投资基金的一部分，包销人则支付给经纪人一定数额的销售费用的发行方式。

（三）发行价格

基金发行价格是指基金发起人初次发行基金单位时所确定的价格。基金的发行价格是根据每基金单位净值及其变动来确定的，一般由基金面值和基金的发行费用两部分组成。

封闭式基金的发行价格有平价、溢价和折价三种。基金的平价发行是指基金按照面值加一定的手续费发行。溢价发行是指基金按照高于基金面额所代表的净资产值的价格发行，形成溢价收入。折价发行是指基金按低于基金面额所代表的净资产值的价格发行。溢价的全部或部分金额须转入基金公司的法定准备金，待以后基金管理公司经营良好时再转入基金持有人的资本权益账户中。折价发行是一些基金管理人为了开拓新市场所常常采用的一种方式。在我国，封闭式基金的发行价格采用平价发行，不允许溢价发行和折价发行。

开放式基金的发行价格是由基金的净资产值确定的，通常是基金面额加一定比例的首次认购费。

三、证券投资基金的交易

(一) 封闭式基金的交易程序

封闭式基金在存续期内，投资者不能赎回本金，只能在市场上进行交易和转让。封闭式基金发行量是固定的，发行期满后，基金即封闭起来，投资者不得追加购买或赎回。封闭式基金的交易程序相对比较简单，像普通上市公司的股票一样在证券交易所挂牌交易，其购买操作流程如下。

1. 开立账户

要参与封闭式基金和股票交易，首先要开立账户。账户分为股票账户和资金账户，开立股票账户之后，就可以购买封闭式基金了。买卖封闭式基金之前，投资者必须在已经选定的证券商联网的银行向资金账户存入现金，之后就可以通过证券营业部自助委托申报或通过互联网、电话委托申报买入和卖出基金。如果已有股票账户，就不需要另外再开立基金账户了，原有的股票账户是可以用于买卖封闭式基金的。但基金账户不可以用于买卖股票，只能用来买卖基金和国债。

2. 签订委托协议

由于一般投资者不可以进入股票交易所直接参与封闭式基金和股票交易，只能由证券公司以接受委托的形式代其进行封闭式基金和股票交易，所以必须将买卖封闭式基金的意图、种类、条件等告知证券商。投资者选择好合适的证券营业部后，与该部签订《证券买卖委托协议书》。

3. 委托交易

常用的委托方式分为柜台委托、电脑（专用）自助委托、电话委托、网上委托。以上所有委托方式的有效期都限于当日。无论采用哪种委托方式，投资者都要谨慎操作，以避免无效委托的发生。无效委托包括：卖出的封闭式基金数额大于持有的封闭式基金数额；买入封闭式基金所需的资金大于账面剩余资金；委托价格超出了现行的涨跌停板范围；委托操作的时间不在正常的交易时间内；已在其他券商处做了指定交易的上海账户；已停牌的封闭式基金；账号无效。除了避免无效委托的发生，还要尽量提高委托的成功率。当封闭式基金在涨跌停板范围内波动时，成交采取"时间优先，价格优先"的原则，故在输入委托价格时，参考最新的成交价，买进时适当填高一些，卖出时适当填低一些，这样可以大大提高委托的成功率，实际成交价格也不一定就是输入的委托价格。这就是股市中常说的"高买低成，低卖高成"。

（二）开放式基金的交易程序

开放式基金不在交易所上市，其基金总额可以变动，投资者可在中途追加投资或撤回投资，交易程序相对复杂。其基本程序包括以下几个步骤。

1. 阅读有关法律文件

投资者购买基金前，需要认真阅读有关基金的招募说明书、基金契约及开户程序、交易规则等文件，对准备购买基金的风险、收益水平有一个总体评估，并据此作出投资决定。按照规定，各基金销售网点应备有上述文件，以便投资者随时查阅。

2. 购买基金

（1）认购。投资者在开放式基金募集期间、基金尚未成立时购买基金单位的过程称为认购。通常认购价为基金单位的面值（1元）加上一定的销售费用。认购份额的计算公式为

$$净认购金额 = 认购金额/（1 + 认购费率）$$
$$认购费用 = 认购金额 - 净认购金额$$
$$认购份额 = （净认购金额 + 利息）/基金单位净值$$

案例分享 4-1

计算认购费用和认购份额

某投资人投资 10 万元认购基金，认购资金在募集期产生的利息为 3 元，其对应的认购费率为 1.2%，基金单位净值为 1 元。计算认购费用和认购份额分别是多少。

根据题意，计算可得

净认购金额 = 100 000 ÷ （1 + 1.2%） = 98 814 （元）

认购费用 = 100 000 − 98 814 = 1 186 （元）

认购份额 = （98 814 + 3） ÷ 1 = 98 817 （份）

由此得出，投资人认购该基金的认购费用是 1 186 元，认购份额是 98 817 份。

课堂练习 4−1

华安创新基金在募集中设计了 1.2% 与 1.5% 两档费率：一次认购金额在 1 万元（含 1 万元）至 1 000 万元（不含 1 000 万元）之间，认购费率取 1.5%；一次认购金额在 1 000 万元（包含 1 000 万元）以上，认购费率取 1.2%。

如果投资者认购金额为 10 万元，则可以认购的基金份额为多少？

如果投资者认购金额为 1 000 万元，则可以认购的基金份额为多少？

（2）申购。在募集期结束即基金成立之后，投资者通过销售机构申请向基金管理公司购买基金单位的过程称为申购。申购基金单位的数量是以申购日的基金单位资产净值为基础计算的。由于基金购买股票、债券等有价证券后，基金的资产价值随着股票、债券等证券的市场价格的变化而波动，从而基金净值也会发生变化。因此，申购份额的计算与认购份额的计算有所不同。申购份额的计算公式如下：

净申购金额 = 申购金额 / （1 + 申购费率）

申购费用 = 申购金额 − 净申购金额

申购份额 = 净申购金额 / 申购当日基金单位净值

课堂练习 4−2

知识拓展4-1

2019 年 3 月 16 日，某基金的单位净值为 2.056 元，有四笔申购，金额分别是 1 万元、100 万元、500 万元和 1 000 万元，申购费率分别为 2.0%、1.8%、1.5%、1.0%。计算这四笔申购所负担的申购费用以及净申购金额和可获得的基金份额数。

（3）购买基金的步骤。其具体包括：①开立账户。客户姓名、身份证复印件以及客户的印章（或签名）是开立账户时的必要信息。若是投资者还要进行每月自动扣款投资或是网络交易等，还要再提供银行的账户。②确认申购金额。开放式基金的申购价格是以申购当日原基金净值为准。投资者在申购基金时只填写购买多少金额的基金。在申购次日早上公布前一天的基金净值后，投资者才会知道最终买到多少个基金单位。③支付款项。申购基金的付款方式有现金、银行汇款、支票等。投资者在支付或汇款时，还要再加上申购的手续费用。各个基金的申购手续费不一样。④申购确认。基金管理公司在交易日后会为投资者提供成交确认书，投资者也可以通过不同的渠道，向基金公司确认最终申购的基金单位数、投资状况。

3. 赎回

基金赎回是申购的反过程。与申购过程一样，投资者可以通过直销和代销机构向基金公司发出赎回指令。基金赎回中较关键的事项如下。

（1）发出赎回指令。投资者可以通过传真、电话、互联网，或者到基金公司柜台（或代销机构）下达基金赎回指令，指令主要包括赎回份数、赎回日期等。

（2）赎回价格。基金赎回价格理论上是赎回当日的基金净值，但由于多数基金公司会收取赎回手续费，所以实际赎回价格是赎回当日的基金净值扣除赎回手续费。

（3）领取赎回款。投资者赎回基金时，无法在交易当天拿到款项，一般会在交易日的 7 天内收到款项。投资者可以指示基金公司将赎回款项直接汇入其银行的账户，或者寄发支票到其地址。

基金管理公司在接到投资者赎回指令后，首先要确认赎回是否有效，其次是准备赎回资金，最后指示托管银行将投资者的赎回款汇至其指定的银行账户或寄发支票到指定地址。

基金持有人赎回基金份额时，采用未知价法，先以份额赎回，然后换算成相应的货币金额。赎回金额的计算公式为

$$赎回总金额 = 赎回份数 \times 赎回日基金单位净值$$

$$赎回费用 = 赎回总金额 \times 赎回费率$$

$$赎回金额 = 赎回总金额 - 赎回费用$$

或者

$$赎回金额 = （赎回份数 \times 赎回日基金单位净值）\times （1 - 赎回费率）$$

赎回费率一般按持有时间的长短分级设置。持有时间越长，适用的赎回费率越低。实行后端收费模式的基金，还应扣除后端认购/申购费，才是投资者最终得到的赎回金额。如果本书中不指出，均视为前端收费模式。其计算公式为

赎回金额＝赎回总金额－赎回费用－后端收费金额

案例分享 4 - 2

申购份额与赎回金额的计算

某投资者通过银行投资 1 万元申购某开放式基金，假设基金管理人规定的申购费率是 1.5%，申购当日基金单位净值为 1.025 元。计算申购费用和申购份额分别是多少。

如果持有该基金 1 年半，投资者将基金赎回 9 612 份，对应的赎回费率为 0.5%，赎回当日基金单位净值为 1.305 元。计算可赎回金额是多少。

根据题意，计算可得

净申购金额＝10 000÷（1＋1.5%）＝9 852（元）

申购费用＝10 000－9 852＝148（元）

申购份额＝9 852÷1.025＝9 612（份）

若赎回该基金，则可赎回金额为

赎回总金额＝9 612×1.305＝12 543.66（元）

赎回费用＝12 543.66×0.5%＝62.72（元）

赎回金额＝12 543.66－62.72＝12 480.94（元）

或者

赎回金额＝9 612×1.305×（1－0.5%）＝12 480.94（元）

课堂练习 4 - 3

知识拓展4-2

投资者李先生持有某基金 10 万份，2022 年 10 月 18 日赎回，赎回当日基金单位净值为 1.8 元，赎回费率为 0.5%。试计算李先生的赎回金额。

4. 申请基金转换

基金转换是指投资者在持有某基金公司发行的任一开放式基金后，可直接自由转换到该基金公司管理的其他开放式基金，而不需要先赎回已持有的基金单位，再申购目标基金。例如，在南方基金管理公司目前已发行的两只开放式基金当中，投资者可以将持有的南方宝元债券型基金的份额转换为南方稳健成长基金的份额，也可以做相反的转换。

（1）基金转换的条件。基金必须要满足以下四个条件才能够进行转换：①基金转换只能在同一基金管理公司的同一基金账户下进行；②转出基金和转入基金必须在"交易"（允许赎回）状态下，才能进行基金转换业务；③基金转换通常只允许在同为前端收费或者同为后端收费的基金之间进行；④各基金管理公司一般设置了最低基金转出份额。

（2）基金转换的费用。基金转换费用由申购费补差和赎回费补差两部分构成，具体收取情况视每次转换时的两只基金的申购费率和赎回费率的差异情况而定。基金转换费用由基金持有人承担。

①基金赎回费。基于每份转出基金份额在转换申请日的适用赎回费率，计算转换申请日的转出基金赎回费；基于转入基金的零持有时间的适用赎回费率，计算转换申请日的同等金额转入基金的赎回费。若转出基金的赎回费高于转入基金的赎回费，则收取赎回费差；若转出基金的赎回费不高于转入基金的赎回费，则不收取赎回费差。

②申购费补差。对于两只前端收费基金之间的转换，按照转出金额分别计算转换申请日的转出基金和转入基金的申购费，由申购费低的基金转到申购费高的基金时，收取申购费差价，由申购费高的基金转到申购费低的基金时，不收取差价。

5. 非交易过户

基金的非交易过户是指因遗产继承、捐赠或司法强制执行等原因引起的基金单位持有人变更的行为。继承是指基金持有人死亡，其持有的基金单位由其合法的继承人继承；捐赠仅指基金持有人将其合法持有的基金单位捐赠给福利性质的基金会或社会团体；司法强制执行是指司法机构依据生效司法文书将基金持有人的基金单位强制判决划转给其他自然人、法人、社会团体或其他组织。非交易过户也需到基金的销售机构办理。

6. 红利再投资

红利再投资是指基金进行现金分红时，基金持有人将分红所得的现金直接用于购买该基金，将分红转为持有基金单位。对基金管理人来说，红利再投资没有发生现金流出，因此，红利再投资通常是不收申购费用的。

从上述过程可见，由于投资者的申购、赎回，开放式基金的规模时时产生变化。开放式基金一般都会有特殊情况下的应急条款，如市场急跌、赎回压力增大到一定程度时，可以启动暂停赎回条款。这些条款在何种情况下才能启动，在基金的公开说明书中都会有详细说明。

（三）交易所开放式基金的交易

交易所交易的开放式基金是传统封闭式基金的交易便利性与开放式基金可赎回

性相结合的一种新型基金。目前，我国上交所、深交所已经分别推出 ETF 和 LOF 两类。普通投资者参与 ETF、LOF 投资最便捷、最高效的方式，就是像买卖股票一样在二级市场交易 ETF、LOF 份额。投资者只需要开立证券交易所 A 股账户或者证券投资基金账户即可。

1. ETF 的交易规则

ETF 的交易与股票和封闭式基金的交易相同，基金份额是在投资者之间买卖的，最小交易单位为 1 手，同时每日涨跌幅按照 10% 进行限制。ETF 报价的最小变动单位为 0.001 元，只收取交易佣金，无须缴纳印花税。

2. LOF 的交易规则

LOF 在交易所的交易规则与封闭式基金基本相同，买入 LOF 申报数量应当为 100 份或其整数倍。LOF 的价格涨跌比例是 10%，自上市首日起执行。投资者 T 日卖出基金份额后的资金 T + 1 日就能到账，而赎回资金至少 T + 2 日。

阅读延伸 4 - 1

基金定投

基金定投就是在固定的时间，以固定的金额投资到指定的开放式基金中的一种投资方式。定投凭借其"聚少成多聚沙成塔、低位多买高位少买"的理性投资方式，让投资者轻松获得回报，因此基金定投也获得了更多投资者的认可。基金定投的核心逻辑是：放弃择时，持续小额买入，降低成本。

基金定投的正确方式和技巧就是在基金上涨的时候少投，在基金下跌的时候多投，投资者要根据市场的变化调整组合。投资者可根据以下技巧定投基金。

（1）根据风险承受能力挑选基金。激进型投资者可以选择股票型基金和偏股型基金定投；而稳健型投资者可选择指数基金定投。

（2）选择留有底仓的战法，即基金下跌到某个低点的时候，一次性买入基金，然后在这个基础上设置一个定投，这样假设后市上涨，也不会因为定投金额过少而错过部分收益。

（3）选择智能定投，从历史数据统计来看，智能定投的收益比普通定投的收益高。

（4）注意选择定投期限和投资目标，这样可以保证自己在合适的位置退出。一般来说，投资者在开始定投时就该设定明确的投资期限和投资目标。因此，选择一个足够长的时间期限非常重要，只有时间足够长，才能随着股市的上涨获取较好收益。用户的投资目标可以根据市场的走势设置。

知识拓展4-3

（5）坚持较长的时间，一般需要3年以上，不过投资者可以根据基金的走势及时买入或者卖出。通常股市达到较高的位置且进行回调时，基金净值也会达到较高的位置，后续净值也会进行调整。

基金定投不能保证一定盈利，可能会出现亏损的情况。

即测即练

任务4-1

技能训练

1. 登录天天基金网，查询最近新发行的基金，熟悉基金的类别及其认购流程。

2. 利用天天基金网提供的费率计算功能，选择一只基金进行申购、赎回费用的计算。

3. 支付宝就像是一家基金超市，它可以把各种不同类型的基金放在支付宝这个基金超市来销售。在支付宝这个基金大超市里，我们怎么选择基金呢？

首先，打开支付宝找到一只基金，会出现"产品详情"的界面，你将获取如下信息：基金名称、基金代码、基金公司、投资方向、投资思路、基金类型、基金投资组合和风险等级等。其次，查看该基金历史业绩和业绩排名，历史业绩和业绩排名是对基金过往投资业绩的报告，好比一张成绩单。从以上这些信息中，我们就可以大致判断出一只基金是否值得投资。

根据以上内容，在支付宝平台选择一只基金进行交易，写出选择该基金的理由。

4. 根据购买资金和申购费率，计算你上述购入的基金份额以及支付的申购费。（写出计算过程）

5. 对比该基金最近 3 年收益率的变化，谈一谈疫情对中国基金市场的影响。（分组完成并汇报）

6. 教师查看学生操作界面，通过学生的交易记录评价学生对基金交易的掌握情况。

任务 4-2　掌握基金的收入、费用和估值

情境导入

投资者购买基金的目的就是获得投资收益。不同类型的基金在不同的市场环境中表现各异，投资者需要对基金的历史业绩和市场走势进行深入分析；同时，还需要关注基金的费用结构，包括申购费和赎回费、管理费、托管费、销售服务费等，以全面评估投资回报。对比不同类型和周期内基金产品价格波动情况和费用构成，可以为投资者的投资决策提供参考依据。

知识目标

1. 了解证券投资基金的收入来源。
2. 认识证券投资基金的费用构成。
3. 掌握证券投资基金的资产估值。

能力目标

1. 能计算开放式基金的赎回份额。
2. 能熟练掌握基金申购、认购、赎回和基金转换的操作。
3. 能分析基金投资价值。

思政目标

1. 培养学生的协作能力和敬业精神。

2. 培养学生经世济民、诚信服务、德法兼修的职业素养。

建议学时

4 学时。

知识储备

一、证券投资基金的收入

基金利润是基金资产在运作过程中所产生的各种收入。收入来源主要包括利息收入、投资收益以及其他收入。基金资产估值引起的资产价值变动作为公允价值变动损益计入当期损益。

（一）收入来源

1. 利息收入

利息收入是指基金经营活动中因债券投资、资产支持证券投资、银行存款、结算备付金、存款保证金、按买入返售协议融出资金等而实现的利息收入。其具体包括债券利息收入、资产支持证券利息收入、存款利息收入、买入返售金融资产收入等。

2. 投资收益

投资收益是指基金经营活动中因买卖股票、债券、资产支持证券、基金等实现的差价收益，因股票、基金投资等获得的股利收益，以及衍生工具投资产生的相关损益，如卖出或放弃权证、权证行权等实现的损益。其具体包括股票投资收益、债券投资收益、资产支持证券投资收益、基金投资收益、衍生工具收益、股利收益等。

3. 其他收入

其他收入是指除上述收入以外的其他各项收入，包括赎回费扣除基本手续费后的余额、手续费返还、ETF 替代损益，以及基金管理人等机构为弥补基金财产损失而付给基金投资者的赔偿款项等。这些收入项目一般根据发生的实际金额确认。

（二）基金收益的分配

1. 封闭式基金收益的分配

根据有关规定，封闭式基金的收益分配每年不得少于 1 次，封闭式基金年度收益分配比例不得低于基金年度可供分配利润的 90%。基金分配后，基金份额净值不得低于面值。封闭式基金只能采用现金方式分红。

2. 一般开放式基金收益的分配

我国一般开放式基金按规定须在基金合同和招募说明书中约定每年基金收益分配的最多次数和每次基金收益分配的最低比例，同时要求基金利润分配后基金份额净值不得低于面值。

一般开放式基金的分红方式有两种：第一种是现金分红。根据基金的收益情况，基金管理人按投资者持有基金份额数量的多少，将利润分配给投资者，这是基金分配最普遍的形式。第二种是红利再投资。红利再投资是指将投资人应分配的净利润折算为等值的新的基金份额计入投资人基金账户的分红方式。

根据有关规定，一般开放式基金利润分配默认应当采用现金分红的方式。开放式基金的基金份额持有人可以事先选择红利再投资的分配方式。基金份额持有人事先未作出选择的，基金管理人应当支付现金。

3. 货币市场基金的利润分配

《货币市场基金监督管理办法》规定："对于每日按照面值进行报价的货币市场基金，可以在基金合同中将收益分配的方式约定为红利再投资，并应当每日进行收益分配。"

货币市场基金在每日进行利润分配时，当日申购的基金份额自下一个工作日起享有基金的分配权益，当日赎回的基金份额自下一个工作日起不再享有基金的分配权益。

二、证券投资基金的费用

基金的日常运作是委托基金管理公司进行的，基金份额持有人为此要支付一定的费用。通常情况下，基金的费用包括基金管理人的管理费、基金托管人的托管费、销售服务费、基金合同生效后的信息披露费用和会计师费、律师费、基金份额持有人大会费用、基金的证券交易费等。虽然费用的种类较多，但除前两种费用数额较大外，其他费用数额都不大。

（一）基金管理费

基金管理费是指基金管理人管理基金资产而向基金收取的费用，是基金管理公司的固定收入来源。基金管理费率通常与基金规模成反比，与风险成正比。不同类别及不同国家、地区的基金管理费率不完全相等，其中一般证券衍生工具基金管理费率最高。基金管理费用通常按照每个估值日基金净资产的一定比例逐日计算并按期支付。当基金经营业绩出色时，管理公司可按约定提取一定比例的业绩报酬用于对主要管理明星的奖励。

目前，我国的基金管理费是按前一日基金资产净值的一定比例逐日计提，按月支付。其计算公式为

$$H = \frac{E \times R}{当年实际天数}$$

式中，H 为每日计提的费用；E 为前一日的基金资产净值；R 为年费率。

课堂练习 4-4

假设某封闭式基金 7 月 18 日的资产净值为 35 000 万元人民币，7 月 19 日的资产净值为 35 125 万元人民币，该股票基金的基金管理费率为 0.25%，该年实际天数为 365 天，该基金管理费用是多少？

（二）基金托管费

基金托管费是指基金托管人为基金提供托管服务而向基金收取的费用。基金托管费收取的比例与基金规模、基金类型有一定关系。通常基金规模越大，基金托管费率越低。目前，我国封闭式基金一般按照不超过 0.2% 的比例计提基金托管费；开放式基金根据基金合同的规定比例计提；股票基金的托管费率要高于债券基金及货币市场基金的托管费率。

（三）基金销售服务费

基金销售服务费，是指从基金资产中扣除的用于支付销售机构佣金以及基金管理人的基金营销广告费、促销活动费、持有人服务费等方面的费用。

（四）基金交易费

基金交易费指基金在进行证券买卖交易时所发生的相关交易费用。目前，我国证券投资基金的交易费用主要包括印花税、交易佣金、过户费、经手费、证管费等。交易佣金由证券公司按成交金额的一定比例向基金收取，印花税、过户费、经手费、证管费等则由登记公司或交易所按有关规定收取。参与银行间债券交易的，还需向中央结算公司或银行间市场清算所股份有限公司支付银行间账户服务费，向全国银行间同业拆借中心支付交易手续费等服务费用。

（五）基金运作费

基金运作费是指为保证基金正常运作而发生的应由基金承担的费用，包括审计费、律师费、上市年费、分红手续费、持有人大会费、开户费、银行汇划手续费等。

按照有关规定，发生的这些费用如果影响基金份额净值小数点后第 4 位，应采用预提或待摊的方法计入基金损益。发生的费用如果不影响基金份额净值小数点后第 4 位，应于发生时直接计入基金损益。

思政课堂 4 - 2

公募基金行业费率改革 助力公募基金高质量发展

2023 年 7 月 8 日，中国证监会发布了公募基金行业费率改革工作方案，主要包括：坚持以固定费率产品为主，推出更多浮动费率产品；降低主动权益类基金费率水平；降低公募基金证券交易佣金费率；规范公募基金销售环节收费；完善公募基金行业费率披露机制等内容。

具体来说，主动权益类基金的管理费率、托管费率将统一降至不超过 1.2%、0.2%，此外，即日起，新注册产品管理费率、托管费率分别不超过 1.2%、0.2%。

随着公募基金费率改革工作安排的发布，多家基金公司也同步公告调降费率，将一些存量管理费高于 1.2%、托管费高于 0.2% 的产品都进行了下调，更好地满足广大投资者的投资理财需求，降低投资者的理财成本。

此外，中国证监会表示，未来将全面优化公募基金费率模式，稳步降低行业综合费率水平，逐步建立健全适合我国国情市情、与我国公募基金行业发展阶段相适应的费率制度机制，推进行业健康发展与投资者利益更加协调一致、互相支撑、共同实现。

这将有助推动公募基金行业高质量发展。下一步，中国证监会将按照既定工作部署，扎实有序推进基金降费工作，出台配套支持性政策措施，推动行业更好地服务投资者财富管理需求。

资料来源：2024 年 1 月 12 日新闻发布会［EB/OL］.（2024 - 01 - 12）. http：//www. csrc. gov. cn/csrc/c100029/c7457231/content. shtml.

思政感悟：《公募基金行业费率改革工作方案》对促进资本市场平稳运行、提升投资者长期收入发挥了重要作用，推进了公募行业健康快速发展，并与投资者利益更加协调一致。

三、证券投资基金的资产估值

（一）基金资产估值

基金资产估值是指通过对基金所拥有的全部资产及所有负债按一定的原则和方

法进行估算，进而确定基金资产公允价值的过程。对基金资产估值的目的是客观、准确地反映基金资产是否得到了保值与增值。被估值的对象包括基金依法拥有的股票、债券、股息红利、债券利息和银行存款本息等资产。基金持有资产性质不同，估值的方法也有所不同。对于已上市股票和债券的估值，以估值日证券交易所提供的市场平均价为准，未上市股票则以成本价计算；未上市债券及银行存款以本金加计至估值日的应计利息额计算；派发的股息红利、债券利息，以至估值日的实际获得额计算。

（二）基金估值的法律依据

基金估值主体在现有基金法律体系中是完备的，无论是《证券投资基金法》还是中国证监会关于基金合同的格式要求、基金估值业务规定等都明确规定，基金管理人是基金估值的第一责任主体。

根据《证券投资基金法》第19条和第36条的规定，基金管理公司应履行计算并公告基金资产净值的责任，确定基金份额申购、赎回价格；托管人应履行复核、审查基金管理公司计算的基金资产净值和基金份额申购、赎回价格的责任。

根据《基金合同的内容与格式》的要求，基金合同应列明基金资产估值事项，包括估值日、估值方法、估值对象、估值程序、估值错误的处理、暂停估值的情形、基金净值的确认和特殊情况的处理；根据2017年9月5日公布并施行的《中国证监会关于证券投资基金估值业务的指导意见》的要求，基金管理人应制定基金估值和份额净值计价的业务管理制度，明确基金估值的程序和技术；建立估值委员会，健全估值决策体系，使用可靠的估值业务系统；确保估值人员熟悉各类投资品种的估值原则及具体估值程序；完善相关风险监测、控制和报告机制。

（三）基金估值原则

基金管理人在确定相关金融资产和金融负债的公允价值时，应根据企业会计准则的规定，采用在当前情况下适用并且有足够可利用数据和其他信息支持的估值技术。

（1）对存在活跃市场且能够获取相同资产或负债报价的投资品种，在估值日有报价的，除会计准则规定的例外情况外，应将该报价不加调整地应用于该资产或负债的公允价值计量。估值日无报价且最近交易后未发生影响公允价值计量的重大事件的，应采用最近交易日的报价确定公允价值。有充足证据表明估值日或最近交易日的报价不能真实反映公允价值的，应对报价进行调整，确定公允价值。

与上述投资品种相同，但具有不同特征的，应以相同资产或负债的公允价值为基础，并在估值技术中考虑不同特征要素的影响。特征是指对资产出售或使用的限制等，如果该限制是针对资产持有者的，那么在估值技术中不应将该限制作为特征考虑。此外，基金管理人不应考虑因其大量持有相关资产或负债所产生的溢价或折价。

（2）对不存在活跃市场的投资品种，应采用在当前情况下适用并且有足够可利用数据和其他信息支持的估值技术确定公允价值。采用估值技术确定公允价值时，应优先使用可观察输入值，只有在无法取得相关资产或负债可观察输入值或取得不切实可行的情况下，才可以使用不可观察输入值。

（3）如经济环境发生重大变化或证券发行人发生影响证券价格的重大事件，使潜在估值调整对前一估值日的基金资产净值的影响在 0.25% 以上的，应对估值进行调整并确定公允价值。

（四）估值程序

（1）基金日常估值由基金管理人进行。基金管理人每个工作日对基金资产估值后，将基金份额净值结果发给基金托管人。

（2）基金托管人按基金合同规定的估值方法、时间、程序对基金管理人的计算结果进行复核，复核无误后签章返回给基金管理人，由基金管理人对外公布，并由基金注册登记机构根据确认的基金份额净值计算申购赎回数额。月末、年中和年末估值复核与基金会计账目的核对同时进行。

（五）基金净值构成

基金净值包括发行面值和基金收益两部分。发行面值资金通常只在赎回或基金解散时才返还给投资者，所以每年可供分配的仅是扣除费用后的基金净收益。我国现行的做法是以现金方式分配基金收益，每年分配一次，分配比例不得低于基金当年可分配收益的 90%。如基金上年度发生亏损，当年收益要先弥补亏损，当年亏损的基金不得进行收益分配。

基金资产净值是指某一时点上基金总资产扣除基金总负债后的余额。基金资产净值除以基金总份额，就是基金单位净值。基金总份额是当前发行在外的基金单位总量。基金累计单位净值等于基金单位净值加上基金成立后累计单位派息金额，用公式表示为

$$基金资产净值 = 基金总资产 - 基金总负债$$

$$基金单位净值 = 基金资产净值 / 基金总份额$$

$$基金累计单位净值 = 基金单位净值 + 基金成立后累计单位派息金额$$

基金单位净值表示了单位基金内含的价值，是计算投资者申购或赎回份额、赎

回资金金额的基础。但基金单位净值的高低并不代表基金业绩的好坏，基金净值增长能力才是判断基金业绩的关键。假设 A、B 两只基金成立时间相同或相近，存续期内 A 基金分红少、B 基金分红多，结果是当前 A 基金的单位净值比 B 基金的单位净值高，但这一点不能说明 A 基金的管理团队投资水平高。此时，基金单位累计净值就可以反映出基金的真业绩。因为国内基金发行时的单位净值都是 1 元，若基金累计单位净值高，则说明基金在前期获得了更多的增值。

由于证券市场中的投资基金存续期差异很大，只有把基金累计单位净值与基金存续期结合起来，计算各基金年收益增长率，进行横向比较，才能更准确地反映基金的获利能力。

$$基金年收益增长率 = \frac{（基金累计单位净值 - 1）\times 基金存续月份数}{12} \times 100\%$$

案例分享 4-3

基金 A 类和 C 类如何选

同一只基金虽然有 A 类和 C 类之分，但其实是作为一个整体进行投资的，两类的基金经理和基金持仓都完全相同，两者唯一的不同点在于收费方式。

基金在运作过程中产生的费用支出大致可以分为两大类：第一类是"交易手续费"，如申购费、赎回费；第二类是"运作费用"，如管理费、销售服务费。A 类基金收取申购费，不收销售服务费；而 C 类基金没有申购费，有销售服务费。

通常情况下，C 类基金持有时间超过 7 天，免赎回费；A 类基金超过 7 天，分阶段收不同的赎回费。

如果手里有笔闲钱打算用来投资基金，那到底是买 A 类还是 C 类？两者相比谁会更划算？

下面我们以天弘中证银行指数基金为例，计算一下 A 类和 C 类的费用哪一个更低。天弘中证银行指数基金的收费标准见表 4-1。

表 4-1　天弘中证银行指数基金的收费标准

项目	指数 A	指数 C
买入	<500 万元，0.1%；≥500 万元，1 000 元	0
卖出	≤7 天，1.5%；<30 天，0.3%；≥30 天，0.05%	≤7 天，1.5%；>7 天，0
管理费	0.50%	0.50%

续表

项目	指数 A	指数 C
托管费	0.10%	0.10%
销售服务费	0	0.25%（按日收取）

由于 A 类和 C 类的管理费和托管费相同，因此我们仅计算用 10 000 元分别购入天弘中证银行指数基金 A 类和 C 类的申购费、销售服务费和赎回费。

（1）持有时间 30 天：

A 类申购费 + 赎回费 = 10 000 × 买入费率 + 10 000 × 卖出费率

= 10 000 × 0.1% + 10 000 × 0.05% = 15（元）

C 类销售服务费 = 10 000 × 0.25% × 30/365 = 2.054（元）

（2）持有时间 100 天：

A 类申购费 + 赎回费 = 10 000 × 0.1% + 10 000 × 0.05% = 15（元）

C 类销售服务费 = 10 000 × 0.25% × 100/365 = 6.84（元）

（3）持有时间 1 年：

A 类申购费 + 赎回费 = 10 000 × 0.1% + 10 000 × 0.05% = 15（元）

C 类销售服务费 = 10 000 × 0.25% = 25（元）

（4）持有时间 2 年：

A 类申购费 + 赎回费 = 10 000 × 0.1% + 10 000 × 0.05% = 15（元）

C 类销售服务费 = 10 000 × 0.25% × 2 = 50（元）

那什么时候两者的费用是一样的呢？

A 类和 C 类基金每年的管理费和托管费相同，都是

10 000 × 0.50% + 10 000 × 0.10% = 60（元）

A 类每年所有费用 = 75（计算的是全部费用）

C 类每年所有费用 = 85（计算的是全部费用）

75/85 × 365 ≈ 322

所以，当持有到 322 天的时候天弘中证银行指数基金 A 类和 C 类的费用相同。从持有第 323 天开始天弘中证银行指数基金 A 类的费用小于 C 类的费用。

知识拓展4-4

通过上面的对比我们可以发现，从投资时间角度来看，在选择购买 A 类还是 C 类的时候，得事先考虑你是想要长期投资还是短期投资。

仅从费率出发，A 类适合长期持有的客户；C 类适合想尝试下基金操作、短期持有且交易频繁的客户。

案例分享 4 - 4

易方达恒兴 3 个月定期开放债券型发起式证券投资基金分红公告

公告送出日期：2024 年 3 月 15 日

1. 公告基本信息（表 4 - 2）

表 4 - 2　公告基本信息

基金名称		易方达恒兴 3 个月定期开放债券型发起式证券投资基金
基金简称		易方达恒兴 3 个月定开债券发起式
基金主代码		007451
基金合同生效日		2019 年 10 月 15 日
基金管理人名称		易方达基金管理有限公司
基金托管人名称		兴业银行股份有限公司
公告依据		《公开募集证券投资基金信息披露管理办法》《易方达恒兴 3 个月定期开放债券型发起式证券投资基金基金合同》《易方达恒兴 3 个月定期开放债券型发起式证券投资基金更新的招募说明书》
收益分配基准日		2024 年 3 月 11 日
截止收益分配基准日相关指标	基准日基金份额净值（单位：人民币元）	1.029 0
	基准日基金可供分配利润（单位：人民币元）	124 947 713.32
	截至基准日按照基金合同约定的分红比例计算的应分配金额（单位：人民币元）	—
本次分红方案（单位：人民币元/10 份基金份额）		0.160
有关年度分红次数的说明		本次分红为 2024 年度的第 1 次分红

2. 与分红相关的其他信息（表 4 - 3）

表 4 - 3　与分红相关的其他信息

权益登记日	2024 年 3 月 18 日
除息日	2024 年 3 月 18 日
现金红利发放日	2024 年 3 月 19 日
分红对象	权益登记日在易方达基金管理有限公司登记在册的本基金全体持有人

续表

红利再投资相关事项的说明	选择红利再投资方式的投资者红利再投资所得的基金份额将按 2024 年 3 月 18 日的基金份额净值计算确定，本公司将于红利发放日对红利再投资的基金份额进行确认并通知各销售机构，本次红利再投资所得份额的持有期限自红利发放日开始计算。2024 年 3 月 20 日起投资者可以查询，并可以在基金规定的开放运作期内赎回。权益登记日之前（不含权益登记日）办理了转托管转出尚未办理转托管转入的基金份额，其分红方式按照红利再投资处理
税收相关事项的说明	根据相关法律法规规定，基金向投资者分配的基金收益，暂不征收所得税
费用相关事项的说明	本基金本次分红免收分红手续费；选择红利再投资方式的投资者其红利再投资所得的基金份额免收申购费用

注：（1）选择现金红利方式的投资者的红利款将于 2024 年 3 月 19 日自基金托管账户划出。

（2）冻结基金份额的红利发放按照《易方达基金管理有限公司开放式基金业务规则》的相关规定处理。

3. 其他需要提示的事项

（1）本次分红确认的方式将以权益登记日投资者持有的基金份额在易方达基金管理有限公司已经确认并登记的分红方式为准。如需修改分红方式的，请务必在权益登记日前一工作日的交易时间结束前到销售机构办理变更手续，投资者在权益登记日前一工作日交易时间结束后提交的修改分红方式申请对本次分红无效。

（2）投资者可以通过拨打易方达基金管理有限公司客户服务热线或登录网站 www. efunds. com. cn 了解相关情况。投资者也可以前往本基金有关销售机构进行咨询。本基金的销售机构详见基金管理人网站公示。

特此公告。

易方达基金管理有限公司

2024 年 3 月 15 日

资料来源：易方达基金管理有限公司官网，www. efunds. com. cn/lm/jgfw/xxpl/。

即测即练

任务4-2

技能训练

1. 在华夏基金网找到一只开放式基金,分析该基金的投资方向、历史业绩及基金经理投资策略并写下来。

2. 模拟买入你上述找到的基金,写出买入价格、买入数量及交易费用和成本,并说明买入该基金的理由。

3. 登录易方达官网,查询易方达不同行业开放式基金净值排名。

4. 登录易方达官网,查询易方达消费行业股票型基金的基本资料,找出一只开放式基金,说明该基金的投资价值。(从基金风险、投资方向、历史业绩及基金经理投资策略等方面,与相同类型的基金进行比较。)

任务4-3 识别和控制基金投资风险

情境导入

基金投资需承担各类风险,投资本金也可能遭受损失。投资者投资基金,面临的关键问题是如何在众多的基金中选择适合自己的基金。首先,需要考虑自己的风险承受能力和投资目标,包括了解基金的风险收益特征、评估自身的风险承受能力;其次,需要研究基金的历史业绩、基金经理的管理能力、基金公司的信誉等因素;最后,还应时刻关注市场动态,以应对各类风险。

选择和管理证券投资基金是一个既需要理性分析又需要灵活应对的过程。投资者应明确自己的投资目标和风险承受能力,深入研究基金的各项指标,同时保持对市场动态的敏感,从而制定和调整适合自己的投资策略。只有这样,才能在复杂多变的证券市场中稳健前行,实现资产的长期增值。

知识目标

1. 认识证券投资基金的风险。

2. 掌握基金投资风险控制的原则。

1. 能分析各类基金产品的风险和收益特征。
2. 能选择适合客户的基金产品。

1. 帮助学生树立牢固的风险意识。
2. 培养学生保护投资者利益的职业观。

2 学时。

一、证券投资基金的风险

投资者投资于基金时，面临的风险主要有以下几种。

（一）市场风险

基金主要投资于证券市场，通过专家运作能在一定程度内控制风险，但依然无法消除市场的系统性风险。证券市场价格因经济、政治等因素影响而波动时，将导致基金收益水平和净值发生变化，从而给基金投资者带来风险。

（二）管理能力风险

基金管理人作为专业投资机构，虽然比普通投资者在风险管理和控制方面更有优势，但不同的基金管理人的基金投资水平、管理手段和管理技术存在差异，从而对基金收益水平产生影响。

（三）技术风险

当计算机、通信系统、交易网络等技术保障系统或信息网络支持出现异常情况时，可能导致基金日常的申购或赎回无法按正常时限完成、注册登记系统瘫痪、核算系统无法按正常时限显示基金净值、基金的投资交易指令无法及时传输等风险。

（四）巨额赎回风险

这是开放式基金特有的风险。若因市场剧烈波动或其他原因而连续出现巨额赎回，并导致基金管理人出现现金支付困难，基金投资者申请赎回基金份额，可能会遇到部分顺延赎回或暂停赎回等风险。

阅读延伸 4 - 2

广发基金管理有限公司公募基金适当性风险等级划分方法与说明

本公司参考《Morningstar 晨星基金产品风险评价方法》对旗下的公募基金进行了风险等级划分。公募基金风险等级规则见表 4 - 4。

表 4 - 4　公募基金风险等级规则

风险等级	匹配的投资者风险承受能力等级
R1	C0、C1、C2、C3、C4、C5
R2	C2、C3、C4、C5
R3	C3、C4、C5
R4	C4、C5
R5	C5

本公司旗下公募基金的风险等级按照风险由低到高排序，依次划分为 R1、R2、R3、R4、R5 五个等级，相应的风险等级名称是低风险、中低风险、中风险、中高风险、高风险。风险等级名称见表 4 - 5。

表 4 - 5　风险等级名称

R1	R2	R3	R4	R5
低风险	中低风险	中风险	中高风险	高风险

根据普通投资者的风险测评结果，普通投资者按照风险承受能力由低到高可分为 C0（风险承受能力最低类别）、C1、C2、C3、C4、C5 六种类型。风险承受能力见表 4 - 6。

表 4 - 6　风险承受能力

C0	C1	C2	C3	C4	C5
保守型	谨慎型	稳健偏谨慎型	稳健型	稳健偏进取型	进取型

资料来源：广发基金。

二、基金投资风险控制

投资者懂得应对风险的技巧以及了解自身的风险承受能力和各种类型的基金产品的风险收益特征，合理利用资产配置的方法对风险加以管理，才是正确的投资方式。

（一）掌握证券投资基金基本知识

投资者应了解和掌握证券投资基金的种类、特点、优势、风险以及不同的基金类别该如何买卖、如何对基金进行分析和评价、相关的费用情况、基金评价指标和年报的解读及有关投资基金的相关法律文件等。

（二）明确不同基金的投资目标和投资风格

不同的基金类别都有不同的投资方向和投资范围，有的侧重于投资一些创新类上市公司以实现基金的投资收益，有的侧重于投资稳健类上市公司以实现基金稳定的收入。不同的投资目标，其获利水平和风险大小也不相同，这就需要投资者根据各自的投资偏好，选择适合自己的基金品种，降低投资的盲目性。

（三）了解基金管理公司管理人情况

基金是由基金管理人团队进行管理和运作，而不同基金管理人的管理和运作水平都会影响到其管理基金的业绩水平。为此，投资者应从基金管理公司背景、基金管理人所管理基金的以往业绩水平、信誉、组织结构、管理机制、投资经验、业务素质等多方面了解基金管理公司的具体情况，为投资决策提供参考。

（四）树立正确的投资理念

一般来讲，证券投资基金比较适合中长期投资，投资者应该以一种中长期投资的理念来投资而不是频繁地短线进出。当然市场有时也存在着做短线赚取差价的机会，但投资者一般在正确选择了具体的基金投资品种之后，就应立足长期投资，避免频繁地短线进出调换基金，造成一些不必要的损失。

（五）及时关注基金信息披露

投资者投资基金之后，应该经常了解所买基金的业绩水平和相关信息披露，如基金净值公告、季度投资组合公告、基金中报、基金年报以及一些临时的信息公告等，以便及时掌握基金的具体运作情况，利于下一步的投资决策。

思政课堂 4－3

全面推进资本市场投资端改革　优化资本市场投资生态

近年来，中国证监会大力发展权益类基金、积极推动各类中长期资金参与资本市场，取得阶段性成效。截至 2023 年年底，社保基金、公募基金、保险资金、年金基金等各类专业机构投资者合计持有 A 股流通市值 15.9 万亿元，较 2019 年初增幅超1倍，持股占比从17%提升至23%，已成为促进资本市场平稳健康发展的重要力量。其中，公募基金持有A股流通市值5.1万亿元，持股占比从3.8%提升至7.3%，成为A股第一大专业机构投资者。

2023年，中国证监会在推动公募基金行业高质量发展、吸引更多中长期资金入市等方面开展了系列工作。

公募基金方面，引导行业坚持投资者利益优先，践行长期投资、价值投资理念。一是系统推进公募基金行业费率改革，降低投资者成本。行业130余家公募基金管理人发布降费公告，降费产品超3 300只，初步测算，平均每年将为投资者节约成本约140亿元。推出首批浮动管理费率试点产品，丰富产品投资选择。强化披露要求，进一步提高基金费率透明度。二是支持权益类基金逆周期布局。加快权益类基金注册节奏，2023年下半年权益类基金的周均注册数是上半年的两倍以上。支持基金公司加大跟投力度、增强与投资者的利益绑定，2023年基金公司自购旗下权益类基金规模超40亿元。以为投资者创造长期投资收益为目标，研究建立基金公司"逆周期布局"激励约束机制。

吸引中长期资金入市方面，着力提升长期资金权益投资的积极性与稳定性。一是配合金融监管总局降低保险公司投资沪深300指数成分股、科创板股票等标的资本占用风险因子。二是配合财政部对国有商业保险公司实施3年长周期考核。三是积极支持保险资金开展长期股票投资试点，中国人寿、新华保险作为首期试点机构，拟共同出资500亿元，聚焦投资二级市场优质上市公司，目前该项目进入落地阶段。

资料来源：2024年1月12日新闻发布会［EB/OL］．（2024－01－12）．http：//www.csrc.gov.cn/csrc/c100029/c7457231/content.shtml.

思政感悟：中国证监会全面推进资本市场投资端改革系列举措，优化了资本市场投资生态，引导行业坚持投资者利益优先，践行长期投资、价值投资理念，促进资本市场与实体经济、居民财富的良性循环。

知识拓展4-5

阅读延伸4－3

教你快速读懂基金年报的四大要点

基金年报的信息量很大，例如基金的全部持股明细、持有人信息等。当然，年报动辄四五十页的内容的确容易让人"从入门到放弃"。其实，阅读基金年报，关注四点就可以了。基金年报主要内容见表4－7。

表 4-7 基金年报主要内容

序号	标题	主要内容
1	重要提示目录	
2	基金简介	基金基本情况、产品说明，基金管理人和基金托管人等信息
3	主要财务指标、基金净值表现及利润分配情况	基金的会计和财务数据，当期净值表现情况，利润分配情况
4	管理人报告	基金经理与助理的简介，报告期内基金投资策略和运作分析，管理人对宏观经济、证券市场及行业走势的简要展望
5	托管人报告	托管人的复核、监督工作
6	审计报告	会计师事务所作为审计机构的审计内容和意见
7	年度财务报表	资产负债表、利润表、净资产（基金净值）变动表、报表附注等
8	投资组合报告	基金资产配置、行业配置，持股明细，重大买入/卖出变动，持有债券及其他资产的情况
9	基金份额持有人信息	基金持有人结构，员工持有基金情况，基金公司、高管和基金经理持有基金的情况
10	开放式基金份额变动	报告期内份额申购、赎回、拆分等情况
11	重大事件揭示	持有人大会、重大人事变动、投资策略改变、诉讼、公告披露等
12	影响投资者决策的其他重要信息	例如存在报告期内单一持有人占比过高的情况
13	备查文件目录	

1. 所有股票持仓明细

相关内容可以在"投资组合报告"中找到，季报也有这一环节，但只会披露前十大重仓股，在年报当中就可以一窥全貌了。从基金重仓股就可以看到基金的投资方向和资产配置。持有人可以基于此，判断自己是否适合这只基金的投资思路和投资方向。此外，基金持股明细也可以为基金诊断提供一些思路。①观察基金的调仓动向，判断基金经理的风格是否漂移，以及是否有"追涨杀跌""踩错点"的嫌疑。②观察重仓股是否"踩雷"，如果不幸重仓"爆雷股"，可能提示基金管理团队前期的调研工作存在一定的问题，但这种方法只能作为参考，因为基金年报报告的时间节点是去年底，基金经理已经调仓换股了也未可知。

2. 基金持有人信息

这部分内容可以在"基金份额持有人信息"中找到，也是在四季报中没有涵盖的，主要有两大看点。①持有人结构。不妨将持有人结构情况跟上年的半年报进行对比，先看持有人户数。如果持有人户数较上期大幅增长，说明基金受个人投资者关注和受欢迎的程度较高，有更多基民看好基金未来的表现。再看持有人结构。这里的个人投资者指的就是散户，机构持有者指的是保险公司、养老基金、银行、企事业单位等。通常情况下，机构投资者的操作更为专业，如果机构投资者的持有份额在增加或者机构投资者占比有所提升（一般会带来户均持有的基金份额上升），意味着该基金得到了专业人士的认可。②基金公司内部持有情况。这个部分可以看到基金公司内部员工及高管持有本基金的情况，以及基金经理的自购数量。那么，买基金需要关注基金经理大额自购吗？那倒也不一定。选择主动管理基金应该回归投资的本质，重点关注基金经理的投资风格、研究能力和中长期业绩表现，对于自购这个指标不妨理性看待。

3. 基金创造的收益

这部分内容可以在"主要财务指标、基金净值表现及利润分配情况"中找到。这些指标中，本期已实现收益＝本期利润－本期公允价值变动损益，大致上来说就是指基金真正赚到口袋的钱。一般来说，对主动管理基金而言，倾向于"频繁换手"的基金会比"买入持有"的基金的已实现收益更高，也可以从这里反映出基金经理的投资策略。还有两个可以重点关注的指标：一是"本期基金份额净值增长率"，也就是基金在上一年跑出的业绩回报；二是"本期加权平均净值利润率"，这衡量的是基民在上年获得的"真实回报"。

4. 投资策略和市场展望

这部分内容可以在"管理人报告"中找到，主要是"管理人对报告期内基金的投资策略和业绩表现的说明"，基金经理会对报告期内基金投资策略和运作情况进行分析，在年报中可能会进行进一步的说明。更重要的是，其还会对今年的市场进行展望，即"管理人对宏观经济、证券市场及行业走势的简要展望"，值得重点关注。

例如，华夏创新前沿的基金经理在2022年年报中写道：站在一年维度，我们认为2023年市场具备超额收益的方向围绕着两条主线展开。一是在中美对抗的全球环境下，涉及国家安全、自主可控和产业升级外道超车的方向，国家有政策支持，重点投入，具体包括：信创国产化、军工、新能源、高端制造与工业软件、半导体等，总体上可以认为是景气类型。二是过去疫情下逆势投入的优秀公司，直接受益于经济企稳复苏，具体包括：消费互联网、医药、半导体设计、企业软件/数字化、通用机械、就业相关等，总体上可以认为是反转类型。

资料来源：基民必看：教你快速读懂基金年报的四大要点！［EB/OL］.（2023－04－04）. https：//finance. sina. com. cn/money/fund/jjxylc/2023－04－06/doc－imypemiq9843900. shtml.

即测即练

任务4-3

技能训练

1. 完成基金投资者风险承受力评估调查问卷，见附件4-1，评估自己的投资风格和风险承受能力等级。

附件4-1

基金投资者风险承受力评估调查问卷

特别提醒：基金投资有风险，请您在投资基金过程中注意核对您的风险承受能力和基金产品之间的风险匹配情况。

情况调查：以下问题除特别指定外，均为单选。

1. 如果您现在有一笔闲散资金，您首先会考虑投资以下哪个品种？（　　　）

A. 储蓄　　　B. 债券　　　C. 基金　　　D. 股票　　　E. 期货

2. 您第一次了解基金的途径是（　　　）。

A. 基金公司理财讲座　　　　B. 电视电台相关节目

C. 相关专业报纸、杂志　　　D. 网站相关频道

E. 朋友推荐

3. 您投资基金的时间多长？（　　　）

A. 刚刚开始　　　　　　　　B. 1年以内

C. 1年以上至2年以内　　　　D. 2年以上

4. 您目前最多的金融资产是（　　　）。

A. 银行存款　　　B. 债券（含国债）　　　C. 基金　　　D. 股票　　　E. 其他

5. 您目前的基金投资金额占您所拥有金融资产的比重是（　　　）。

A. 0～10%　　　B. 10%～30%　　　C. 30%～50%　　　D. 50%以上

6. 您基金投资的规模是（　　　）。

A. 5 万元以下　　B. 5 万～10 万元　　C. 10 万～100 万元　　D. 100 万元以上

E. 小额定期定投

7. 您投资基金的原因是（　　）。

A. 希望长期持有，稳定增值，给自己养老

B. 觉得最近股市行情好，自己不会炒股，委托专家理财

C. 听基金公司的宣传，有很高的收益

D. 周围朋友已获得很好的收益，希望短期内快速增值，我要买房买车

8. 您认为投资基金有风险吗，投资基金会亏损吗？（　　）

A. 有风险，有亏损的可能

B. 基本没有风险，即使有风险，亏损不大

C. 专家理财，不会亏损

9. 您最想投资的基金品种是（按重要程度排序）（　　）。

A. 偏股型基金（不含指数基金）　B. 指数基金

C. 保本基金　　　　　　　　　　D. 平衡型基金

E. 偏债型基金（不含保本基金）　F. 货币市场基金

10. 您持有基金的平均时间大概是（　　）。

A. 半年以内　　B. 半年到 1 年　C. 1 年以上　　D. 3 年以上

E. 视盈利而定，盈利太高时卖掉，再买新基金

F. 视大盘而定

11. 如果您现在购买基金，您的预期年收益率为（　　）。

A. 30% 以下　　B. 30%～50%　　C. 50%～100%　　D. 100% 以上

12. 您一般选择什么时机购买基金？（　　）

A. 股指大跌时　　　　　　　B. 新基金认购期

C. 基金分红或拆分　　　　　D. 基金定投

E. 看好大市，不分时机

13. 当您购买的基金净值下跌的时候，您会采取什么行动？（　　）

A. 视跌幅多少而定　　　　　B. 坚持长线持有

C. 赎回，不投资了　　　　　D. 赎回，改为投资股票

E. 继续持有，相信会止跌　　F. 在大势调整时增加投资

G. 不好说，看情况

14. 购买基金后，您通常会采取什么态度？（　　）

A. 放心地交给专家打理，注重长期收益

B. 偶尔查看一下自己的账户盈亏，觉得差不多了就赎回

C. 很紧张投资的盈亏，每天都要查看基金净值或收益率

D. 频繁地申购、赎回或转换，以短期套利

15. 关于基金投资者教育活动，您有什么看法？（　　）

A. 对证券市场看好，没有什么风险，投资者教育是多余的事情

B. 股票市场有风险，应该有风险意识，投资者教育是有必要的，要长期进行

C. 没考虑

背景资料：下面将问您一些关于您个人或家庭的问题，目的是研究不同人群的细分特征，这些资料仅供分析时参考，我们会绝对保密。

1. 您的年龄是（　　）。

A. 25 岁以下　　　　　　　　　　B. 25～34 岁

C. 35～44 岁　　　　　　　　　　D. 45～54 岁

E. 55 岁及以上

2. 您的教育程度是（　　）。

A. 小学及小学以下　　　　　　　B. 中学

C. 大学　　　　　　　　　　　　D. 研究生及以上

3. 您的职业状况是（　　）。

A. 党政机关/社团/事业单位干部　B. 专业技术人员

C. 企业/公司管理人员　　　　　　D. 商业/服务业职工

E. 制造业/生产性企业职工　　　　F. 企业/公司一般职员

G. 私营业主　　　　　　　　　　H. 自由职业者

I. 下岗/离退休人员　　　　　　　J. 在校学生

K. 其他

4. 您的个人月均固定收入（证券收益除外）是（　　）。

A. 2 000 元以下　　　　　　　　B. 2 000～50 000 元

C. 5 000～10 000 元　　　　　　D. 10 000 元以上

5. 您的家庭月均固定收入（证券收益除外）是（　　）。

A. 2 000 元以下　　　　　　　　B. 2 000～50 000 元

C. 5 000～10 000 元　　　　　　D. 10 000 元以上

姓名　　　　　　　　　　　　　E - mail

联系方式（手机）　　　　　　　（固定电话）

《基金投资者风险承受力评估调查问卷》评分标准：

1. A0 B1 C2 D3 E4

2. A2 B1 C2 D2 E1

3. A0 B1 C2 D3

4. A0 B1 C2 D3 E3

5. A0 B1 C2 D3

6. A1 B2 C3 D4 E1

7. A4 B3 C2 D2

8. A3 B2 C1

9. A5 B4 C2 D4 E3 F1

10. A1 B2 C3 D4 E2 F1

11. A4 B3 C2 D2

12. A3 B1 C2 D1 E3

13. A1 B3 C0 D0 E2 F3 G1

14. A3 B2 C0 D1

15. A0 B1 C0

根据得分情况，将投资者的投资风险承受能力划分为表4-8中的等级。

表4-8 投资风险承受能力

得分	投资风格	投资人风险承受能力等级
0~10	保守型	低风险承受级别
11~17	稳健型	中低风险承受级别
18~33	积极型	中高风险承受级别
34~48	激进型	高风险承受级别

基金产品风险评价等级与基金投资人风险承受等级匹配见表4-9。

表4-9 基金产品风险评价等级与基金投资人风险承受等级匹配

基金分类	风险等级	匹配的风险承受能力等级
股票型基金	高风险等级	高风险承受级别
配置型基金	中高风险等级	中高风险承受级别
债券型基金	中低风险等级	中低风险承受级别
保本基金货币基金	低风险等级	低风险承受级别

资料来源：天天基金网。

2. 运用宏观分析方法，分析国家经济政策、经济周期、基金所在行业现状等因素对你所模拟交易的投资基金的市场价格的影响。

3. 运用微观分析方法，从基金的投资行业、投资组合、投资策略及基金经理的业绩等多方面解读你在任务4-2的技能训练里买入的基金。

4. 根据以上三个技能训练任务完成表4-10的内容。（可附页）

表4-10　实训报告

基金模拟交易实训报告

实训目标：

实训任务：

任务完成过程记录：
一、我的成交记录（截屏上传）

二、所选择基金的投资前分析
1. 行业分析（行业情况、买入价位等）

2. 历史收益率分析

三、卖出情况记录（截屏上传）和分析

四、计算模拟投资基金的收益及收益率：

1. 申购费

2. 赎回费

3. 收益率计算

五、实训体会、总结：

六、成绩考核表：

自评分数	小组测评分数	教师综合评分	总成绩	备注

5. 成果汇报，说明交易过程及思路，展示最终收益率（PPT 演示、图片、海报或文档资料）。

项目5　管理证券投资组合

导语

　　证券投资组合就是个人或机构投资者所拥有的由股票、债券、基金、金融衍生产品等多种有价证券组成的投资集合。证券投资组合管理是指对投资进行计划、分析、调整和控制，从而将投资资金分配给若干不同的证券资产，形成合理的资产组合，一起实现资产收益最大化和风险最小化的经济行为。证券投资组合管理工作将投资工作分为两个部分：第一是对证券和市场分析，构建最优资产组合；第二是在可行的资产组合中决定最佳风险，即在收益与风险矛盾中达到尽可能的最大平衡。证券投资组合管理通常包括确定证券投资政策、进行证券投资分析、构建证券投资组合（这里需要注意个别证券选择、投资时机选择和投资组合多元化三个问题）、投资组合修正、投资组合业绩评估五个步骤。

项目提要

　　本项目包含三个任务：首先，认知证券投资组合管理，学习根据投资者的投资偏好组建不同的投资组合，并做好投资组合管理；其次，分析证券投资组合方式，学习根据不同的投资组合，确定投资策略；最后，控制证券投资组合风险，了解和识别系统性风险和非系统性风险，了解风险控制的措施和技巧。

项目思维导图

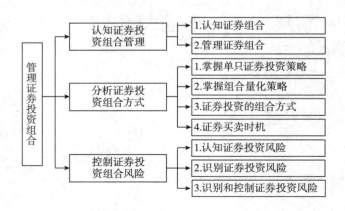

建议学时

10 学时。

任务5-1　认知证券投资组合管理

情境导入

诺贝尔经济学奖得主詹姆斯·托宾（James Tobin）说："鸡蛋不要放在一个篮子里。"这句话的意思是通过分散投资来降低风险，其一度成为投资界的至理名言，不过，估计鲜为人知的是，"鸡蛋不要放在一个篮子里"其实还有下半句，那就是"但是也不要放在太多的篮子里"。真正的分散投资讲究的是选择投资平台和投资产品的差异化，从平台类型、产品类型、投资期限、预期收益等多方面去分散风险、组合投资。

知识目标

1. 了解证券组合的类型。

2. 熟悉证券组合的管理方法。

3. 掌握证券组合的管理步骤。

能力目标

能根据投资目标建立证券组合。

思政目标

1. 树立四个自信，践行社会主义核心价值观。

2. 培养学生探索未知、勇于创新的精神。

3. 培养学生经世济民、诚信服务、德法兼修的职业素养。

建议学时

2 学时。

知识储备

一、认知证券组合

（一）证券组合的含义

投资学中"组合"是指个人或机构投资者所拥有的各种资产的总称。证券投资组合（以下简称"证券组合"）是指个人或机构投资者所持有的各种有价证券的总称，通常包括各种类型的债券、股票及存款单等。

（二）证券组合的类型

证券组合按不同的投资目标可以分为避税型、收入型、增长型、收入和增长混合型、货币市场型、国际型及指数化型等。

1. 避税型证券组合

避税型证券组合通常投资于国债、市政债券。这种债券免交所得税。

2. 收入型证券组合

收入型证券组合追求基本收益（即利息、股息收益）的最大化，能够带来基本收益的证券有附息债券、优先股及一些避税债券。

3. 增长型证券组合

增长型证券组合以资本升值（即未来价格上升带来的价差收益）为目标。抱有此类投资目的的投资者往往愿意通过延迟获得基本收益来求得未来收益的增长，因此选择相对于市场而言属于低风险高收益或收益与风险成正比的证券。

符合要求的证券一般具有以下特征：①收入和股息稳步增长。②收入增长率非常稳定。③低派息。④高预期收益。⑤总收益高而风险低。

4. 收入和增长混合型证券组合

收入和增长混合型证券组合试图在基本收入与资本增长之间达到某种均衡，因此也称为均衡组合。二者的均衡可以通过两种组合方式获得：一种是使组合中的收入型证券和增长型证券达到均衡；另一种是选择那些既能带来收益，又具有增长潜力的证券投资。

5. 货币市场型证券组合

货币市场型证券组合是由各种货币市场工具构成的，如国债、高信用等级的商业票据等，其安全性极高。

6. 国际型证券组合

国际型证券组合投资于海外不同国家，是组合管理的时代潮流。实证研究结果表明，这种证券组合的业绩总体上强于只在本土投资的证券组合。

7. 指数化型证券组合

指数化型证券组合模拟某种市场指数，以求获得市场平均的收益水平。根据模拟指数的不同，指数化型证券组合可以分为两类：一类模拟内涵广大的市场指数，这属于常见的被动投资管理；另一类模拟某种专业化的指数，如道琼斯公共事业指数，这种组合不属于被动管理之列。

（三）证券组合管理的意义和特点

证券组合管理的意义在于采用适当的方法选择多种证券作为投资对象，以达到在一定预期收益的前提下投资风险最小化或在控制风险的前提下投资收益最大化的目标，避免投资过程的随意性。

证券组合管理的特点主要表现在以下两个方面。

1. 投资的分散性

证券组合理论认为，证券组合的风险随着组合所包含证券数量的增加而降低。只要证券收益之间不是完全正相关，分散化就可以有效降低非系统风险，使证券组合的投资风险趋向于市场平均风险水平。因此，证券组合管理强调构成组合的证券应多元化。

2. 风险与收益的匹配性

证券组合理论认为，投资收益是对承担风险的补偿。承担风险越大，收益越高；承担风险越小，收益越低。因此，证券组合管理强调投资的收益目标应与风险的承受能力相适应。

二、管理证券组合

（一）证券组合的管理方法

根据证券组合管理者对市场效率的不同看法，其采用的管理方法可大致分为被动管理和主动管理两种类型。

1. 被动管理方法

被动管理方法指长期稳定持有模拟市场指数的证券组合以获得市场平均收益的管理方法。采用此种方法的管理者认为，证券市场是有效市场，凡是能够影响证券价格的信息均已在当前证券价格中得到反映。也就是说，证券价格的未来变化是无法估计的，以至于任何企图预测市场行情或挖掘定价错误证券，并借此频繁调整持有证券的行为无助于提高期望收益，只会浪费大量的经纪佣金和精力。因此，他们坚持"买入并长期持有"的投资策略。但这并不意味着他们无视投资风险而随便选择某些证券进行长期投资。恰恰相反，正是由于承认存在投资风险并认为组合投资能够有效降低公司的个别风险，所以他们通常购买分散化程度较高的投资组合，如市场指数基金或类似的证券组合。

2. 主动管理方法

主动管理方法指经常预测市场行情或寻找定价错误证券，并借此频繁调整证券组合，以尽可能获得更高收益的管理方法。采用此种方法的管理者认为，市场不总是有效的，加工和分析某些信息可以预测市场行情趋势和发现定价过高或过低的证券，进而对买卖证券的时机和种类作出选择，以尽可能实现更高的收益。

（二）证券组合的管理步骤

证券组合管理的目标是实现投资收益的最大化，也就是使组合的风险和收益特征能够给投资者带来最大化收益。具体而言，就是使投资者在获得一定收益水平的同时承担最低的风险，或在投资者可接受的风险水平之内使其获得最大的收益。显然，实现这个目标需要对组合进行有效和科学的管理。证券组合管理通常包括以下几个基本步骤。

1. 确定证券投资政策

证券投资政策是投资者为实现投资目标应遵循的基本方针和基本准则，包括确定投资目标、投资规模和投资对象三方面的内容以及应采取的投资策略和措施等。投资目标是指投资者在承担一定风险的前提下，期望获得的投资收益率。由于证券投资属于风险投资，而且风险和收益之间呈现出一种正相关关系，所以，证券组合管理者如果把只能赚钱不能赔钱定为证券投资的目标，是不客观的。客观和合适的投资目标应该是在盈利的同时也承担可能发生的亏损。因此，投资目标的确定应包括风险和收益两项内容。投资规模是指用于证券投资的资金数量。投资对象是指证券组合管理者准备投资的证券品种，是根据投资目标而确定的。确定证券投资政策是证券组合管理的第一步，它反映了证券组合管理者的投资风格，并最终反映在投资组合所包含的金融资产类型、特征上。

2. 进行证券投资分析

证券投资分析是指对证券组合管理第一步所确定的金融资产类型中个别证券或证券组合的具体特征进行的考察分析。这种考察分析的一个目的是明确这些证券的价格形成机制和影响证券价格波动的因素及其作用机制，另一个目的是发现那些价格偏离价值的证券。

3. 构建证券组合

构建证券组合主要是确定具体的证券投资品种和在各证券上的投资比例。在构建证券组合时，投资者需要注意个别证券选择、投资时机选择和投资组合多元化三个问题。个别证券选择主要是预测个别证券的价格走势及其波动情况，投资时机选择涉及预测和比较各种不同类型证券的价格走势和波动情况（例如，预测普通股相对于公司债券等固定收益证券的价格波动），投资组合多元化则是指在一定的现实条件下，组建一个在一定收益条件下风险最小的投资组合。

4. 投资组合的修正

投资组合的修正实际上是定期重温前三步的过程。随着时间的推移，过去构建的证券组合对投资者来说可能已经不再是最优组合了，这可能是因为投资者改变了对风险和回报的态度，或者是其预测发生了变化。作为对这种变化的一种反映，投资者可能会对现有的组合进行必要的调整，以确定一个新的最佳组合。然而，进行任何调整都将支付交易成本，因此，投资者应该在某种范围内对证券组合进行个别调整，使得在剔除交易成本后，在总体上最大限度地改善现有证券组合的风险回报特性。

5. 投资组合业绩评估

业绩评估不仅是证券组合管理过程中的最后一个阶段，也可以看成一个连续操作过程的组成部分，是通过定期对投资组合进行业绩评估来评价投资的表现。说得更具体一点，可以把它看成证券组合管理过程中的一种反馈与控制机制。由于投资者在投资过程中获得收益的同时，还将承担相应的风险，获得较高收益可能是建立在承担较高风险的基础之上，因此，在对证券组合业绩进行评估时，不能仅比较投资活动所获得的收益，而应该综合衡量投资收益和所承担的风险情况。

知识拓展5-1

即测即练

任务5-1

技能训练

1. 模拟建立证券组合，截屏上传所建的证券组合，说明该组合的类型。

2. 运用证券组合管理步骤，写出确定投资组合的思路和管理步骤。

任务 5-2 分析证券投资组合方式

情境导入

证券组合旨在优化风险与收益的平衡。在进行证券投资时，遵循正确的投资原则，选择正确的投资策略和投资技巧非常重要，这是投资取得成功的重要环节，不仅可以使投资者降低风险，还可以使其获得较高的收益。只有系统学习证券投资知识，掌握各种投资原则和策略，才能在变幻莫测的市场中保持冷静，作出明智的决策，实现财富的稳健增长。

知识目标

1. 掌握单只证券投资策略。
2. 掌握证券组合的方法。
3. 掌握证券买卖时机选择的方法。

能力目标

1. 能根据不同的投资策略选择不同的投资组合。
2. 能判断证券买卖时机。

思政目标

1. 培养学生的创新思维和创新实践能力。
2. 培养学生积极的人生态度，增强其抗压能力。

建议学时

2 学时。

知识储备

一、单只证券投资策略

(一)趋势投资法

单只证券投资策略是以道氏理论为基础,要求投资者只有在主要趋势(上升趋势)形成时才购买证券,且长期持有,待主要趋势逆转(下降趋势)的信号出现时,果断售出所持证券。投资者顺势而动,以取得长期投资收益。对于那些小额股票投资者而言,谈不上能够操纵股市,要想在变幻不定的股市战场上获得收益,只能跟随股价走势,采用趋势投资法。

采用趋势投资法有两个前提:一是涨跌趋势必须明确;二是必须能够及早确认趋势。趋势投资的典型代表是哈奇计划,又称"百分之十投资计划",它是由美国著名投资家哈奇发明的。其基本内容是:投资者对某段时期(通常以月为单位)股票价格平均值与上段时期的最高值或最低值进行比较,平均值高于最高值10%时卖出,低于最低值10%时买进,其中月平均值采用周平均值之和的算术平均数计算。

当然趋势投资法也并不能确保投资者时时都能赚钱。比如股价走势被确认为涨势,但已到回头边缘,此时若买进,极可能抢到高位,甚至于接到最后一棒,股价立即产生反转,使投资者蒙受损失。又如,股价走势被断定属于下跌时也常常就是回升的边缘,若在这个时候卖出,很可能卖到最低价,懊悔莫及。

(二)"拔档子"操作法

"拔档子"是指投资者先卖出自己所持有的股票待其价位下降之后再买入补回的一种以多头降低成本保存实力的方法。投资者"拔档子"并不是对后市看坏,也不是真正有意获利了结,只是希望趁价位高时,先行卖出,以便自己赚自己一段差价。

"拔档子"的动机有两种:第一种为行情上涨一段后卖出,回降后补进的"挺升行进间拔档";第二种为行情跌落时,趁价位仍高时卖出,等价位跌低时再予回补的"滑降间拔档"。前者系多头推动行情上升之际,见价位已上升不少,或者遇到沉重的压力区,干脆自行卖出,希望股价回落,以化解涨升阻力,待方便行情时再度冲刺;后者则为套牢多头,或多头自知实力弱于卖方,于是在股价尚未跌低之前，先行卖出，等价位跌落后，再买回。

通常"拔档子"卖出与买回之间相隔不会太久，短则相隔一天回补，长则可能达一两个月。如果相隔太久，则属于在上档了结和下一轮买进，而不认为是"拔档子"。

对于一般投资者来讲，采取"拔档子"的做法，应当选择已经形成上升或下降通道的股票，在通道上轨卖出，下轨买入。对于做市场投机的大户来讲，在股价涨势过程中采取"拔档子"的做法，也必须见好即收，在股价有一段小的回落之后，也应及时补进，以免股价的回档幅度过大，从而使股价拉升的难度加大。

（三）摊平操作法

摊平操作法是摊低成本的操作方法，指投资者在买进股票后，由于股价下跌，手中持股形成亏损，当股价再度跌落一段以后，再用低价买进一些，以冲抵成本的操作方式。采用时，通常为三次（也可两次），一次买进时只能投入资金的1/3。应用前提是必须严格控制，只能投入部分资金。此法又分为逐次平均买进摊平法、加倍买进摊平法和加倍卖出摊平法。

1. 逐次平均买进摊平法

逐次平均买进摊平法，即将要投入股票的资金分成三部分。第一次买进全部资产的1/3，第二次再买进1/3，剩余的1/3最后买进，这种方法不论行情上下，都不冒太大的风险。例如，某投资人先以每股50元的价格买进100股，接着股价跌到40元，他就在此价位再买进125股，此时的平均成本变为44元，即只要股价回到44元，即可保本。假设第二次买进后股价又下降到30元，那投资人就第三次买进166股，这时平均成本为38元，只要股价回到38元就能保本。

2. 加倍买进摊平法

加倍买进摊平法有二段式和三段式两种。二段式是将总投资资金分成三份，第一次买进1/3；如行情下跌，则利用另外的2/3资金进行补仓。三段式是将总投资资金分成七份，第一次买进1/7；如行情下跌，则第二次买进2/7；如行情继续下跌，则第三次买进4/7，此法类似于"倒金字塔买进法"，适用于中、大户的操作。

3. 加倍卖出摊平法

加倍卖出摊平法是将资金分成三份。第一次买进1/3的，如发现市场状况逆转，行情确已下跌，则第二次卖出2/3，即要多卖出一倍的股票。这样可以尽快摊平，增加获利机会。

投资人采用这种方法，应遵循两种技巧：第一，空头初期不能摊平。这道理做股票的人都懂，但有些投资者无法区分牛、熊转折点怎么办？有一个很简单的办法，即股价跌得不深坚决不摊平。如果股票现价比买入价低 5% 就不用摊平，因为随便一次盘中震荡都可能解套。要是现价比买入价低 20%～30%，甚至有的股价被腰斩，就可以考虑摊平，后市进一步下跌的空间已经相对有限。第二，大盘未走稳不摊平。大盘处于下跌通道中或中继反弹时都不能摊平，因为，大盘进一步下跌时会拖累绝大多数个股一起走下坡路，只有极少数逆势走强的个股可以例外。摊平的最佳时机是在指数位于相对低位或刚刚向上反转时。这时上涨的潜力巨大，下跌的可能最小，摊平较为安全。

（四）"博傻主义"投资法

"博傻主义"策略是短期投资技巧之一，这种投资策略的具体做法是在较高价位上买入股票后，等行情继续上涨到有利可图时即可迅速卖出；或者在投资者预测股价还将持续下跌时，在低位卖出股票，然后在更低价位补进。此法是假定自己就是"傻子"，所以才"高买低卖"，但相信还有比自己更傻的人，会在更高的价位买进，或在更低的价位卖出。

这种策略的指导思想是，不怕自己是傻子而买了高价货，只要别人比自己更傻，愿意以更高的价格进货，自己就可将股票卖给后一位傻子而赚钱。

需要指出的是，采用这种投资策略的风险很大，如果高价捧到手后而传不出去，就会被套牢而蒙受损失，因此心理承受能力较弱和收入不够宽裕的投资者，不宜采用此种投资方法。

此外，还有固定金额投资法、固定比率投资法、可变比率投资法等。这些方法的做法各不相同，但都要求投资者把资金分为多个部分，不在一次投资中全部用完（即满仓），而是分批分次购入。两类资金之间没有一个固定的比率，要随着市场的变化进行调整，以满足预期的收益水平和风险控制目标。

阅读延伸 5-1

投资中的 80 定律

80 定律，就是指做投资时，买高风险投资产品的资金比例不能超过 80 减去你的年龄再乘以 100%。

我们都知道，随着年龄的增长，我们的收入会有所不同，同时我们冒风险的能力也有所不同。

20 多岁的时候，我们的收入可能很低，但能冒的风险会比较高。在 60 岁的时候，我们的收入会达到一生的高峰，但是这个时候冒风险的能力是弱的。

投资的 80 定律强调了年龄和风险投资之间的关系：年龄越大，就越要降低高风险项目的投资比例，从对收益的追求转向对本金的保障。

举个例子：假如你现在是 30 岁，80 减去 30 就是 50，再乘以 100% 就是 50%。就是你可以用 50% 的收入去投资比较高风险的资产，或者简单理解为股权类投资里的最高占比。同理，如果你到 70 岁了，就只能投资 10%。剩下的应该投资什么呢？就是保险的东西，包括保障自身安全的保险，用来应付万一要用钱的时候的现金，还有国债、外汇、黄金等，这些相对比较安全的投资。

二、量化投资策略

所谓的量化就是通过海量的数据客观分析决策，利用模型捕捉价差，获得持续稳定的收益，从而避免人为主观因素干扰。量化投资策略就是利用量化的方法，进行金融市场的分析、判断和交易的策略、算法的总称。

2010 年我国推出了股指期货，第一次有了可以做空市场的工具，从而为设计基于算法的复杂策略提供了基础，因此 2010 年被我们称为对冲基金和量化投资元年。随着股指期货的推出，有四种和量化投资相关的产品蓬勃发展。第一种是做多股票、做空股指期货的阿尔法对冲型产品；第二种是利用股指期货可以日内多次买卖交易的特点，用技术分析和程序化交易股指期货，即所谓的程序化 CTA（商品交易顾问）产品；第三种是在极短的时间里，用复杂算法高频率交易股指期货，即所谓的高频交易产品；第四种是对股指期货和其现货 ETF/股票进行价差买卖操作。当然，这些高端的量化工具需要大量的计算机和科研投入，因此主要掌握在专业机构手中。量化投资出现的意义是，科技和工程力量进入了理财行业，老百姓不仅可以选择跟大盘随波逐流的公募基金，也可以选择所谓的绝对收益理财产品。

量化投资技术几乎覆盖了投资的全过程，包括量化选股、量化择时、股指期货套利、商品期货套利、统计套利、算法交易、资产配置、风险控制等。下面介绍几种经典的量化投资策略。

（一）双均线策略

建立 m 天移动平均线、n 天移动平均线，则两条均线必有交点。

若 $m > n$，n 天均线"上穿越"m 天均线则为买入点；反之为卖出点。该策略基于不同天数均线的交叉点，抓住股票的强势和弱势时刻，进行交易。

双均线策略中，如果两根均线的周期接近，如 5 日线、10 日线，则其非常容易缠绕，不停地产生买点和卖点，会有大量的无效交易，交易费用很高。如果两根均线的周期差距较大，如5日线、60日线，其交易周期很长，趋势性已经不明显了，趋势转变以后很长时间才会出现买卖点。也就是说，可能会造成很大的亏损。所以两个参数的选择很重要，趋势性越强的品种，均线策略越有效。

（二）多因子模型

量化选股就是利用数量化的方法选择股票组合，期望该股票组合获得超越基准收益率的投资行为。量化选股策略总的来说可以分为两类：第一类是基本面选股，第二类是市场行为选股。

多因子模型是量化选股中最重要的一类模型，基本思想是找到某些和收益率最相关的指标，并根据该指标构建一个股票组合，期望该组合在未来的一段时间跑赢或跑输指数。如果跑赢，则可以做多该组合，同时做空期指，赚取正向阿尔法收益；如果跑输，则可以做多期指，融券做空该组合，赚取反向阿尔法收益。多因子模型的关键是找到因子与收益率之间的关联性。

（三）高频交易策略

高频交易是指从那些人们无法利用的极为短暂的市场变化中寻求获利的计算机化交易，如某种证券买入价和卖出价差价的微小变化，或者某只股票在不同交易所之间的微小价差。这种交易的速度如此之快，以致有些交易机构将自己的"服务器群组"安置到了离交易所的计算机很近的地方，以缩短交易指令通过光缆以光速旅行的距离。

（四）网格交易法

网格交易法是一种利用行情震荡进行获利的策略。在标的价格不断震荡的过程中，对标的价格绘制网格，在市场价格触碰到某个网格线时进行加减仓操作，以尽可能获利。网格交易法属于左侧交易的一种。与右侧交易不同，网格交易法并非跟随行情，追涨杀跌，而是逆势而为，在价格下跌时买入，价格上涨时卖出。即使网格交易能够获得较为稳定的收益，但其也存在一定的风险。如果行情呈现大涨或大跌趋势，会导致不断开仓，增加风险敞口。这也是为什么网格交易更适合震荡行情，不适合趋势性行情。

三、证券投资的组合方式

证券投资的组合方式是指实现投资多元化的基本途径。通常可以采取如下几种方式。

（一）投资组合的三分法

此即将1/3的资金存入银行以备不时之需，1/3的资金投资于债券、股票等有价证券，1/3 的资金投资于房地产等不动产。同样，投资于有价证券的资金也要进行三分，即 1/3 投资于风险较大的有发展前景的成长型股票，1/3 投资于安全性较高的证券或优先股等有价证券，1/3 投资于中等风险的有价证券。

（二）按风险等级和报酬高低进行证券组合

证券的风险可以分为不同的等级，收益也有高低之分。投资者可以测定出自己期望的投资收益率和所能承担的风险程度，然后，在市场中选择相应风险和收益的证券组合。一般来说，在选择证券进行投资组合时，同等风险的证券应尽可能选择报酬高的，同等报酬的证券应尽可能选择风险低的。

（三）选择不同行业、区域和市场的证券作为投资组合

尽可能选择足够数量的证券进行投资组合。根据投资专家们的估计，如果证券组合中包含 20 种相关关系较弱的证券，就可以分散大部分可分散风险。

1. 选择证券的行业、区域应分散

其主要目的是避免某个行业不景气、某个市场衰退，而使投资遭受重大损失。

2. 将资金分散投资于不同的证券市场

不同证券市场具有较高独立性，即便在同一个国家，有时也可能一个市场强、一个市场弱。通过在一强一弱两个证券市场上进行投资，可以降低投资风险。

（四）选择不同的期限进行组合

这种投资组合要求投资者根据未来的现金流量来安排各种不同期限的债券，进行长、中、短期相结合的投资组合，长期不用的资金可以进行长期投资，以获取较大的投资收益，近期可能就要使用的资金，最好投资于风险较小、易于变现的有价证券。

四、证券买卖时机的选择

无数成功投资人士的经验告诉我们，选股不如选时。在熊市中，选择绩优股也难逃亏损的厄运；在牛市中，因为存在个股轮涨，选择垃圾股也未必有损失。买进同种同价的股票，有人赚有人赔，原因就是选择的时机不同。华尔街流传着这样一句话："要在市场中准确地踩点入市，比在空中接住一把正在落下的飞刀更难。"但进行证券投资，并非没有确定选择时机的方法。

（一）买卖时机的确定方法

对于趋势跟踪投资者而言，证券买卖时机的选择完全依赖于交易系统或当时技术分析的结果；而对于价值投资者而言，则取决于证券的价值是被低估还是被高估。

确定证券价值的方法和模型较多，如巴菲特使用现金流贴现。这里我们仅以单个证券（股票）为例介绍三种常用的判定方法。

1. P/E 法

利用价格与每股收益之比（P/E）进行纵横比较，判定价值相对高估还是低估。

2. P/B 法

利用价格与每股净资产之比（P/B）进行纵横比较，判定价值相对高估还是低估。就其自身而言，当P/B低、净资产收益率高时，股票被低估；当P/B高、净资产收益率低时，股票被高估。

3. P/CF 法

利用市价与每股现金流之比（P/CF）进行纵横比较，判定价值相对高估还是低估。

（二）买卖时机的市场经验

对于没有个人交易经验和没有能力或不愿进行价值评估的投资者来说，市场经验是其买进时机与卖出时机的主要依据。

1. 买进时机

其包括：股价暴跌后，低位止跌时；上升途中放量整理已达一段时间时；不确切传言造成非理性下跌时；总体经济环境因素逐渐趋好时，尤其是经济衰退到极点，而复苏有望时，或政府正在拟定重大的激励经济措施时。

2. 卖出时机

其包括：股票价格走势到达高峰，再也无力继续攀上时；重大不佳消息因素正在酝酿时；股价从最高点跌落10%以上，均线系统呈空头排列时；所有预期的利多消息全部实现，主力借机出票时。

股市中的一个屡试不爽的道理就是行情在情绪乐观高涨中结束，在悲观中展开。当平时不买股票的人开始谈论股票获利的可能性，当买卖股票成为全民运动时，距离股市的高点就已经为时不远了。相反，当散户们纷纷退出市场，市场可能就要开始反弹了。

（三）顺势而为，把握市场情绪

世界级交易大师杰西·利弗莫尔（Jesse Livermore）曾经提过，在交易中无须被"牛熊"所困扰，因为"牛熊"会形成一种思维定式，束缚我们的思考。

当一个明显的趋势形成之后，价格将一直沿着这个趋势的特定路线运行，优秀的投资者只要认识到趋势出现，顺势而为，就能从中受益。同时，利弗莫尔还提到一个词：最小阻力线。"在进入交易之前，最重要的是最小阻力线是否和你的方向一致。"最小阻力线就是股票最容易去的方向：宏观方面，政治经济形势决定了股市的大方向；走势方面，均线决定了股价运行方向。通过观察最小阻力线来确定市场的整体运行方向：交易前观察股票市场大势，判断最小阻力线是否与自己的交易方向一致，待最小阻力线出现时，随即介入，具体的做法如下。

1. 观察行业趋势

认真观察行业趋势，捕捉行业发展的细微变化，感知未来阶段性最容易引起市场共鸣的方向对于成功的交易是非常重要的。市场的重心，并非由权重股的波动主导，而是由领导行业和领导股对资本市场的前瞻性主导，趋利性质决定了资本总是在增值速度最快的行业中聚集。投资者无须与股票联姻，只需在正确的时间和最强势板块里的领导股打成一片。比如自 2020 年春节以来，新冠疫情影响深远，围绕新冠疫情从医药医疗、消费等方向扩散至整个经济层面观察思考，在主要方向上作出选择，随后全面分析行业个股，可以选出最强劲板块中最强劲的股票。

2. 观察介入时机

要观察介入时机，寻找关键突破点。在调整期、震荡期、筑底期买进股票，需要承受相应的机会成本，股票在结束筑底期后进入上升通道，走势才会越来越快。任何股票的最佳买入时点均位于其底部运动结束、股价创出新高之际。

3. 做好资金管理

一定要做好资金管理，不要丢掉筹码。一个没有筹码的投资者就像一个没有存货的商店老板，没有存货就不能做生意，资金就是投资者的存货，就是他的生命线，没有它，就不能做生意。

4. 做好情绪管理

成功的投资都需要一套明确的交易规则，并且坚决执行。在进入市场进行投资之前，制定周密的交易规则是容易的，难点在于是否能够坚决执行。市场瞬息万变，

知识拓展5-3

人的情绪容易受到各种因素的影响，进而扰乱交易行为，因此投资者必须控制情绪的波动。股票市场的驱动因素除了宏观经济状况、市场资金状况外，市场情绪的变动也是非常重要的一环。

即测即练

任务5-2

技能训练

1. 利用任务5-1和任务5-2证券组合相关知识，根据自己的风险偏好，调整在任务5-2中建立的证券组合，并说明调整该组合的理由。

2. 综合分析自己的投资偏好，结合你对我国证券市场的基本判断，确定你的证券投资策略，并说明理由。

3. 对大盘和个股进行综合分析，选择一只股票，制订分批买入和卖出计划，并说明理由。

4. 对大盘和个股进行综合分析，模拟买入一只股票，综合运用各种方法，为该股票设立合理的止盈止损价位，并说明理由。

任务 5-3　控制证券投资组合风险

情境导入

通过前一段时间的模拟炒股，我们对"投资有风险，入市需谨慎"肯定有了深刻的体会，正如"股神"巴菲特所说："成功的秘诀有三条：第一，尽量避免风险，保住本金；第二，尽量避免风险，保住本金；第三，坚决牢记第一、第二条！"在进入证券市场赚取投资收益的同时，更要把风险放在第一位。

知识目标

1. 了解证券投资过程中风险的特征和分类。
2. 了解证券投资过程中的系统性风险和非系统性风险。
3. 掌握非系统性风险控制的基本措施。

能力目标

能识别和控制证券投资过程中的非系统性风险。

思政目标

1. 培养学生的创新能力、协作能力和敬业精神。
2. 帮助学生树立牢固的风险意识。
3. 培养学生保护投资者利益的职业观。

建议学时

6 学时。

知识储备

一、证券投资风险概述

（一）证券投资风险的概念

人们进行证券投资的目标是使收益最大化。但是，投资与收益之间存在时间上的差异，这种差异使投资者能够收到的未来现金流受到许多不确定因素的影响。投资者在进行投资决策时，只能根据经验和现在所掌握的信息对未来的投资结果进行分析和判断，形成对未来收益的预期，但是未来收益的现值可能会与预期的结果产生偏离，进而可能导致投资者面临亏损甚至破产的危险，这种危险就是投资风险。在证券投资分析中，风险不仅包括负面效应的不确定性，即损失发生及其程度的不确定性，还包括正面效应的不确定性，即获得超过期望收益的不确定性。因此，风险的精确含义是预期收益结果的不确定性。

（二）证券投资风险的特征

证券投资风险具有以下几个特征。

1. 不确定性

不确定性是风险的基本特征。无论投资结果是收益还是损失，能确定的便不是风险了。

2. 客观性

在证券投资中，这种不确定性是客观存在的，它的存在是不以投资者的意志为转移的。不论投资者是否意识到、感觉到，它都是存在的，并在一定的条件下由可能变为现实。各种分析方法和投资组合只能分散和弱化风险，并不能消除风险。

3. 部分可测性

风险虽然不易被掌握，但并不是"变幻莫测"的，而是可测的。根据大量的统计资料，投资者可以定量地测定证券投资风险，掌握其规律。概率分析和回归分析是最常用的方法。

4. 相对性

同样的风险，对于不同的投资者，其意义或影响是不一定相同的。相对性就是指不同的投资者对证券投资风险的反应存在差异。其表现为：①不同的投资者对待风险的态度有差异。大多数投资者厌恶风险，也有少数投资者为高收益所吸引，甘心承担较大的风险。②不同的投资者承受风险的能力有差异。中小投资者和机构投资者风险承受能力差别很大。③不同的投资者对风险的态度会因时因地而异。投资者在牛市中往往愿意承担较大的风险，在熊市中常常采取比较谨慎的策略。

5. 风险与收益的对称性

对于投资者来说，风险与收益的对称性存在于证券投资活动中。风险是收益的代价，而收益是风险的报酬，风险与收益相辅相成。

二、证券投资风险分类

证券投资风险主要分为系统性风险与非系统性风险两大类。

（一）系统性风险

系统性风险又称为不可分散风险，它是由于某种原因而对市场上所有的有价证券都会造成收益波动的可能性。系统性风险是由公共因素引起的，如战争、能源危机、严重自然灾害、国民经济衰退、严重通货膨胀、新经济政策的出台等因素，从而引发市场上所有的证券价格的波动。这种风险发生的可能一旦成为事实，任何投资者都无法避免，而且，它无法通过投资分散化来加以消除。由于系统性风险是个人、企业或者行业不能控制的，它影响着大多数个人、企业和行业，波及各种证券，只不过不同证券对系统性风险的敏感程度不一样，因此，无法通过投资者的分散组合投资来消除。系统性风险主要有以下几类。

1. 宏观经济风险

宏观经济风险是指由国内宏观经济形势（如货币政策、财政政策、产业政策、地区发展政策等）的变化以及其他国家、地区宏观经济环境和其他证券市场的变化引起的证券市场的波动。随着经济运行的周期性变化，证券市场的收益水平也呈周期性变化，使投资者存在亏损的可能。

2. 政策风险

政策风险是指有关证券市场的法律、法规及政策、规则发生变化，引起证券市场价格波动，使投资者存在亏损的可能。如 2015 年 12 月 4 日，上交所、深交所、中国金融期货交易所正式发布指数熔断相关规定，熔断基准指数为沪深 300 指数，采用 5% 和 7% 两档阈值。2016 年开年第 1 个交易日，股指不断走低，接连击破 3 500 点和 3 400 点整数关，终于在午后开盘的 13 点 13 分跌破 5%，触发了熔断；15 分钟后，重新开盘的股市继续下跌，只用了 6 分钟便在 13 点 34 分将跌幅扩大至 7%，触发了 7% 的熔断阈值，三大交易所暂停交易至收盘。

3. 利率风险

利率风险是指由于市场利率变化而给投资者带来损失的可能性。证券理论价格公式可以表示为

$$证券理论价格 = 证券每股股利收益 / 市场利率$$

由公式可知，证券每股股利收益一定时，证券理论价格与市场利率呈反方向变化，即当市场利率上涨时，证券价格就会下跌；反之则会上升。

市场利率是由货币供求关系的变化所决定的。一般来说，在商业与信贷扩张、银根紧缩时期，利率较高（债券价格下降）；在经济萧条或停滞时期，货币贷款需求下降，利率则急剧下降（债券价格上升）。

4. 汇率风险

如果投资者投资境外市场，则本币的汇率变化也会影响到最终的证券投资收益。投资者可以通过紧密跟踪国际宏观经济发展趋势和主要投资国家、地区的汇率政策变动预期，及时调整相应投资比例，降低汇率变动的风险。

5. 购买力风险

由物价的变化导致资金实际购买力的不确定性，称为购买力风险或通货膨胀风险。一般理论认为，轻微通货膨胀会刺激投资者投资需求的增长，从而使大量资金进入股市，带动股市的活跃；当通货膨胀超过一定比例时，由于未来的投资回报将大幅贬值，货币的购买力下降，也就是投资的实际收益下降。判断投资者是否通过投资真正地增加了财富，必须比较名义收益率和实际收益率，实际收益率等于名义收益率减去通货膨胀率。

6. 市场风险

市场风险是指由于证券市场变化给投资者带来损失的可能性。证券投资活动中最普通、最常见的风险，是由证券价格的涨落直接引起的。尤其在新兴市场上，造成股市波动的因素更为复杂，价格波动大，市场风险也大。另外，证券市场还存在流动性风险，即客户所投资的证券有时可能不能及时卖出变现。系统性风险对股市影响面大，一般很难用市场行为来化解，投资者可以利用公开的信息结合对国家宏观经济的理解，做到提前预测和防范，调整投资策略。

思政课堂 5 - 1

《金融稳定法》出台，进一步筑牢金融安全网

近年来，我国金融立法工作稳步推进，形成了以《中华人民共和国中国人民银行法》《中华人民共和国商业银行法》《证券法》《中华人民共和国保险法》等金融基础法律为统领，以金融行政法规、部门规章和规范性文件为重要内容，以地方性法规为补充的多层次金融法律体系。但涉及金融稳定的法律制度缺乏整体设计和跨行业、跨部门的统筹安排，相关条款分散，规定过于原则，一些重要问题还缺乏制度规范。有必要专门制定《中华人民共和国金融稳定法》（以下简称《金融稳定法》），建立金融

风险防范、化解和处置的制度安排，与其他金融法律各有侧重、互为补充。

2022 年 4 月 6 日，央行称，为贯彻落实关于防范化解金融风险、健全金融法治的决策部署，建立维护金融稳定的长效机制，央行会同有关部门深入研究、反复论证，起草了《中华人民共和国金融稳定法（草案征求意见稿)》，并就草案公开征求意见。

该草案共六章四十八条，分为总则、金融风险防范、金融风险化解、金融风险处置、法律责任、附则。草案旨在建立健全高效权威、协调有力的金融稳定工作机制，进一步压实金融机构及其主要股东、实际控制人的主体责任，地方政府的属地责任和金融监管部门的监管责任；加强金融风险防范和早期纠正，实现风险早发现、早干预；建立市场化、法治化处置机制，明确处置资金来源和使用安排，完善处置措施工具，保护市场主体合法权益；强化对违法违规行为的责任追究，以进一步筑牢金融安全网，坚决守住不发生系统性金融风险的底线。

《金融稳定法》于 2023 年 9 月 7 日进入立法规划。

资料来源：张欣. 重磅!《金融稳定法》被明确列入立法规划 ［EB/OL］.（2023 - 09 - 08).https：//finance.sina.com.cn/money/bank/bank_ hydt/2023 - 09 - 08/doc - imz-kzcwa5454123.shtml.

思政感悟： 党的二十大报告强调，要"深化金融体制改革""守住不发生系统性风险底线"。《金融稳定法》紧紧围绕"维护金融稳定"这条主线，通过防范、化解和处置金融风险的一整套制度安排，提升金融机构、金融市场和金融基础设施的稳健性和安全性，以进一步筑牢金融安全网，坚决守住"底线"。

（二）非系统性风险

非系统性风险，又称可分散风险，一般是指对某公司发行的证券或某一类证券发生影响的不确定因素，如公司的经营管理、财务状况、市场销售、重大投资等因素，它们的变化都会对公司的证券价格产生影响。此类风险主要影响某一种证券，与市场的其他证券没有直接联系。非系统性风险主要有以下几类。

1. 经营风险

上市公司所处行业整体经营形势的变化；上市公司经营管理、生产和投资活动的变化，如经营决策的重大失误、高级管理人员变更、重大诉讼等都可能引起该公司证券价格的波动；上市公司经营不善甚至会导致该公司被停牌、摘牌，最严重的会导致公司破产，这些都使投资者存在亏损的可能。

2. 财务风险

上市公司的财务结构不合理，往往会给公司造成财务风险。上市公司中的财务风险主要表现为：无力偿还到期的债务，利率变动风险，再筹资风险。形成财务风险的主要因素有资产负债率、资产与负债的期限、债务结构等。一般来说，公司的资产负债率越高、债务结构越不合理，其财务风险越大，使投资者存在亏损的可能性就越大。

3. 信用风险

信用风险是指债券发行人无法实现发行时的承诺、无法按时足额还本付息的风险。一般国债的信用风险可以视为零，而其他债券的信用风险可按专业机构的信用评级确定，信用等级的变化或市场对某一信用等级水平下债券收益率的变化都会迅速地影响债券的价格，从而影响到投资收益。投资者投资的债券有可能因发债公司财务结构恶化或整体产业衰退，致使专业评级机构调降该投资标的信用等级，进而产生潜在资本损失风险。

4. 道德风险

道德风险是指在信息不对称的情形下，市场交易一方参与人不能观察另一方的行动或当观察（监督）成本太高时，从事经济活动的一方在最大限度地增进自身效用的同时作出不利于另一方的行动，又或当签约一方不完全承担风险后果时所采取的使自身效用最大化的自私行为，导致另一方的利益受到损害。

思政课堂 5–2

"强监管、快追责、零容忍"——证券市场监管执法的共识

据不完全统计，2022 年以来，共有华扬联众、ST 森源、*ST 美尚、昇兴股份四家上市公司的控股股东或实控人因涉嫌操纵证券市场被中国证监会立案调查。

就以昇兴股份为例，2022 年 3 月 12 日，昇兴股份发布公告称，公司实控人之一、董事长林某于 2022 年 3 月 10 日收到了中国证监会下发的《立案告知书》，因其涉嫌证券市场操纵，中国证监会决定对其立案调查。6 个月后，林某收到了《行政处罚事先告知书》，中国证监会拟对林某处以 100 万元罚款。同年 11 月，《行政处罚决定书》下发，林某操纵证券市场行为及相关处罚被正式认定。

在全面注册制加速推进的当下，监管对于上市公司信披质量的重视程度正提升至前所未有的高度，"强监管、快追责、零容忍"也早已成为监管执法的共识。再加上新《证券法》下违法违规成本的大幅提升，上市公司对自身合规能力、信披质量的提升已经势在必行。

资料来源：仝倩茹．总罚金超 3 亿！2022 年 857 家上市公司"领罚单"，近六成剑指信披违规［EB/OL］．（2023 – 01 – 10）．https：//www. 163. com/dy/article/HQODNVD005386XDL. html.

思政感悟：了解昇兴股份等企业操纵证券市场案例，帮助学生树立作为投资人的牢固的风险意识和作为管理者诚实守信、守法合规的职业素养。

三、证券市场风险识别和控制

（一）证券投资系统性风险的识别

证券投资中的系统性风险是由宏观经济因素和政治因素的不确定性引起的，因而对系统性风险，可以从一定时期内的 GDP 增长率、失业率、物价指数、固定资产投资和社会商品零售额的增幅、利率与信贷资金供给、汇率和国际收支、财政收支、政府经济政策等方面的变化中分析。

（二）证券投资非系统性风险的识别

非系统性风险主要是由企业因素和市场因素的不确定性造成的。对由企业因素带来的风险，投资者可通过上市公司发布的公司章程、招股说明书、上市公告书、董事会工作报告、财务报告、临时公告等文件去了解，重点研究公司治理结构、行业风险、管理水平、经营状况、经济效益、财务收支、分配方案以及有关公司发展的动态信息。投资者仅研究上市公司自己公布的资料远远不够，还需要收集各类有关信息，去伪存真，有条件的可亲自到公司进行调研。当公司业绩出现异常波动，如果没有特殊的易于接受的理由，通常伴随巨大风险的来临。

对市场因素带来的风险，投资者可运用前面介绍的技术分析理论、指标进行研判，了解当前证券市场是处于超买还是超卖状态，市盈率、MACD、DMI（动向指标）、RSI、KDJ 等是否处于合理的区间。

（三）风险的控制

证券投资风险具有明显的两重性，即它的存在是客观的、绝对的，又是主观的、相对的；它既是不可完全避免的，又是可以控制的。投资者对证券风险的控制就是针对风险的两重性，运用一系列投资策略和技术手段把承受的风险降到最低限度。

1. 风险控制的基本原则

风险控制的目标包括确定风险控制的具体对象（行业风险、企业风险、市场风险等）和风险控制的程度两层含义。投资者如何确定自己的目标取决于自己的主观投资动机，也取决于证券的客观属性。在对风险控制的目标作出选择之后，接下来要做的是确定风险控制的原则。根据人们多年积累的经验，控制风险应当遵循四大原则，即回避风险、减少风险、留置风险和共担（分散）风险。

（1）回避风险。所谓回避风险是指事先预测风险发生的可能性，分析和判断风险产生的条件和因素，在经济活动中设法避开它或改变行为的方向。在证券投资中的具体做法是：放弃对风险性较大的证券的投资，转而投资其他金融资产或不动产，或改变直接参与股票投资的做法，求助于共同基金、间接进入市场等。相对来说，回避风险原则是一种比较消极和保守的控制风险的原则。

（2）减少风险。减少风险是指人们在从事经济活动的过程中，不因风险的存在而放弃既定的目标，而是采取各种措施和手段设法降低风险发生的概率，减轻可能承受的经济损失。在证券投资过程中，投资者在已经了解到投资有风险的前提下，一方面，不放弃证券投资动机；另一方面，运用各种技术手段，努力抑制风险发生的可能性，削弱风险带来的消极影响，从而获得较丰厚的风险投资收益。对于大多数投资者来说，这是一种进取性的、积极的风险控制原则。

（3）留置风险。留置风险是指在风险已经发生或已经知道风险无法避免和转移的情况下，正视现实，从长远利益和总体利益出发，将风险承受下来，并设法把风险损失降到最低程度。在证券投资中，投资者在自己力所能及的范围内，确定承受风险的程度，在价格下跌的情况下，果断止损。

（4）共担（分散）风险。在证券投资中，投资者借助各种形式的投资群体合伙参与证券投资，以共同分担投资风险。这是一种比较保守的风险控制原则。它使投资者承受风险的压力减弱了，但获得高收益的机会也少了，遵循这种原则的投资者一般只能得到平均收益。

2. 风险控制的基本措施

在确定风险控制的原则之后，采取什么样的具体控制措施，就成了投资者需要解决的实际问题。

（1）正确地认识和评价自己。几乎所有的投资者在投资股市之前总是认为自己会取得成功，然而事实却往往并不遂人愿。其中很大程度上就是由于投资者自我认识和评价出现了偏差。要正确认识和评价自己，关键是要客观地分析自己以下几方面的准确情况：一是投资动机；二是资金实力；三是股票投资知识和阅历；四是心理素质。这四个因素综合在一起，决定了投资者是否该参与投资活动以及对投资风险的承受能力。投资者必须按照自己对风险的承受力来决定自己的投资行为和投资组合，才能避免亏本给自己造成的严重打击。

（2）及时掌握股票信息，做好基本面分析和技术分析。充分、及时掌握各种股票信息是投资成功的法宝。掌握信息的关键在于获取信息、分析处理信息和利用信息。涉及股市的信息范围很广，有反映系统性风险的宏观信息和反映非系统性风险的微观信息。投资者可以针对自己的投资目的或风险控制目标，有选择地收集各种信息。信息收集的途径主要有上市公司公告、咨询公司研究报告、交易所信息网络、媒体评介、专业书籍等。

收集到各种信息以后，投资者还应对这些信息进行处理，判断信息的准确性，利用基本分析和技术分析方法研判对市场、个股未来走势的影响，结合自己的风险承受能力、投资偏好、操作特点，作出自己的投资决策。在此过程中信息的准确与否十分重要，否则不仅不能规避风险，反而会加大风险，造成不必要的损失。

（3）培养市场感觉。所谓市场感觉，是指投资者对股票市场上影响价格和投资收益的不确定因素的敏感程度，以及正确判断这些因素变动方向的"灵感"。市场感觉好的人，善于抓住战机，从市场上每一细小的变化中揣摩价格趋势变动的信号，或盈利，或止损；市场感觉不好的人，机会摆在眼前，也可能熟视无睹，任其溜掉，甚至于因此而蒙受重大经济损失。要培养良好的市场感觉，必须保持冷静的头脑，逐步积累经验并加以灵活运用，同时要有耐心，经常进行投资模拟试验，相信自己的第一感觉。

3. 风险控制的技巧

风险控制技巧与投资计划通常是合并在一起的。其主要包括以下几个方面。

（1）投资组合计划。这是最能体现分散风险原则的投资技巧。投资组合又称资产组合或资产搭配，是指投资者将资金同时投入收益、风险、期限都不相同的若干种资产上，借助资产多样化效应，分散单个资产风险，进而降低所承受的投资总风险。有效的投资组合应当具备以下三个条件：①所选择的各类资产，其风险可以部分地互相冲抵。②在投资总额一定的前提下，其预期收益与其他组合相同，但可能承受的风险比其他投资组合小。③投资总额一定，其风险程度与其他投资组合相同，但预期的收益较其他投资组合高。为了使自己所进行的投资组合满足这三个条件，投资者应当使投资多元化。投资多元化包括投资品种多元化、投资区域多元化和购买时间多元化。

（2）利用期货、期权交易，套期保值。股价指数期货交易是一种新的金融交易品种，运用股价指数期货进行保值交易的话，可以为投资者大大地降低投资风险。在目前尚无单只股票期货交易的情况下，运用已挂牌的沪深 300 指数期货合约，在股市下跌时做"卖空"交易，就可为手中的股票保值或干脆利用股市的涨跌进行股价指数期货投机。如当指数达到 3 800 点时，大盘开始下跌，作为基金经理，仓位太重，不可能全部出货，于是，他可卖空相应数量的指数期货合约，大盘下跌后，尽管手中的股票贬值了，但手中的指数期货空头合约却处于盈利状态，在一定的价位将该空头期货头寸平仓了结，其盈利就可全部或部分弥补股票贬值的损失了。

（3）做好仓位管理。一个好的仓位控制，可以一定程度弥补在选股、买卖等方面的失误。在实践中，由于人性的贪婪和恐惧，投资的情绪化和随意性，经常出现倒金字塔加仓的情况。所谓倒金字塔加仓，即随着指数的上涨，投资者不断增加仓位，而且后面每次加仓的幅度和绝对值都呈现加速状态，仓位情况呈现明显的"倒金字塔"形。倒金字塔加仓的一个具体表现就是加仓成重仓。投资者在上涨趋势中，开始轻仓，随着股价上涨，开始起贪心，仓位越加越重，结果股价下跌时，后面重仓亏损一下子就抹掉前面轻仓的盈利。另一种极端情况就是在下跌过程中盲目抄底补仓，结果越补越亏，补成了重仓，股价破位时又不止损，导致严重被套。仓位管理中还有一种就是做好止损，止损是仓位控制的极端重要方法，尤其是中长期趋势向下时必须对自己下狠手。

阅读延伸 5 – 2

智能投顾，开启财富管理新时代

智能投顾又称机器人投顾，借助人工智能、大数据、云计算等金融科技，根据投资者的风险偏好，为用户推荐股票、基金、保险等投资组合，进行精确的财富配置，并根据市场情况进行持仓追踪和动态调整，从而实现最大化的收益和最小投资风险的一种新型财富管理方式。

智能投顾是一套基于 MPT（现代资产组合理论）和严谨算法的投资服务，其流程步骤通常可以分为：第一步，客户画像。系统通过问卷调查评价客户的风险承受能力和投资目标。第二步，投资组合配置系统根据用户风险偏好，从备选资产池中推荐个性化的投资组合。第三步，客户资金托管。客户资金将被转入第三方托管。第四步，交易执行系统代理客户发出交易指令买卖资产。第五步，投资组合再平衡，用户定期检测资产组合。平台根据市场情况和用户需求变化，实时监测及调仓。

投资组合配置和投资组合再平衡是智能投顾的核心竞争力。所谓投资组合配置，就是在客户画像之后，智能投顾平台会给客户评定一个风险等级，然后分析市场上不同类型金融资产的收益特征、风险特征、周期性特征等因素，为其量身定制投资组合方案。投资组合再平衡是指智能投顾机器人开始交易后，对组合权重进行 7×24 小时的实时监控，根据市场趋势变化自动调整资产组合中各类不同风险水平的资产比例。

资料来源：夏淑媛．智能投顾的最大本土化挑战［J］．大众理财顾问，2018
（4）：28－30．

案例分享 5－1

恒大集团清盘案

恒大集团，中国房地产行业的产业巨头，以其激进的业务策略和巨大的规模在业界产生了深远的影响。

自从 2021 年恒大地产爆雷拉开序幕，恒大理财爆雷，供应商、建筑商纷纷起诉，恒大资产被冻结，烂尾楼随处可见。

当时的恒大，欠了供应商 5 000 多亿元商票无法兑现，借了各大金融机构 2 万亿元的贷款无力偿还，海外债爆雷，无法偿付本息。

根据恒大公布的财报，截至 2023 年 6 月 30 日，它的总负债高达 2.39 万亿元，其中有 6 039.8 亿元是合约负债，也就是说，它还要用这些钱来交付房屋给购房者，但是这些钱已经被它挪用来还其他债务了，所以它现在面临着 6 000 多亿元的交房资金缺口。除了合约负债，它还欠着供应商、银行、投资机构等各方面的债务，高达 1.78 万亿元。

2024 年 1 月 29 日，香港法院正式宣布对恒大集团发起强制"清盘"令，法官现场裁定中国恒大清盘。香港法院此举不仅会影响在香港上市的恒大，其内地子公司的日常经营也会受到较大影响。其实，资本市场的敏锐嗅觉早就预感到了这一切，1 月 29 日那天一大早，港股一开盘，恒大集团旗下的恒大汽车、恒大物业等相关板块的股票应声暴跌。上午 10 点 19 分，三只股票因为触发了主板上市规则的跌停机制，不得不暂停交易。在此之前，它们已经分别下跌了 20.87%、18.21% 和 2.50%。现在中国恒大的股价只有 0.163 港元，市值也只剩下 21.5 亿港元，资本市场已经用行动表达了自己的态度：恒大已经没有什么价值可言了。

两年净亏 8 000 亿元，总负债 2.4 万亿元，恒大已经无法偿还这些债务，所以目前只能选择清盘。

但是中国恒大 2024 年 3 月 6 日晚间披露的公告显示，公司已收到联交所信函，介绍了有关恢复买卖公司股份的复牌指引。

在香港股票市场，长时间停牌的股票将面临退市的风险。根据上市规则，联交所可将任何已连续 18 个月暂停交易的证券除牌。复牌指引获明确，意味着中国恒大必须满足所有以上要求并使联交所认可，才可以恢复交易进而规避退市危机。中国恒大完成这一任务的截止时间是 2025 年 7 月 28 日。

资料来源：王健. 恒大被下清盘令，债务庞大料难反转［EB/OL］.（2024-01-29）. https：//baijiahao. baidu. com/s？id=1789422916304687255&wfr=spider&for=pc.

即测即练

任务5-3

技能训练

1. 根据任务 5-2 建立的证券组合（该组合可以修正），进入同花顺模拟证券交易软件进行模拟证券交易，并填写证券交易记录表，分析和总结模拟证券交易的得失与经验。

说明：证券模拟交易（一般以模拟股票交易为主）需要持续一段时间才能取得较为满意的结果。教师安排学生在课余时持续进行，建议持续时间不少于一个月。每个交易日内买入和卖出证券各不超过两只、累计持有证券不超过五只。要求学生每个交易日结束后记录资产构成状况表，见表 5-1；今日买进/卖出证券记录表，见表 5-2；今日收市持有证券明细表，见表 5-3。（可附页）

表 5-1 资产构成状况表（ 年 月 日）

收盘资产总值		收盘证券市值		现金余额	
总投入资产		盈亏额		盈亏率	

注：收盘资产总值=收盘证券市值+现金余额；收盘证券市值=∑每种证券持有数量×证券收盘价；总投入资产指模拟累计投入的资金额；盈亏额=收盘资产总值-总投入资产；盈亏率（%）=盈亏额/总投入资产。

表 5-2 今日买进/卖出证券记录表（ 年 月 日）

买进证券							
证券代码	证券名称	买进数量	买进价格	交易费用	保本价	今日收益	浮动盈亏

续表

卖出证券						
证券代码	证券名称	卖出数量	卖出价格	交易费用	保本价	净盈亏

注：浮动盈亏＝（收盘价－保本价）×持有数量。

表5-3　今日收市持有证券明细表（　　　年　月　日）

证券代码	证券名称	持有数量	保本价	收盘价	收盘市值	浮动盈亏

注：收盘市值＝收盘价×持有数量。

2. 写出今日买进（卖出）证券的主要原因。

3. 根据持股情况，写出下一个交易日的操作策略。

附表1： **证券交易记录表（ 年 月 日）**

交易记录表1 资产构成状况表

收盘资产总值		收盘证券市值		现金余额	
总投入资产		盈亏额		盈亏率	

注：收盘资产总值=收盘证券市值+现金余额；收盘证券市值=∑每种证券持有数量×证券收盘价；总投入资产指模拟累计投入的资金额；盈亏额=收盘资产总值－总投入资产；盈亏率（%）=盈亏额/总投入资产。

交易记录表2 今日买进/卖出证券记录

买进证券							
证券代码	证券名称	买入数量	买入价格	交易费用	保本价	今日收益	浮动盈亏

卖出证券						
证券代码	证券名称	卖出数量	卖出价格	交易费用	保本价	净盈亏

注：浮动盈亏=（收盘价－保本价）×持有数量。

1. 今日买进（卖出）证券的主要原因分析。

交易记录表3　今日收市持有证券明细

证券代码	证券名称	持有数量	保本价	收盘价	收盘市值	浮动盈亏

注：收盘市值＝收盘价×持有数量。

2. 根据持股情况，写出下一个交易日的操作策略。

参考文献

［1］杨滢．证券投资实务［M］．北京：高等教育出版社,2021.

［2］高广阔．证券投资理论与实务［M］．上海：上海财经大学出版社,2020.

［3］谢沛善,廖玲玲．证券投资理论与实务［M］．大连：东北财经大学出版社,2023.

［4］李明．证券投资实务［M］．西安：西北工业大学出版社,2022.

［5］朱瑞霞．证券投资理论与实务［M］．北京：中国人民大学出版社,2021.

［6］桂荷发．证券投资理论与实务［M］．北京：高等教育出版社,2021.

［7］张启富．证券投资理论与实务［M］．上海：上海财经大学出版社,2016.

［8］桂鉴霞．证券投资学［M］．成都：西南财经大学出版社,2016.

［9］胡海鸥,于丽．证券投资分析［M］．上海：复旦大学出版社,2017.

［10］彭明强．证券投资分析［M］．北京：中国财政经济出版社,2017.

［11］费玄淑．证券投资理论与实务［M］．大连：东北财经大学出版社,2017.

［12］刘元春．证券投资学［M］．上海：上海财经大学出版社,2018.

［13］张云亭．融资融券与投资者行为［M］．北京：中信出版集团,2019.

［14］李向科．证券投资技术分析［M］.6版．北京：中国人民大学出版社,2019.

［15］纪宣明,王堃．证券投资学：中国视角［M］．北京：中国财政经济出版社,2021.

［16］曾增．可进可退的可转债投资入门［M］．北京：中国铁道出版社有限公司,2021.

［17］吴晓求．证券投资学［M］.5版．北京：中国人民大学出版社,2020.

［18］康建军,黄海沧．证券投资实务［M］．北京：高等教育出版社,2018.

［19］中国证券业协会．金融市场基础知识［M］．北京：中国财政经济出版社,2022.

［20］中国证券业协会．证券市场基本法律法规［M］．北京：中国财政经济出版社,2022.

［21］刘大赵．证券投资基金［M］．大连：东北财经大学出版社,2022.

教师服务

感谢您选用清华大学出版社的教材！为了更好地服务教学，我们为授课教师提供本书的教学辅助资源，以及本学科重点教材信息。请您扫码获取。

▶▶ 教辅获取

本书教辅资源，授课教师扫码获取

▶▶ 样书赠送

财政与金融类重点教材，教师扫码获取样书

 清华大学出版社

E-mail: tupfuwu@163.com
电话：010-83470332 / 83470142
地址：北京市海淀区双清路学研大厦 B 座 509

网址：https://www.tup.com.cn/
传真：8610-83470107
邮编：100084